芒果风潮

新时代广播电视创新发展与思考

湖南省广播电视协会　编

主　编　王镜宇
副主编　曾　致
杨忠良
陈芷涵

群言出版社
QUNYAN PRESS
·北京·

图书在版编目（CIP）数据

芒果风潮 ：新时代广播电视创新发展与思考 / 湖南省广播电视协会编 ；王镜宇主编 ；曾致，杨忠良，陈芷涵副主编. -- 北京 ：群言出版社，2023.8
ISBN 978-7-5193-0863-6

Ⅰ. ①芒… Ⅱ. ①湖… ②王… ③曾… ④杨… ⑤陈… Ⅲ. ①广播电视－传播媒介－产业发展－研究－中国 Ⅳ. ①G229.2

中国国家版本馆CIP数据核字(2023)第151194号

责任编辑：胡明
封面设计：赖芬　陈佳睿

出版发行：群言出版社
地　　址：北京市东城区东厂胡同北巷1号（100006）
网　　址：www.qypublish.com（官网书城）
电子信箱：qunyancbs@126.com
联系电话：010-65267783　65263836
法律顾问：北京法政安邦律师事务所
经　　销：全国新华书店

印　　刷：长沙欣发印务有限公司
版　　次：2023年8月第1版
印　　次：2023年8月第1次印刷
开　　本：710mm×1000mm　1/16
印　　张：16
字　　数：296千字
书　　号：ISBN 978-7-5193-0863-6
定　　价：68.00元

序　一

新时代广播电视理论建设的重要成果

周然毅

湖南省广播电视协会将近五年来的代表性学术成果汇编为《芒果风潮》出版发行，这是一件很有意义的事情。该文集收录的30余篇论文，内容涵盖广播电视政策研究、内容生产、产业经营、媒体融合等多个方面，理论与实际结合，是新时代中国广播电视理论建设园地里的重要收获。

与时俱进开展学术研究，是广播电视协会的光荣传统。我国的广播电视协会大多脱胎于学会，学术研究是学会的基本职能。1986年10月15日，中国广播电视学会在北京成立，时任中共中央政治局委员胡乔木出席成立大会并讲话，指出“研究怎么样使宣传内容达到它的效果，达到最优化的目标，这是广播电视学会的中心任务”，并希望学会做一些科学的调查，把广播电视研究工作承担起来。学会成立之初，首任会长吴冷西同志即谈到如何建立广播电视理论体系，指出：要真正做到理论和实践相结合，就是要解决在中国这块土地上广播电视实践中产生的问题，必须把中国的过去、现在和将来的实践作为我们理论研究的立足点；我们所要创立的理论，其理论根据一定要建立在总结经验的基础之上，不能脱离过去的实践，也不能脱离今天的实践，没有认真研究过去的、今天的实践，就不可能指导将来的实践。原广电部部长孙家正同志对学会的研究工作提出了著名的“热运行冷思考”要求，指出：广播电视事业的迅猛发展与理论建设、队伍建设、法规建设的滞后形成了明显的矛盾，热运行需要冷思考，要使我们的学术研究、理论研究向实际靠拢，把它发展成决策研究。尽管后来学会更名为协会或联合会，但学术研究一直作为一项基本职能承继下来，在人才培养、课题研究、理论建设等方面做了大量卓有成效的工作，为广播电视改革发展提供了有力的智力支持，为建设中国特色社会主义广播电视理论体系做出了重要贡献。

湖南省广播电视协会的前身是1987年11月成立的湖南省广播电视学会，作为全国较早成立的省级广电行业组织，多年来，在省广电局、省广播电视台的正确领导和省民政厅的具体指导下，围绕中心、服务大局，守正创新、积极作为，充分发挥团结和联系全省广播电视工作者的桥梁纽带作用，在节目评奖、创新创优、行业调研、业务培训、自律维权等方面发挥了重要作用。近年来又在课题研究、主题征文、学术研讨等方面加大了力度。一是坚持举办广播电视学术论文、专著评奖；二是坚持社科研究项目的立项与申报；三是坚持编辑出版学术成果，先后出版了《学海观潮》《潮起湘江》《蓝海弄潮》等文集。这次结集出版的《芒果风潮》，很多文章选题前沿、视野宏阔，案例鲜活、观点新锐；论文作者中，既有局台领导，也有一线骨干、高校教师，还有市县台从业人员，他们的文章，坚持问题导向，理论联系实际，密切关注广播电视改革发展中的热点、疑点、难点问题，提出了切合实际的理论见解和学术观点，具有较强的可读性和和较高的学术价值。

当前，全国上下正在深入学习贯彻习近平新时代中国特色社会主义思想和党的二十大精神。党的二十大擘画了全面建设社会主义现代化国家、以中国式现代化全面推进中华民族伟大复兴的宏伟蓝图，吹响了奋进新征程的时代号角。文化强国建设是中国式现代化建设的重要组成部分。党的二十大报告指出，要推进文化自信自强，铸就社会主义文化新辉煌。要加快构建中国特色哲学社会科学学科体系、学术体系、话语体系。要加强全媒体传播体系建设，塑造主流舆论新格局。要坚持以人民为中心的创作导向，推出更多增强人民精神力量的优秀作品。要加强国际传播能力建设，全面提升国际传播效能，形成同我国综合国力和国际地位相匹配的国际话语权。

广播电视强国建设是文化强国建设的重要内容。放眼未来，面向第二个百年奋斗目标，面临世界百年未有之大变局，面对新兴媒体迅速发展的激烈挑战，广大广播电视工作者必须始终不忘初心、牢记使命，坚持以习近平新时代中国特色社会主义思想为指导，深入学习贯彻党的二十大精神，奋力推进广播电视高质量发展，打造具有强大引领力、传播力、影响力的一流新型主流媒体。

辩证唯物主义认为，实践是第一性的，理论是第二性的，理论来源于实践，又反作用于实践。科学的理论对实践具有巨大的指导、促进作用。理论的生命在创新，创新也是广播电视理论研究永恒的主题。广播电视理论研究应该是多元的、动态的、开放的，在研究过程中，需要我们保持超前的创新理念、开阔的学术视野和深入实践的学术定力。

近年来，广播电视和网络视听处在前所未有的内容变革与模态创新之中，观念、理论、实践、艺术、技术等多个层面、多个维度都在发生变化。特别是随着信息传播技术的不断发展升级，云计算、大数据、人工智能、虚拟现实、5G、元宇宙等新技术带来了传播形态和接受方式的深刻变革。从关键技术、内容生产到传播方式等各个层面，都给广播电视行业的发展带来挑战和机遇，也为我们广播电视学术研究提出了新的时代课题。

真诚期待湖南省广播电视协会进一步发挥桥梁纽带作用，继续深入实际，大兴调查研究之风，对丰富多彩的广播电视实践进行理论思考和理论提升，发现新问题、提出新观点、展现新作为、取得新成果，努力把握广播电视发展规律，为建设中国特色、中国风格、中国气派的广播电视理论体系，以高质量的理论研究推动广播电视高质量发展、助力社会主义文化强国建设，做出新的贡献。

2023 年 6 月

（作者系中国广播电视社会组织联合会副秘书长、学术委员会副主任）

守正创新　融合共进

王　维

21世纪第二个十年宏伟画卷徐徐展开，新一代科技产业转型方兴未艾。全真互联网、全媒体、元宇宙、新型人工智能、5G、大数据、云计算、区块链、4K/8K超高清等新技术、新应用高速发展，以VR/AR/MR为代表的沉浸式、互动式、多维度全新视听内容产品与业态强势推动媒体产业升级迭代，“媒介”的新内涵与再定义在各类新场景、新模式、新实践中不断孕育，我们的广播电视事业立于此大时代、大浪潮最前沿，机遇与挑战并存，变革与坚守同在。

政治性、社会性、实践性，是广播电视传播的本质属性。在全球媒体产业日新月异、多维跨界、彼此深度融合的当下，持续涌现的新问题、新挑战、新形势，对广播电视理论研究提出了更高的要求，其复杂性与迫切性空前。正基于此，我们的各项研究及其成果可以也必须要为广播电视事业发展，在内容创新、主流价值引领和信任共识构建等核心领域提供强有力的理论支撑与实践引领。

新时代的湖南省广播电视协会，正紧紧围绕湖南广播电视改革与发展的总要求，紧密团结全省广大广播电视工作者与研究者，深入开展回应时代呼唤的多项前沿产业学术理论研究，积极组织各类节目的创优评优，推荐的优秀节目连年斩获中国广播电视大奖和中国新闻奖。通过集中组织开展业务培训，协会在提升从业人员综合素养，加强与党和政府紧密联系，促进广播电视和新媒体事业健康有序发展等诸多领域中，进行了积极广泛的探索。尤其是在理论建设、课题研究、学术创新等方面，协会开展了丰富多彩的业务实践与研讨。协会先后编辑出版了多个系列理论书刊，今天所推出的这本《芒果风潮》，正是继《学海观潮》《潮起湘江》《蓝海弄潮》等作品之后的又一部阶段性学术研究文集。该文集收录了近几年来全省广播电视论文评比一等奖作品14篇，社科研究项目优秀结题论文20篇，内容涵盖广播电视领域党的建设、政策研究、内容生产、媒体融合、经营管理、技术创新、人才培养、播音主持等多个方面，内容鲜活、聚焦前沿，具有相当的理论水平和学术价值。

人才兴，方可事业旺。更多新一代年轻业务骨干和理论人才在实践中的历练成长，是湖南广播电视事业发展的源头活水。在此我们真切期望每一位广电人、媒体人及传媒教育工作者在各自的一线业务实战中不断积极探寻，在思考中阔步前行。我们要努力创作出更多无愧于时代、无愧于人民的优秀作品，要不断自发自觉地参与到基础性研究、拓展性研究、前瞻性研究与特色性研究之中，在融媒体建设、视听传播扩展、内容项目创新、产业生态升级等重大时代命题中取得新突破。

砥砺奋进新征程，扬帆起航再出发！我们要坚持以习近平新时代中国特色社会主义思想为指导，认真学习贯彻党的二十大精神，围绕巩固壮大奋进新时代的主流思想舆论、加强全媒体传播体系建设、加快高质量融合发展等核心任务使命，不断增强战略思维和辩证思维，坚持“三贴近”，紧盯新技术，与受众同频共振，以更具深度的广播电视节目创新生产，更为高效的新型传播渠道方式，大力推动湖南广播电视事业驰骋纵横在产业第一方阵，我们定能在挑战中育先机，于变局中开新局。

守正创新，融合共进的“广电湘军”品牌之光必将更为闪耀！

2023 年 6 月

（作者系湖南省广播电视协会第六届理事会会长）

目　录

2018—2019 年度湖南广播电视奖论文一等奖作品

2020—2021 年度湖南广播电视奖论文一等奖作品

2020—2021 年度湖南省广播电视协会社科研究项目结题论文

2018—2019 年度湖南广播电视奖
论文一等奖作品

融媒体时代电视新闻的守正创新

谢鸿鹤　谢榭

2018年8月，习近平总书记在全国宣传思想工作会议上强调，“做好新形势下宣传思想工作，必须自觉承担起举旗帜、聚民心、育新人、兴文化、展形象的使命任务”，并明确指出，“中国特色社会主义进入新时代，必须把统一思想、凝聚力量作为宣传思想工作的中心环节”①。与党报党刊、通讯社、电台、全国重点新闻网站一样，电视台是责任重大的主流媒体。各级电视台自建台以来，“广大电视工作者在党的领导下，坚持正确政治方向和舆论导向，围绕中心，服务大局，宣传党的主张，反映人民心声，唱响主旋律，传播正能量，为党和人民事业作出了积极贡献”②。深知新闻是安身立命之本的电视媒体，始终把政治方向摆在第一位，坚持政治家办台，坚持党性原则，坚持马克思主义新闻观，坚持新闻立台，充分发挥喉舌、耳目作用，举好旗、导好向、服好务。在宣传思想工作从“正本清源”进入“守正创新”阶段后，电视媒体更应加大正面宣传力度，为经济社会发展营造良好舆论氛围，“更好强信心、聚民心、暖人心、筑同心”，“促进全体人民在理想信念、价值理念、道德观念上紧紧团结在一起，为服务党和国家事业全局作出更大贡献”③。

一、深耕内容，增强主流声音价值引领

“内容为王”还是“渠道为王”的争论从来没有停止过。互联网发展带来媒介渠道资源的极大丰富，受众对于渠道资源的依赖程度越来越低，内容在媒介竞争中的核心地位得以凸显。“对新闻媒体来说，内容创新、形式创新、手段创新都重要，

① 见张洋《习近平在全国宣传思想工作会议上强调　举旗帜聚民心育新人兴文化展形象　更好完成新形势下宣传思想工作使命任务》，《人民日报》2018年8月23日.

② 《习近平致中央电视台建台暨新中国电视事业诞生60周年的贺信》，http://www.xinhuanet.com/politics/2018-09/26/c_1123485152.htm.

③ 见张洋《习近平在全国宣传思想工作会议上强调　举旗帜聚民心育新人兴文化展形象　更好完成新形势下宣传思想工作使命任务》，《人民日报》2018年8月23日.

但内容创新是根本的”[①]。融媒体时代，“内容决定品质，高度决定影响力”已成为业界共识。只有充分发挥原创内容的绝对优势，多推出有高度、有深度、有温度的新闻宣传，电视媒体才能有效提升传播力、引导力、影响力、公信力。

1. 聚力打造新闻“头条工程”

近年来，电视新闻“头条工程”已成热词。各大电视媒体在“头条工程”的打造上可谓不遗余力。中央广播电视总台“把《新闻联播》头条工程提升、拓展为总台‘头条工程’，将习近平新时代中国特色社会主义思想更深一步贯穿融入到宣传报道的方方面面。比如抓取习近平总书记重要讲话中的金句、妙语，深耕细作，精研细磨，丰富镜头语言，捕捉细节故事，寻找共鸣点、增强感染力，在更接地气、润物无声上下功夫，让习近平新时代中国特色社会主义思想‘飞入寻常百姓家’”[②]。2017 年下半年，无锡广播电视台在地方台中较早实施新闻“头条工程”，致力于打造有影响力的头条品牌，紧扣重大主题，策划组合式、集束式报道，形成阶段性报道热点和宣传强势，增强宣传效果。2018 年下半年，长沙广播电视台大力实施新闻“头条工程”，“每天必有头条，头条必有分量”。《长沙新闻》“头条工程”在选题策划上突出“三个紧贴”：紧贴市委、市政府重要会议精神，紧贴市委、市政府重要文件解读，紧贴县市区、政府各部门和基层单位贯彻落实市委、市政府决策的进展情况和取得的先进经验。长沙广播电视台围绕“产业项目建设年”“一圈两场三道”等中心工作，精心制作播出了《链·长沙——22 条产业链发展观察》《家门口的幸福“圈”——一圈两场三道推进报告》等“长沙新闻头条”。这些新闻报道上接“天线”、下接“地气”，浓墨重彩、有声有色。

2. 精心制作新闻大片

从 2013 年起，湖南卫视连续 6 年在《湖南新闻联播》中推出“新春走基层”特别节目《直播汤湖里》《直播吕洞村》《直播惹巴拉》《直播香草源》《直播苏木绰》《直播奉嘎山》。这些大型直播活动报道调动一切电视元素，充分发挥电视媒体独有优势，形式新颖，可视性强，真正意义上打通了“立场”和“现场”，社会反响强烈。与此同时，湖南卫视拍摄制作的《县委大院》《绝对忠诚》《湖南好人》《初心璀璨》《为了人民》等弘扬社会主义核心价值观五部曲，都是精心策划、精心制作的有思想、有温度、有品质的“现象级”新闻作品。这些新闻大片在高收

① 见曹智、栾建强、李宣良《习近平在视察解放军报社时强调　坚持军报姓党坚持强军为本坚持创新为要　为实现中国梦强军梦提供思想舆论支持》，http://www.xinhuanet.com/politics/2015-12/26/c_1117588434.htm .

② 慎海雄：《以守正促创新　以创新强守正》，2018 年第 19 期《求是》.

视、高关注、高热议方面毫不逊色于综艺节目。

长沙广播电视台近年来在新闻大片上也下足了功夫。除了参加全国城市电视台联制联播的《血铸河山》《三大起义》《筑梦新丝路》《四十城四十年》等新闻大片的拍摄制作外，还以工匠精神精心策划和打造了《中国雷锋》《浏水听春》《城垣之上》《中国有条浏阳河》《中国铜官窑上人》等新闻佳作。这些作品富有时代特色，紧扣中国梦主题，凸显社会主义核心价值观，题材重大、主旋律强劲，策划巧妙、立意高远，制作手法新颖、镜头语言丰富、视觉冲击力强，是让党和政府放心、人民群众喜闻乐见的高品质作品。

3. 补齐电视新闻评论短板

越是浅阅读时代，越要赋予电视新闻思想高度；越是意见多元，越需要思想引导，突出价值引领，壮大主流思想舆论。一些电视媒体不太注重电视新闻评论，电视新闻中的短评、快评不少是应景之作，套话连篇，缺少真诚。2018 年 9 月 27 日，《人民日报》在显著位置刊发央视评论员文章《奋力打造国际一流新型主流媒体》。这是《央视快评》首登党中央机关报，极大地提高了央视在新媒体格局下的舆论引导能力。近年来，《湖南新闻联播》在推出《县委大院》《绝对忠诚》《为了人民》等重头报道时，篇篇配发升华主题、掷地有声的“胡湘平”电视评论。《湖南新闻联播》的“胡湘平”评论版块已成品牌。

补齐电视新闻评论短板，做强电视评论品牌，以便更好地“传播真相、传播真知、传播真理”，是电视工作者义不容辞的责任。长沙广播电视台 2018 年在实施新闻“头条工程”和推出新闻大片时，经常配发“常新平”电视评论，推出《让深化合作持续刷屏“湘非朋友圈”》《22 条产业链一个都不能少》等评论。电视评论旗帜鲜明表达立场、观点和态度，有助于提升电视新闻的影响力和公信力，可以更好地发挥新闻舆论引导作用。

二、深度融合，扩大主流声音价值增量

党的十八大以来，以习近平同志为核心的党中央高度重视传统媒体和新兴媒体的融合发展。2014 年 8 月 18 日，中央全面深化改革领导小组第四次会议审议通过了《关于推动传统媒体和新兴媒体融合发展的指导意见》。2016 年 2 月 19 日，习近平总书记在党的新闻舆论工作座谈会上指出，要尽快从相“加”阶段迈向相“融”阶段，从“你是你、我是我”变成“你中有我、我中有你”，进而变成“你就是我、我就是你”，着力打造一批新型主流媒体[①]。电视媒体只有深度融合新媒体，充分

利用新技术、新应用，创新媒体传播方式，把握时度效，打好主动仗，唱响主旋律，才能牢牢把握舆论引导主动权，抢占舆论制高点。

1. “三微一端”齐发力，形成移动传播矩阵

中国互联网络信息中心（CNNIC）发布的第 42 次《中国互联网络发展状况统计报告》显示，截至 2018 年 6 月 30 日，我国网民规模达 8.02 亿。其中，手机网民规模达 7.88 亿，网民通过手机接入互联网的比例高达 98.3%[②]。移动端已成为上网获取新闻信息的重要途径。“读者在哪里，受众在哪里，宣传报道的触角就要伸向哪里，宣传思想工作的着力点和落脚点就要放在哪里”[③]。近年来，以央视为代表的电视媒体全力打造“三微一端”移动传播矩阵，让主流媒体更好更快抵达受众、引导受众、服务受众，传播主流价值，实现价值引领。自 2012 年 11 月起，“央视新闻”微博、微信、客户端陆续上线运营。2014 年，央视推出系列微视频《V 观》，将微视频作为电视媒体新样态，使其活跃在传播前沿。目前，“三微一端”已成为电视媒体融合新媒体扩大影响力的“标配”。长沙广播电视台在组织实施重大主题报道时，采取“即时化传达、可视化表达、碎片化到达”的创新传播策略，利用“三微一端”立体化、互动式、全天候传播，让每条新闻及时快捷、有效准确地抵达受众。

制作视频新闻原本是电视媒体的优势，风头却被短视频平台抢走。可喜的是，电视媒体制作的微视频也出现了许多“爆款”产品。央视打造的《初心》《习近平为你描绘“新时代”》《公仆之路》等一批广泛传播的微视频作品为广大受众所喜闻乐见。这些作品用小故事体现大情怀，用真情叙事凸显大主题，从情感高度、思想高度、政治高度上寻找契合点和突破点，以优质的内容承载彰显重大题材微视频作品的魅力[④]。电视媒体必须像打造新闻“头条工程”和新闻大片一样，从选题立意到拍摄制作，精心策划、精耕细作，推出更多可以持续引发全网热转的微视频作品。

2. 全力打造融媒体中心，深度融合新媒体

习近平总书记强调：“要扎实抓好县级融媒体中心建设，更好引导群众、服务群众”[①]。近年来，电视媒体积极推动融媒体中心建设，以新闻为龙头，以视频为重点，

① 见崔士鑫《我国媒体融合发展走在世界前列》，2017 年 2 月 19 日《人 民日报》.

② 《第 42 次〈中国互联网络发展状况统计报告〉》，http: //www.cnnic.net.cn/hlwfzyj/hlwxzbg/hlwtjbg/201808/t20180820_70488.htm.

③ 见曹智、栾建强、李宣良《习近平在视察解放军报社时强调　坚持军报姓党坚持强军为本坚持创新为要　为实现中国梦强军梦提供思想舆论支持》，http: //www.xinhuanet. com/politics/2015-12/26/c_1117588434.htm .

④ 陆先高、冯蕾：《从重大主题短视频新探索看主流媒体转型》，2018 年第 7 期《中国报业》.

以用户为中心，实施移动优先、创新驱动战略，大屏带小屏，小屏回大屏，多屏联受众，打造智慧融媒体。2017 年 10 月，浙江广播电视集团中国蓝融媒体中心启用，集团旗下多个部门相关人员入驻融媒体中心，加强一体策划、融媒采集、融合传播。2016 年 9 月，长沙广播电视台融媒体中心技术平台建成并投入使用。2018 年年初，长沙广播电视台将新闻频道、政法频道和“智慧长沙”团队组建成新闻中心，现正在完善体制机制，准备重构采编发网络，再造采编发流程。近年来，长沙广电实施一体化战略和移动优先战略。每年围绕市委、市政府重大会议、重大活动、重大事件等组织 20 场以上的《全媒体大直播》，取得了很好的宣传效果。

融媒体中心技术平台建成并不意味着传统媒体与新兴媒体融合成功。全新理念、全新机制、全媒型人才和强大的技术支撑等是电视媒体转型升级、融合发展的关键。要变电视新闻机构为全媒体机构，实施采编发流程再造，让电视新闻成为融媒产品，并实现全覆盖传播。传播力决定影响力。重构采编发网络、再造采编发流程，实施一体策划、一次采集、多元生成、全媒体传播，是电视媒体深度融合新媒体、实现价值引领、做大价值增量的不二选择，也是电视人必须攻克的堡垒。

守正是基础，创新是关键。“坚持‘守正’，‘创新’才能有明确的立场和方向；不断‘创新’，‘守正’才能获得活力源泉和动力根基”①。一个时代有一个时代的主题，一代人有一代人的使命。在中国特色社会主义进入新时代的历史背景下，在全面建成小康社会决胜阶段，广大电视工作者理应不忘初心，守土有责、守土负责、守土尽责，自觉并勇于承担新形势下宣传思想工作的使命任务，增强主动性、掌握主动权、打好主动仗，在融合创新中提升服务大局的能力和水平。

（作者单位：长沙市广播电视台、湖南广播电视台）

① 本报评论员：《守正创新推动宣传思想工作不断强起来——论学习贯彻习近平总书记在全国宣传思想工作会议重要讲话精神》，2018 年 9 月 5 日《人民日报》.

论电视艺员的市场培植

肖　宁

所谓电视艺员，是指经常出现于电视屏幕上，并通过诸多电视节目逐步开展演艺活动的演艺人员。透过电视这种载体，电视艺员凭借各方面的培植，逐渐找寻到自己的定位和价值，并收获了观众和市场的认可。

一、电视艺人节目的演变

一个电视艺员的养成与电视节目的发展有着相辅相成的关系。尤其是我国近年来各类电视节目进入了一个前所未有的发展期，在市场竞争和政策引导的双重作用下，展现出了强大的生命力，不仅成为新时代的先声，产业收入更大幅上升，形成了高质量和高效益的繁荣局面。在这同时，许多电视艺员脱颖而出，其中不乏来自于音乐竞赛类节目、娱乐综艺秀节目以及专业展示类节目这些大众熟知的节目类型之中。这些艺员通过在节目上展现自身艺术能力，为广大观众所知，并拥有了各自粉丝人群，实现了艺术佳作的传播与个人魅力的同步呈现。

1. 音乐竞赛类节目的发展与演变

纵观我国音乐竞赛类节目的发展与演变，自 1984 年的《青年歌手大赛》拉开帷幕以来，此类节目凭借才艺表演、竞技角逐的比赛形式，以及庞大的受众基础，一度成为专业展示领域的“刚需产品”。

2005 年，《超级女声》在全国掀起了素人选秀的狂潮，以至成为音乐竞赛类节目历史上里程碑式的“爆款”。李宇春、周笔畅、张靓颖、尚雯婕、张杰、华晨宇、欧豪等人气选手，通过《超级女声》《快乐男声》等音乐竞赛节目，从无人知晓到快速走红，开始自己梦想的音乐道路，乃至成为了华语乐坛的佼佼者。特别是在 2005 年《超级女声》中，歌手李宇春以坚持自我的风格受到观众欢迎，最终凭借 352 万张投票荣获全国总冠军。同年，她以选秀歌手的身份登上《时代周刊》亚洲版封面，成为中国首位被票选出的“偶像”，引领了一个时代的流行风潮。不仅如此，作为中国新娱乐时代的标志，李宇春还创立了自己的品牌演唱会“Why Me”，出演了《十月围城》《龙门飞甲》《捉妖记 2》等电影，并以巴黎欧莱雅代言人的身份受邀出席戛纳国际电影节，成为各大时装周的座上宾，她不仅为流行偶像书写了新的定义，同时也成为电视媒体音乐选秀的一个成功案例。特别是以李宇春为代表的《超级女声》节目，以其群众性、互动性和娱乐性，开辟了全新的娱乐整合传播模式，带来了中国电视荧屏选秀类节目的爆发，无论是从节目品牌效应，或是对中国粉丝经济的开启，都有着划时代的意义。

此后，电视音乐选秀类节目大热，各卫视竞争愈加激烈。特别是2012年《中国好声音》的异军突起，首次实现了中国电视节目真正意义上的“制播分离”，开启了中国电视综艺的“大片时代”，用全新的模式为音乐竞赛类节目注入了新的生命力。如该节目采用不见其人、只听其声的盲选模式，四位导师通过盲选来确定自己的学员战队，给观众带来不少悬念与惊喜。此外，节目还挖掘出选手背后的故事，让众多草根出身的学员用歌声和励志故事让观众都为之“转身”，满足了广大观众对“好声音”和“正能量”的需求，也为华语乐坛贡献了很多新鲜血液和新生力量。

2014年，湖南卫视播出的《我是歌手》，更让专业歌手的展示达到了极致，开创了中国音乐电视节目现场顶级秀的先河。该节目以先进的电视生产手段对参赛歌手进行了二次包装，还赋予了现场观众决定选手去留的权利，让观众增加了强烈的真实感与参与感；特别是节目中高质量的视听体验、贯穿始末的纪实手法，以及从多个维度提供的音乐视角和感受，做到了传承经典歌曲、还原音乐本真，让老将焕发新生，助推了整个华语乐坛的艺术传承。

2016年，《燃烧吧少年》则开启了偶像团体选秀节目的序幕。在采用日韩练习生选拔机制的基础上，以“雪藏”和“分拆”等形式来推进层层晋级，将选秀与真人秀融为一体，既保留了以往选秀节目选拔淘汰的竞争残酷性，又以真人秀手法将年轻偶像的成长历程一一呈现，将音乐选秀节目中的才艺展示升级，丰富了偶像文化的综艺表达，拓展了市场的边界，同时也加剧了此类节目的竞争局面。

2. 综艺类节目的发展与演变

就我国电视综艺类节目的演变而言，第一阶段当属20世纪90年代初以央视《综艺大观》和《正大综艺》为代表的综艺表演类节目。这批节目不仅诞生了中国第一代真正意义上的主持人，更通过栏目化的运作，实现了目标受众群体的聚集。至1997年，以湖南卫视《快乐大本营》为代表的游戏互动类节目领风气之先，集合游戏、表演、竞技等于一体，凭借新颖的节目模式，为固定不变的电视综艺带来了新的动机和勇气。特别是通过节目中艺人精彩表现及观众互动，建立了庞大的粉丝基础，为节目带来了炽热度和新鲜感。历经20余年，《快乐大本营》紧跟时代潮流，数次改版，如从明星+综艺+游戏的模式到全民户外主题活动、平民选秀节目以及影视剧明星宣传，从“IQ 无限”到“谁是卧底”“啊啊啊啊科学实验站”“我想静静”“池到了”等环节，节目设置始终引领潮流，将各种综艺游戏、创新板块以及有号召力的嘉宾把观众聚集在一起，制造出诸多的全民关注话题。此外，在栏目主持团队方面，自李湘退出后，何炅、李维嘉、谢娜竞争上岗，以及闪亮新主播活动中选出杜海涛和吴昕亮相，其栏目主持人阵容从早期经典的“两男一女”到独具个性、人设鲜明、分工明确的五人组合，让“快乐家族”迅速凝聚，成为连接嘉宾和观众之间的坚实桥梁。但自《快乐大本营》后，我国电视综艺节目的雷同之风愈演愈烈，此类节目的发展也逐渐陷入瓶颈。直至 2013 年《爸爸去哪儿》首季播出，以及《奔跑吧兄弟》《极限挑战》等多档现象级节目的涌现，电视真人秀节目一度成为各大电视媒体争夺收视率的“必杀神器”，也标志着新兴的综艺节目形式诞生。

3. 专业展示类节目的发展与演变

以专业培训以及展示节目而论，近年来曾有多档以演技为主题的综艺节目播出，如《一年级大学季》和《毕业季》《来吧！灰姑娘》《造梦者》等棚内电视综艺节目。直至 2017 年末，在观众注意力越发分散、宣发成本日渐增加的形势下，《演员的诞生》（第二季改名为《我就是演员》）与《声临其境》两档节目通过叠加效应，迅速唤起了业界与观众对演员专业功底的热议，共同催生了“演技类”综艺的兴起。如前者是由正在上升或已经成名的演员重新演绎影视剧的经典片段，让老戏骨与青年演员搭建了一个面对面切磋的平台，将对演员的评判标准重新拉回到“演技”上来，试图在专业与娱乐表达之间找到平衡点，助力演员专业精神的回归，其节目的教育性本原得以进一步凸显。

而后者则以一种反套路的姿态，聚焦于艺术类专业“声台形表”最基础的台词一环。如节目每期邀来四位影视艺人同台竞声，专注于一只麦克风所能展现的声音魅力，将唤醒情感记忆的声音艺术与全新的综艺节目形态相结合，对“声音”这门艺术做到了高标准和严要求，使观众在感性层面上体会到更多维度的声音魅力，开辟出一种综艺细分的新形式。

二、电视艺员的养成方式

对于电视艺员的养成与培植，不同的阶段会有不同的方式，如新人到上升期艺人，再到成熟期艺人，其培植方式也依据电视节目的类型而层层递进，各有侧重。

1. 新艺员的培植

针对艺员中的新人，前期多侧重于挖掘其可塑性及个性，后期则提供全方面的专业指导，并根据个人特质加以设计包装，以求新人尽快适应节目环境，从素人蜕变为艺人。如在《超级女声》中，节目组在全国部分城市陆续展开地面海选，只要年满18周岁的女性，均可在指定唱区免费报名参加，并通过分唱区选拔赛、晋级赛，层层选拔和淘汰选手。而在淘汰赛后，节目组则根据选手的气质、外形、风格等，从造型、服装、声乐、舞台表现等对选手进行整体集训，为选手打造“星相”。在此期间，为了更好地展现选手的个人魅力，节目组还需要调动多种视频手段，记录下选手在培训、磨练、比赛的所有过程，随着选手从最初的青涩达到成熟，其个人特质也得以进一步放大，慢慢成为观众心中的偶像与明星。而观众也在见证素人向偶像蜕变的过程中，进行选择性文化消费，获得认可感，在完成偶像养成的过程中，让自身也成为了粉丝养成的过程。

以2013年《快乐男声》为例，自15强开始，选手们被安排集体入住于快男城堡中，别墅内的66个摄像头24小时不间断地对他们的起居生活进行拍摄，并通过在线合作网站同步直播。在此期间，观众可以看到选手接受声乐课、形体课、健身课、舞蹈课、造型课、时尚课等培训过程，以及他们挥洒汗水或抱病上课的点滴故事，使选手们的人物属性在生活的细节中充分得以展现，不但增加了节目的真实度和参与度，还增强了观众黏度；特别是节目直播过程中不可预知的不确定性和戏剧效果，增添了更多的衍生话题和看点。而且，在节目播出期间，节目组没有刻意追求“一位更比一位强”的戏剧性高潮，而是用心于放大每个选手的不同鲜明个性，如“甜品小王子”欧豪、“警校歌手”张阳阳等，并通过纯熟而流畅的后期剪辑，为后续的偶像成长故事铺设了很好的主线。特别是选手们进入总决赛后，会在节目编导及专业老师指导下挑选歌曲，并重新改编。而这一过程展现给观众后，反而成为了节目的亮点，每位选手的形象也更为真实立体，其社会影响力也更为强烈。

与2013年《快乐男声》相比，《燃烧吧少年》则派出40余人的导演团队在全国进行海搜，在1万余人中选出近50人进入训练营，再经过多次淘汰，最后选出各具特色的16名少年，组织他们远赴韩国，由韩国SM公司对其进行3个月的声乐舞蹈培训。因此，当出现在电视屏幕之时，选手们在歌舞能力、舞台掌控、镜头互动等方面都已开始彰显出偶像应具备的专业素质。为了展示选手个性化，该节目还为每位选手设置了一个独特的标签，并在节目中不断强化标签与选手的关系。与此同时，腾讯视频还配套推出衍生节目《少年频道》，不间断直播选手的成长历程。通过台网互动，大大推进了新艺员培养力度。

2. 上升期艺人的培植

针对上升期艺人的培植，多侧重于凸显艺人人设，让艺人呈现出不同于以往的闪光点，加强甚至刷新观众对艺人的认知。如在《演员的诞生》中，节目组用将近一个月的时间开办了两期演员训练营，邀请了著名表演指导老师对学员们进行长达15 个小时的紧密学习，包括从演员基本功的角度来训练他们的体能、台词、表演和形体等。在节目正式录制时，表演指导老师则负责在演员挑战前的彩排中，就剧本研读、台词、表演等，给予挑战选手针对性的指导和建议，帮助挑战选手充分酝酿内在情绪，从人物内心出发，带动外在肢体语言，创造出具有信服力的表演。此外，为了体现节目的公平性，节目组对每期表演剧本严格要求，尽量让角色戏份均等，在近百个剧本中，最后从中选出 6 个剧本进入节目。同时，在节目的录制过程中，让挑战选手以演技为重，努力将其表演功底、人格素养全部呈现于舞台，伴随导师们犀利又精准的点评，参与艺员可以在观众和评审的检阅下，逐渐进入表演状态，在舞台上完成自我进化；这样，使许多上升期艺人凭借节目中的精彩表演，以扎实的表演功底获得赞誉，成为观众认同的实力演技派，完成节目的最终诉求。

而在《声临其境》中，节目组则在前期节目选择方面精益求精，如配音的片段既要兼顾口型难度、表现力度和台词的艺术性，还要考虑作品有一定的观众基础等。为了确保专业性，建议艺人在配音时模仿剧中的动作，以动作影响声音，进而找到角色的感觉；在指导老师和艺人双方协力下，节目用大众化的明星“声音”实现了综艺品类的“声音”的切分。

就上升期艺人而言，通过出演的节目，可以加深甚至改变观众对其的认知，展现出丰富立体的个人形象。如张新成在《我就是演员》中，分别出演了作品《末代皇帝》与《请回答 1988》，在突破自我的期许下，全情投入表演，演绎出溥仪和周晨曦两个截然不同的角色，一展未来的潜力和可能性，以演技完成了一次自我审视与成长。

此外，上升期艺人除了通过综艺节目的打造外，在电视剧作品中角色实践也非常重要。如于朦胧自饰演《太子妃升职记》的“九王”一角为观众所知后，更陆续出演了《三生三世十里桃花》中清逸出尘的上神白真、《轩辕剑之汉之云》中冷峻执着的徐暮云、《新白娘子传奇》中俊美飘逸的许仙，其古装造型及个人气质逐渐得到了观众的认可，颇受观众赞誉。

3. 成熟期艺人的培植方向

针对成熟期艺人的培植，多侧重于明确艺人市场定位，以强调艺人的榜样力量。如在《歌手》中，节目组以顶尖歌手的音乐对决为主题，将艺人节目由真人秀和演唱竞演两个部分组成，开创了电视综艺史上的一个新流派，全景式综艺节目。同时，对于参赛歌手的宣传方面，在每位歌手的个人宣传短片中，既有其演绎作品的简要介绍，也有曾经荣获的诸多荣誉，重现了歌手过往演艺事业的辉煌；而且，在节目先导片中，通过对细节的准确抓取和放大，记录了每位歌手节目外的状态，如歌曲改编过程中的精益求精，以及对音乐的专业与热忱，营造出了强烈的纪实感和大战前夕的紧张感。

更为重要的是，在演唱竞演环节中，在节目组的建议和支持下，让歌手深入挖掘自己的声乐潜质，试图通过自己的真实、真诚呈现出最好的艺术效果，以求用歌声来传达信念与希望，点燃观众内心潜藏对音乐的热情。正是在节目组、歌手及其经纪团队的共同努力下，该节目为歌手展现了多方面、多风格的音乐实力，塑造了更立体、更全面的市场定位，较好地实现了与观众审美需求和心理期待的契合，完成了艺术佳作的传播与歌手人格魅力的呈现，标志了歌手的艺术成熟和价值成熟。

三、电视艺员的市场发展

1. 强化艺人的市场定位及综合素质

伴随着我国电视节目的演变历程，以及节目制作团队的日渐专业化，电视艺员的培植模式也逐渐成熟完善。以电视综艺节目而言，面对受众市场日益严苛的环境，节目团队一方面需要在自身品牌优势和长期积淀的基础上，坚守以人民为中心的创作路径，将拓展题材类型和细化受众需求结合起来，推出更多同时代相匹配、又能体现文化内涵和折射现实生活的的艺术产品；另一方面，面对观众审美需求的提高，节目团队应着力于对综艺节目垂直细分趋势的探索，坚持守正创新，力争推出移动传播时代的“刷屏产品”，以满足受众多元文化需求。

如以偶像养成类节目和歌唱才艺竞秀类节目为例，面对养成类综艺的蔓延之势和综艺节目市场的诸多乱象，无论是电视节目，还是网络节目，都亟须以《国家广播电视总局办公厅关于做好暑期网络视听节目播出工作的通知》为准则：“组织专家从主题立意、价值导向、思想内涵、环节设置等方面进行严格评估，确保节目导向正确、内容健康向上方可播出，坚决遏制节目过度娱乐化和宣扬拜金享乐、急功近利等错误倾向，努力共同营造暑期健康清朗的网络视听环境”。

另一方面，以影视艺员培植的角度而言，要针对当前缺少固定新人来源、艺人竞争力较弱、艺人标签不明晰、艺人优秀作品较少等问题，建立较科学的艺员培养机制，在艺人的每个发展阶段，都应有配套的培养与运作体系。如在新人阶段，应根据个人的自身条件、艺术天赋，对其未来发展路径进行全面规划，进行歌唱、舞蹈、表演等全方位培养；对于正处于上升期的艺人，则需要更加专业的个人规划与长远的战略布局，结合市场需求进行艺人受众定位，安排艺人参与影视剧及综艺栏目拍摄，以进一步提高艺人的知名度和市场价值。而针对以上问题，可以通过进一步明确艺人的市场定位与自我认知、提高艺人的综合素质等，以求丰富艺人的整体形象，扩大艺人受众面，带动艺人商业价值。如在新人发掘培养方面，可以建立完整的艺人选拔机制，并以挖掘艺人潜力为目标，对新人培养实施梯队化建设，根据艺人特质进行选拔培养；针对上升期艺人，前期培养不仅应从制作方面加大投入，在后续宣传方面更应加大宣传力度，对艺人进行更精准的营销推广，以提升艺人的影响力和商业价值；针对成熟期艺人，应为艺人提供专业有效的服务，开拓艺人多元化经营模式，打造多领域合作开放的艺人营销体系，推动艺人业务全面发展。

2. 强化艺员经纪公司的中坚作用

在电视艺员培植的道路上，经纪公司的重要性不容置疑，在与艺人签订演艺发展协议的基础上，无论从艺人发掘到艺人营销，经纪公司都渗透于每个环节。如为艺人提供个人培训、包装定位、宣传营销、商务代言等，其工作目标就是将艺人打造成为具有市场影响力和号召力的明星。与此同时，在经纪公司的策划与指导下，让艺人参与电视节目，为艺人提供展现自身魅力的平台，让艺人在节目中宣传自己或作品，打造观众口碑。

通常而言，艺人在电视荧屏的表现通常为电视机构与经纪公司双方协力的结果，特别是将各方工作状态向观众展示时，其效果往往惊艳十足。如在《我家那小子》《我家那闺女》《我和我的经纪人》等节目中，艺人和经纪人的工作环境和状态得以真实展现在观众面前。每个艺人与经纪人的故事，都构成了节目的一部分，互相完善了彼此的属性。在编剧、导演及制作团队从不同角度的深度发掘下，艺人的生活特质及价值观得以鲜活展现，更能引发观众认可感和参与感。

然而，从市场发展的眼光来看，经纪公司全方位介入艺人与市场的对接已成为趋势。在节目制作过程或环节中，经纪公司更会直接参与其中，如天娱传媒曾负责《超级女声》《快乐男声》的全程运营，并全权代理节目选拔艺员的经纪事务，以及品牌活动和艺人相关产品的开发和制作发行。

3. 强化政策学习在市场中的指导作用

近年来，随着不断掀起的电视综艺创新热潮，国家广电总局对各类节目的监管愈发严格，各项监管政策也相继出台，政策通知亦不断细化，对节目以及艺人的表现在内容尺度、价值导向的把控上更为细致。

与此同时，有关管理部门对电视艺员的政治素养、道德品行、艺术水准以及社会评价等方面提出了更多要求、更多审视、更多监管。如 2014 年 9 月，国家广电总局下发了《国家新闻出版广播电视总局办公厅关于加强有关广播电视节目、影视剧和网络视听节目制作传播管理的通知》，按照通知要求，全国各级广播电视播出机构不得邀请有吸毒、嫖娼等违法犯罪行为者参与制作广播电视节目，不得制作、播出以炒作演艺人员、名人明星等的违法犯罪行为为看点、噱头的广播电视节目，暂停播出有吸毒、嫖娼等违法犯罪行为者作为主创人员参与制作的电影、电视剧、各类广播电视节目以及代言的广告节目。

2018 年，时任国家广电总局宣传司司长高长力在宣传例会上提出广播电视邀请嘉宾应坚持“四个绝对不用”标准，即对党离心离德、品德不高尚的演员坚决不用；低俗、恶俗、媚俗的演员坚决不用；思想境界、格调不高的演员坚决不用；有污点、有绯闻、有道德问题的演员坚决不用。除此以外，还明确要求节目中纹身艺人以及嘻哈文化、亚文化（非主流文化）、丧文化（颓废文化）艺人不用。

不言而喻，近几年来，从相关监管政策来看，国家有关部门对于艺人的形象要求不断趋于严格。正如习近平总书记在看望参加全国政协十三届二次会议的文化艺术界、社会科学界委员并参加联组会时所强调：“文化文艺工作者、哲学社会科学工作者都肩负着启迪思想、陶冶情操、温润心灵的重要职责，承担着以文化人、以文育人、以文培元的使命。大家理应以高远志向、良好品德、高尚情操为社会作出表率。要有信仰、有情怀、有担当，树立高远的理想追求和深沉的家国情怀，努力做对国家、对民族、对人民有贡献的艺术家和学问家。要坚守高尚职业道德，多下苦功、多练真功，做到勤业精业。要自觉践行社会主义核心价值观，自尊自重、自珍自爱，讲品位、讲格调、讲责任。”

事实上，电视艺员作为公众人物，更应自觉践行社会主义核心价值观，抵制庸俗、低俗、媚俗之风，树立健康向上的荧屏形象，进而为观看节目的受众树立良好的榜样，减少因不良行为或者形象对观众的消极影响，以优秀作品和良好形象传播正能量，为社会作出良好表率。

总之，纵观我国电视艺员的培植，电视艺员的养成与电视节目、经纪公司的发展相辅相成，特别在当前政策法规日趋细化的局势下，艺员培植只有以政策为引导，以艺人为本，以内容为王，不断提高艺人的综合素质，方能运作推广，最终实现电视节目和艺人的互相成就、共同成长。

（作者单位：湖南广播影视集团（台）有限公司）

广播融媒体报道《我家住在解放路》的创新路径

何良璋　吕　静　钟启华

《我家住在解放路》系湖南电台献礼新中国成立 70 周年大型融媒体项目，由湖南电台牵头统筹策划，与《人民日报》全国党媒平台、腾讯新闻联合出品，全国 70 家广播电台联合制作播出。作为融媒体项目，《我家住在解放路》以“图文＋音视频＋线上互动传播”等形式进行综合呈现，内容包含：70 集大型广播系列报道《我家住在解放路》、7 集湖南卫视专题视频报道、腾讯网“全民打卡解放路”、去哪儿网“打卡解放路”线上互动，由山西教育出版社出版的同名书籍等。2019 年 7 月 23 日，《我家住在解放路》系列报道在全国 107 家电台启动播出，在《人民日报》党媒平台、腾讯新闻及各合作电台的微博、微信端进行同步刊播与宣发，并于 8 月下旬登录学习强国平台进行专题展播，获得了流量与口碑的双丰收。作为献礼新中国成立 70 周年全国广播融媒化传播中最具影响力的项目之一，《我家住在解放路》迅速在全国形成强大的影响力和传播力，本文尝试从选题策划、内容以及传播渠道三方面探讨广播融媒体报道的创新路径。

一、选题策划：“小视角”讲述“大时代”

1. 一条解放路切入时代主题

作为历史的见证与记忆，全国不少城市里有一条叫“解放”的路或街。“解放路”这一地标常出现在新中国成立后，当地百姓为了纪念这一解放的胜利时刻，就将当时最主要的道路或者桥梁改名为“解放路”“解放桥”。因此，解放路对于新中国而言，具有特殊标签意义——从“建立新中国”到“建设新中国”。在新中国成立 70 周年之际，《我家住在解放路》系列报道独辟蹊径，选取了与新中国相伴生的“解放路”这一视角切入，用“小切口”撬动“大主题”，联动全国 70 家广播电台一起挖掘和讲述在全国各地解放路上的百姓故事，探访国内一条条“解放路”的前世今生，从中见证新中国 70 年变迁的缩影。

2. 一个“变”字贯穿始终

一条路就是一道流动的历史。“解放路”的改变不仅记录了几代人的成长，更记录了一个国家昂扬向上的时代历史。《我家住在解放路》以经济转型升级为背景，一个“变”字贯穿节目始终，把新时代的声音与图景镶嵌在中国70个城的70条“解放路”里。70条解放路成为展现新中国70年沧桑巨变的生动窗口，从新中国成立初期的社会主义改造、改革开放后经济的发展与繁荣、到新时代中国特色社会主义经济建设高质量发展，新时代的“解放路”也伴随中华民族迎来了从站起来、富起来到强起来的伟大飞跃，构建着中华儿女70年来不断奋进追逐梦想的美好场景。

3. 选材广泛且具代表性

《我家住在解放路》系列报道采写地域广阔，且极具代表性，沿着中国70个城市“解放路”的发展足迹，新中国新时代的形象逐渐凸显。从中国共产党诞生地上海到改革开放前沿深圳；从新中国解放的第一座大城市哈尔滨到高原明珠拉萨；从英雄之城南昌到转折之城遵义；从初心之城瑞金到幸福之城长沙；从中国最南端城市三亚到北国春城长春……节目聚焦全国各地“解放路”这一缩影，探索70个城市进行采编录制、统一制作、统一播出，最大限度地保留了当地鲜明的地方特色，生动展现了全国各地各行各业的中国人的勤劳智慧与无穷的创造力。

二、内容呈现：善用广播优势，寻找情感共鸣

《我家住在解放路》系列报道围绕新中国成立70周年这个主题，突出“70”这个数字印记，由湖南电台牵头统筹策划选题，全国70个电台共同参与采制，统一审稿，严把内容品质关。70家电台通过不同的“解放路”、不同的“70年”时代侧写，多频共振，娓娓道出了70条“解放路”上的不平凡故事，共同完成庆祝新中国成立70年宏大选题。

融媒体时代，节目不仅要重流量，更要重质量。《我家住在解放路》回归内容品质，不断扩展题材的宽度与深度，将宏观视角与微观视角相结合，将发生在“解放路”上的个人故事，置于新中国建设发展的时代大背景下，让故事内容可感可触，激发听众的情感共鸣。例如，《石家庄解放路：冯文彩和她的朋友圈》中的冯文彩是当年石家庄解放路肉食店的经理，也是石家庄市第一位挂牌售货员。从计划经济时代的凭票供应，到使用微信、支付宝即可便捷支付，这家肉食店串联起了千家万户的味觉记忆。节目播出后，两位年逾古稀的夫妻特意让子女开车带着他们回到店里看望冯大姐，找寻当年的那个味道、那群人。《温州解放北路：中国第一位个体工商

户的创业之路》讲述了几十年风雨兼程，章华妹及其家人踏着改革开放浪潮一路前行的生动故事，充分展现了新中国成立以来区域经济蓬勃发展的生机活力。《郑州解放路上的“女强人”》则以经济转型升级为背景，讲述了解放路上的郑州华联商厦在“女强人”张淑云的带领下面对挑战、抓住机遇、勇于变革的故事。杭州解放路的故事，生动展示了互联网兴起后传统商业向电商跨界给人们生活和购物方式带来的巨大变化；广州解放路上的一位音乐人，带受众见证中国第一家音乐茶座的诞生以及中国改革开放后流行音乐的发展演变进程；连云港解放路上，成立于 1963 年的“雷锋车”，秉承“宁愿自己千般苦，不让旅客一时难”的承诺，9 代雷锋车手 56 年来帮助 26 万乘客在解放路上火车站与汽车站之间运送行李 22 万余件，行程超过 20 万公里，他们的热心服务成为连云港解放路上的一道靓丽风景；诞生在大连解放路上并与之一起成长的海军大连舰艇学院，被誉为“中国海军第一校”“海军军官摇篮”，坚守着新中国成立 70 年来的强军梦、海洋梦……

此外，用好声音讲好故事是《我家住在解放路》的鲜明特色，每期节目充分发挥广播以声传情的特点，大量采用现场音以及符合城市特色的背景音乐，让人们清晰地感受到被访者的内心情感和鲜明的个性，使听众如见其人，身临其境。例如《郑州解放路上的“女强人”》在开始就播放了豫剧《花木兰》选段《刘大哥讲话理太偏》；《广州解放路上“流淌的歌声”》节目中则融入当时广州流行音乐，唤起人们的美好回忆；《杭州解放路百年老店的前世今生》在说到直播卖货时，背景音出现了叫卖衣服的吆喝声，“来准备开始，废话不多说，倒数五个数”……这些特色鲜明的声音，迅速将听众代入到故事情境之中，增强了节目的吸引力和感染力。

三、融合传播：打通线上线下，探索年轻表达

推动媒体深度融合、做大做强主流舆论，是新时代主流媒体面对的一项紧迫课题。《我家住在解放路》系列报道是湖南电台突破媒介平台单一化的一次成功探索，该报道把握住新中国成立70周年的重大时政报道契机，扩展传播渠道，主动走出去，与人民日报全国党媒平台、腾讯新闻、腾讯微视、腾讯 QQ、芒果动听等新媒体平台进行深度合作，增强主流媒体影响力和传播力，做大做强主流舆论。节目立足广播特色、坚持移动优先，通过广播媒体与新媒体深度融合，用高覆盖、高流量和高传播形成宣传声势，实现传统媒体、新媒体等多种传播手段与渠道组合，打出融媒报道“组合拳”，彰显新时代主流媒体融媒体报道的活力姿态。

《我家住在解放路》是湖南电台首个融合广播、电视、网络、新媒体平台、出

版物五大资源和渠道的融媒体项目，覆盖了全国23个省、5个自治区、3个直辖市，实现了全国层级的广泛传播。报道自推出以来，无论是在传统渠道，还是在新媒体传播平台上，其传播效果都实现了巨大突破。根据尼尔森网联调研数据，截至2019年10月10日，《我家住在解放路》系列报道全国累计触达4142.05万人，其中全网触达有效用户规模2175.08万人，累计覆盖6.04亿粉丝用户，相关新闻累计阅读量3.2亿人次，成为庆祝新中国成立70周年全国广播融媒化传播中颇具影响力的项目之一。

在传统媒体上，湖南电台与湖南广播电视台新闻中心联合制作了《我家住在解放路》7集新闻专题，并在湖南卫视午间新闻栏目进行播出，形成合力，扩大传播效果。

在新媒体平台中，由湖南电台联合《人民日报》全国党媒平台、腾讯新闻、腾讯QQ、新浪微博等新媒体平台共同发起的全民"打卡解放路"，邀请何炅、黄晓明、海清、冯绍峰、王凯等35位人气明星参与打卡，邀约全国网友共同打卡家乡解放路，探寻城市变化的每一步，为新中国成立70周年点赞。截至2019年10月21日，新浪微博话题阅读量已达3.2亿，113万网友参与讨论及互动。十一期间，"打卡解放路"互动平台，覆盖全国超200多个地级市或地区，超100万人次参与线上互动，晒出自己家乡的高光时刻，生动展现了新中国成立70年来全国各地的发展与变化。

而在短视频占据传播风口的今天，这种新兴的传播载体也为《我家住在解放路》系列报道赋予了新形式、新内涵、新效果。团队充分利用抖音、微视等短视频平台，制作竖屏视频等易于传播的融媒产品，推动了系列报道的内容向着更加多元化、场景化的方向发展，形成了系列报道从内容生产到宣发，再到延伸、最终引流的完整闭环。

《我家住在解放路》系列报道还利用增强线上互动、线下推广以及创作节目推广曲等方式，通过融媒体传播触达更多年轻的观众群体。如每一期节目均宣发制作年轻人喜闻乐见的有声海报等新媒体产品；出版《我家住在解放路》同名节籍，记载解放路上的家长里短与城市变迁，用小故事折射时代的大历史；在湖南广播音频平台芒果动听APP以及重庆、四川、山东、吉林等多家合作广电旗下的新媒体平台开设专栏或专题页面，使用户可通过音、视、图、文等多种方式收听或关注相关节目内容。

2019年7月23日节目开播当天，《我家住在解放路》在长沙解放西路组织了千人快闪活动，长沙市民共同走上解放路，挥舞着手中的小红旗，饱含深情地放声歌唱《我和我的祖国》，传递着巨幅五星红旗。20多家中央和省级新闻媒体参加了报道，在活动举办和节目播出期间，电视、报纸、微信、短视频、新浪微博立体推送，不断扩大报道影响力和覆盖面，形成了开播宣传高潮。同时，《我家住在解放路》还与官方合作伙伴去哪儿旅行围绕“解放路 + 城市体验 + 文化旅游 + 国潮”等元素进行项目深度合作，以此吸引更多的年轻人参与，从解放路触摸城市的温度，感受国家的进步，把解放路玩出不一样的新意。

全媒体是时代大趋势，媒体融合发展是篇大文章。《我家住在解放路》通过融媒体传播方式，实现一次采集、多样生成、多元发布的内容生产模式，形成传播合力；同时借助线上互动与线下活动，使用户获得沉浸式的体验。融媒体环境下，广播媒体应当充分整合资源，在内容生产和传播方法上不断寻求创新和突破，打造有传播力和影响力的节目品牌，努力实现传播效果的最大化和最优化。

（作者单位：湖南广播传媒中心）

基于年轻受众需求分析的新闻宣传策略研究
——以湖南卫视新闻节目为例

刘学波　王丽辉

新媒体传播时代，手机电视、IPTV、网络宽频等“下一代媒体”的优势逐步显现，而与此相对应的“下一代受众”也已经初具规模，出生于20世纪80年代后的人群正逐渐成为中国媒介消费的主力军①。在这样的传播环境下，主流媒体应积极争取年轻受众的注意力资源，并在“受众本位观”的指导下转变新闻宣传策略，进一步增强主流媒体的舆论引导能力。习近平总书记在全国宣传思想工作会议的讲话中指出，要抓住青少年价值观形成和确定的关键时期，引导青少年扣好人生第一粒扣子。新闻宣传作为宣传思想文化工作的一项重要内容，也应自觉承担“举旗帜、聚民心、育新人、兴文化、展形象”的使命任务②。湖南卫视作为一个以年轻受众为主体的主流媒体，加强新闻宣传的年轻化探索，既是贴近受众的现实需要，更是“育新人”使命任务的必然要求。

一、年轻受众需求分析

根据卡茨的“媒介使用与满足”理论，出于社会某种条件中的受众根据不同的心理倾向对大众媒介产生期望，并对媒介产生接触行为从而得到信息需求的满足③。20世纪80年代以后出生的年轻受众在经历媒介技术发展和思想开放的过程中形成了新的媒介消费需求，他们更加注重互动交流和情感体验，并对新的传播渠道有着更强的接受能力。

1. 参与互动需求

媒介技术的发展改变了以往“单向性”的传播方式，受众群体的主观能动性得

① 王娜．新媒体环境下以年轻人为受众的电视发展研究[D].上海师范大学，2008.

② 习近平出席全国宣传思想工作会议并发表重要讲话，http：//www.gov.cn/xinwen/2018-08/22/content_5315723.htm.

③ 胡智锋，杨乘虎．电视受众审美研究[M].北京：北京师范大学出版社，2010.

到了前所未有的强化。由于信息收发成本的降低和新媒体平台的发展，受众拥有了以往只有大众媒介才具有的信息发布权，他们不再满足于被动地接受媒体传递的信息，而是希望参与到信息的生产和传递过程中去，并得到及时的反馈。广泛的受众参与是互动的基础，受众不仅乐于参与信息传播，还渴望与传者和“他者”互动，并在互动过程中得到观点的修正或是收获交流的喜悦。

2. 情感体验需求

“80 后”“90 后”群体的成长环境导致他们更关心个人的情感体验和自我表达。另一方面，现代社会经济的快速发展、快节奏的工作和生活、激烈的竞争使人们的精神负担日益加重，情感体验的匮乏使人们感到空虚和无助，因此受众渴望在媒介使用的过程中获得情感上的满足，从而丰富内心感受，保持精神上的平衡。

3. “碎片化”需求

由于社会的快速发展，年轻一代的工作方式和生活方式与此前相比有了很大的不同，他们的空闲时间呈现出“碎片化”的特点，即零散、无规律，这些碎片化时间有可能在公共交通工具上度过，也可能在排队等候中度过，由此便产生了受众媒介使用的“碎片化”需求。受众的碎片化需求指的是在不同的时间、不同的环境中选择利用不同的媒介方式来获取轻量级信息的需求，在这样的需求之下，各种“微”信息迅速崛起，而以此为内容主体的“微”媒体不断发展壮大，逐渐成为了最受年轻人青睐的新兴传播媒介。

二、基于年轻受众需求分析的新闻宣传策略

主流媒体的新闻宣传长期以来一直给人一种曲高和寡、阳春白雪的印象，虽然主题重大，但是却难以被受众接受，尤其是具有逆反心理的年轻受众。因此，主流媒体应从年轻受众的需求出发，从内容和渠道两个方面着手转变新闻宣传理念，积极融入年轻化元素，使新闻宣传摆脱“对抗式解读”的困境①。湖南卫视自 2002 年提出“锁定全国，锁定年轻，锁定娱乐”的目标以来，始终以负责任的媒体形象引导着年轻受众的价值观形成和发展，并牢牢抓住年轻受众的需求进行新闻节目创新，取得了理想的传播效果。

1. 融入年轻元素，增强新闻宣传的接近性

新闻接近性指的是新闻内容在地理、心理、利益、年龄等各方面与受众的接近

① 斯图亚特·霍尔．编码解码 [M]. 朱晨，译．上海：复旦大学出版社，2002.

程度，新闻宣传的舆论引导效果在很大程度上取决于其是否贴近受众或是否被受众所接受，一条不被受众关注的新闻，它的舆论引导力就等于零。湖南卫视原党委书记李浩认为，新闻节目只有“贴近年轻人，懂得他们的成长需求，在此基础上的创新才能得到年轻人的认可”，因此湖南卫视积极将年轻化元素融入新闻报道中，以此增强新闻宣传对年轻受众的吸引力。

一是以年轻人为报道对象。2018 年 8 月 20 日起，湖南卫视在每晚 7：30 的黄金档时间推出了 14 集纪录片《我的青春在丝路》，介绍了 14 位在“一带一路”沿线国家奉献青春的年轻人：在塞拉利昂进行医疗援助的 37 岁的中医谢伟彬，在进行一场剖宫产手术时突然遭遇停电，他不慌不忙、冷静应对突发情况的职业精神为年轻人树立了很好的榜样；在洪都拉斯科潘峡谷考察玛雅文明的博士李默然，因为其高颜值、高学历，成为新一代年轻人的偶像……报道将镜头聚焦在这些“小人物”身上，让“一带一路”上的故事变得可感可触，也指引着当代年轻人从细微处感受思考青春的意义和价值。此外，湖南卫视《午间新闻》2017 年还制作了扶贫系列报道《村里的年轻人》，报道介绍 7 位平均年龄只有 29.7 岁的村支书、扶贫队长，他们把青春年华，奉献在了脱贫攻坚的国家战役中。此类直接以年轻人为主人公的报道，因为报道主体与受众客体在年龄、成长背景、兴趣爱好等方面有天然的契合度，从而迅速引发了年轻人的共鸣。

二是针对年轻人的思想特点。湖南卫视系列报道《青春的先烈》，其针对的是近年来网络上个别网民打着“反思历史”“ 还原真相” 等旗号丑化英雄、歪曲事实的行为。报道以翔实的历史资料、后人采访为佐证，捍卫了英雄烈士形象，以正视听。例如在方志敏烈士一集中，报道由《清贫》这篇小学课文切入，重点讲述他的清贫故事。女儿方梅介绍，他留给家人唯一的遗物，是一床毛毯。左权将军的妻子在家书中回忆，左权“会替女儿穿衣服、包片子，比她更细致”，然而为了抗日，将军却毅然离开妻女 21 个月，最后英勇殉国。陈觉、赵云霄夫妇则通过他们的两封遗书，讲述了他们忠贞不渝的爱情故事，以及为信仰慷慨赴死的大无畏气概。这些因事而化、因时而进、因势而新的表达，以润物细无声的方式，让年轻观众在思想上受到极大震撼，使他们在思想上对主流价值观产生了高度认同。

2. 引发情感共鸣，变宏观叙事为微观叙事

如学者陶东风所言，“今天的‘80 后’一代很少有人再相信父辈曾相信的宏大叙事。在这个意义上，他们是清醒的”。年轻受众有更强烈的主体意识，他们对传统的意识形态说教感到厌烦，更倾向于接受微小的、具体的、富于真情实感的故事。湖南卫视一直致力于做“最懂年轻人需求的卫视”，在长期的新闻报道实践中，其改变了传统的宏观叙事报道手法，转而关注普通人的平凡故事，用细节刻画引发年轻受众的情感共鸣。

一是融宏大叙事于平凡故事。对此，《〈华尔街日报〉是如何讲故事的》一书有经典的概括："概念来来去去，观点层出不穷，唯有故事永驻人心"①。《我的青春在丝路》系列报道没有从宏大的视角开启故事，而是聚焦于丝路上的青年群体，用"小人物"讲述"大题材"主题。报道通过生动的细节描述获得了年轻受众广泛的情感共鸣，以小见大，充分展示了"一带一路"倡议实施以来，中国与"一带一路"沿线国家"政策沟通、设施联通、贸易畅通、资金融通、民心相通"的融合发展进程。在复杂的网络传播环境中，年轻人接触到主流词汇并非难事，但是要让他们发自内心地接受并认同有强烈策划意图的主题报道，依靠直白露骨、空喊口号的方式显然是无用的，融宏大叙事于平凡故事则能够巧妙地使年轻受众结合已有信息，自主地思考和判断，并在此过程中塑造正确的价值观。

二是用细节讲述青春榜样故事。用人物表现主题、用故事凸显人物性格，用细节讲述故事，是近年来湖南卫视主题策划报道的一个基本叙事手法。如果说故事是躯干，细节则是血和肉。湖南都市频道的系列报道《我爱你，中国》中第一集的主人公袁远，是西藏军区首个女子战炮班长，年仅22岁的她，一顿饭可以吃20个包子。这样的细节描述，让人在会心一笑的同时，又能切身体会到高原战士的训练、生活艰苦。《村里的年轻人》系列报道，也十分注重细节的力量。宁远县琵琶岗村支书李煜明，到村民家走访，碰上饭点，总会提上两斤猪肉，这既是永州风俗，也是当过乡干部的爷爷传给他的家风；麻阳县地亭溪村支书向宏友，为了打消村民不敢贷款种植黑木耳的恐惧，用自己的私家车担保，挨个给村民打借条；留学归来的女大学生杨琪，为了拉近和苗族同胞的距离，每天晚上和村民一起跳广场舞。报道通过强化这些细节，把年轻人特有的冲劲和新鲜的扶贫方法体现得淋漓尽致。

3. 提高受众参与，树立互动传播理念

新媒体环境下，"传受关系"逐渐发生了变化，媒体的受众已经不再是单纯的接受者，而是逐渐成为内容的生产者，在此背景下，"受众制造"的参与式文化逐渐形成，受众渴望参与到信息的生产和传递过程中去，在互动交流中创造集体智慧。湖南卫视在新媒体与传统媒体融合发展的大环境中逐渐树立了互动传播理念，年轻受众在新闻报道中的参与度逐渐提高，互动性逐渐增强。

一是让年轻人直接参与到新闻报道的生产过程中去。2018年7月，湖南卫视《午

---

① 威廉·E. 布隆代尔.《华尔街日报》是如何讲故事的[M]. 北京：华夏出版社，2006.

间新闻》推出了5集系列报道《青春的先烈》，报道邀请了南京大学、湖南大学、湖南第一师范学院的大学生参与，在《刘老庄八十二烈士》一集中，参与拍摄的南京大学的同学抓住了“逆行”这个关键词。他们坦言，参加拍摄前，几乎没有人知道“刘老庄八十二烈士”这个名词，采访结束才知道，75年前有一群和他们年龄相仿的年轻人，在人民朝后方撤离时，“逆行”向前奔赴战场，全连82人全部壮烈殉国，他们在新闻实践中，在同龄的革命先烈身上传承了红色基因，汲取了继续前行的力量。湖南卫视另一档节目《平民英雄》推出的特别报道《我们的旗帜》同样邀请了湖南部分高校青年学子参与报道，他们在换位中体验了“中国好人”的一天，从榜样身上获取了道德营养。这些年轻大学生的加入体现了湖南卫视对当下年轻受众的普遍情感需求和价值共鸣的把握。

二是利用新媒体渠道让年轻受众参与到新闻报道的传播过程中去。现代传播学认为，传播是由主体和客体共同完成的。提供互动渠道，允许受众参与传播，也是引发受众共鸣的一种有效途径。例如有网友在芒果TV上留言称：“《我的青春在丝路》这些故事看起来都很有力量，这就是我们新时代的年轻人啊！”在洪都拉斯考古的李默然，则在微博上被称为“最帅考古小哥哥”。这种良性互动，既是主流宣传与年轻观众的同频共振，也是传播诉求和效果的最好见证。

4. 拓宽传播渠道，打造新媒体传播平台

年轻观众正在逐步从传统媒体中流失，这是个不争的事实。现阶段，“80后”“90后”受众群体主要聚集于新媒体平台，传统媒体的新闻宣传要追求效果的最大化，还必须借助新媒体的力量。2018年7月27日，湖南广播影视集团在长沙成立。新集团拥有电广传媒和芒果超媒两家上市公司，是当前A股市场唯一一家国有新型主流媒体集团，集团将继续采取湖南卫视和芒果TV双核驱动的战略。在做大做强主流宣传的主动作为中，新媒体的作用愈发彰显。

《我的青春在丝路》系列报道，即由芒果TV和湖南广播电视台新闻中心联合出资打造，《我爱你，中国》《赶考路上》等报道也采取了同样的出品模式，这让新闻团队拥有了更充裕的资金、更先进的设备去生产主流新闻报道，而这种大片化的生产方式正好满足了在好莱坞大片影响下成长起来的年轻一代的视觉审美需求。

新媒体的加入，还扩大了主流新闻产品的宣传效果。上述由新媒体和传统媒体联合出品的系列报道，多采取的是电视首播，网络紧随其后上线的播出方式，一云双屏的传播技术实现了宣传效果的最大化。《我的青春在丝路》在湖南卫视播出期间收视表现稳居卫视第一方阵，在芒果TV上也有3000多万的点击量。另有相关数据显示，湖南卫视上述主流新闻报道，在芒果TV上有72.9%的观看者，年龄在

30 岁以下。

除了 PC 端，上述主流新闻报道还在移动端上进行整合传播，新湖南、芒果云、时刻新闻等手机客户端都进行了专题推介，几乎每个系列报道的阅读量都突破千万。此外，湖南卫视还充分考虑年轻受众的“碎片化”需求，结合新媒体平台的特点将报道进行“拆条分发”。比如《我爱你，中国》每一集有 30 分钟的体量，媒体选择有冲击力的故事、细节，将其拆分成 3 分钟一条的短视频，在央视新媒体、《人民日报》客户端上发布。这种微视频阅读方便、传播迅速，短短的两个小时内，点击量就可以突破 10 万 +。

习近平总书记曾用“小麦的灌浆期”来比喻青年的成长关键时期，他们的“知识体系搭建尚未完成，价值观塑造尚未成型，情感心理尚未成熟”，因而更迫切需要主流价值的引导，这也是主流新闻宣传的核心目的与诉求。新媒体传播环境下，年轻受众的媒介接触习惯和媒介消费需求都发生了很大的转变，主流媒体必须积极转变新闻宣传策略，在内容上转变叙事手法、融入年轻化元素，在渠道上利用新媒体平台提高年轻受众的参与度，增强官方舆论场和民间舆论场的互动，如此，主流媒体才能掌握舆论引导的话语权，持续引领时代之风。

（作者单位：湖南广播电视台新闻中心）

电视节目低俗化成因及审美流变

余长新

人们通常所说的低俗化，是指广播电视节目或其他文艺作品虽未达到淫秽色情等级，但带有猥亵、不敬、脏话、有伤风化、庸俗无聊、危害青少年身心健康等下流内容或者公然冒犯社会基本道德水准。而宽泛概念上的低俗化，则除上述内容外，把暴力、淫秽色情都包含进来了[①]。低俗属于道德范畴，而淫秽色情属于法律层面。

低俗化是文化消费进入一定阶段的必然现象，它拉低了社会审美层次，助长了拜金主义、享乐主义等不良倾向。近年来，中国广播影视、网络低俗化态势得到有效遏制，但反低俗不可能毕其功于一役，认清泛娱乐时代低俗化的成因及审美流变，对于建立低俗治理的长效机制有着重要意义。

一、低俗化产生的社会土壤

低俗化的主要思想根源来自兴起于 20 世纪中后期欧美发达工业社会的后现代主义文化（亦称“后现代文化”）。传播方式的快捷促进了后现代文化的蔓延，网络时代的来临加剧了这种文化思潮对年轻一代的影响。后现代文化作为反叛古典文化和现代文化的文化，是深受资本和商业逻辑支配的模式化、类型化和批量复制的消费文化。它有四个审美特征：其一，主体消失，传统价值观念和制度被颠倒，现代主义的个性风格被消解；其二，深度消失，呈现扁平化特质；其三，历史感消失，只有现在，不问过去；其四，距离消失。美国学者弗·杰姆逊（Fredric Jameson）说，人们“居住在一个由人工刺激和电视转播的经验所构成的梦幻世界里”，文化已经完全大众化了，高雅文化与通俗文化，纯文学与通俗文学的距离正在消失；商品化进入文化意味着艺术作品正成为商品，甚至理论也成了商品[②]。

电视回归世俗生活，观众回家就松弛下来，变成沙发土豆，后现代主义文化理

---

① 中国广播电视年鉴编辑部.世界各地广播电视反低俗化法规资料选编[M].北京：中国传媒大学出版社，2008.

② 弗·杰姆逊.后现代主义与文化理论——弗·杰姆逊教授讲演录[M].唐小兵，译.西安：陕西师范大学出版社，1986.

论无情地洞穿了偶像论，把崇高还原成世俗情趣和人间烟火，释放了艺术的商品属性和市场活力，让它们卸下包袱轻装上阵。如果撇开后现代主义反社会、反传统和消极颓废的一面，取其理论中的积极意义，探寻低俗化的源头仿佛豁然开朗。中国当代文化的复杂性还在于它是古典主义、现代主义和后现代主义杂糅的合体，一个时期内可能某种思潮略占上风，但总体上呈现此消彼长、相依共存的特点，推动当代文化向前发展演进。

古罗马诗人贺拉斯（Quintus Horatius Flaccus）的《诗艺》提出“寓教于乐，既劝谕读者，又使他喜爱，才能符合众望”，通过审美实现艺术作品的教化作用。中国的“寓教于乐说”提倡把游戏娱乐和道德教化融为一体。电视以其快捷、便利、无门槛的特点成为观众的娱乐解码器。受益于改革开放带动的思想解放，电视人摸清观众对文化的需求变化，努力满足人民群众对美好生活的向往。综艺节目适应了电视从宣教型向娱乐型的历史性转变，用喜闻乐见的方式引导观众追求健康快乐。

娱乐这种常见于文艺作品中亲近受众的演绎手法，泛化为超越种族和地域、超越行业打通传播路径的法宝，也是电视屡试不爽的市场利器。一批优秀节目代表了健康快乐、蓬勃向上的娱乐精神，央视《国家宝藏》用综艺手法演绎文化传承，让沉睡的文物开口说话，湖南卫视《快乐大本营》《声入人心》引导青年健康娱乐。人们通过电视打发闲暇时光，这是电视的荣光，但当它引领娱乐成为一股潮流后则饱受非议，有的国家甚至喊出“砸烂电视”的口号。电视作为一种传媒手段并不能左右我们的视听。泛娱乐属于人性异化之病，是后工业社会的时代之痛。低俗化是泛娱乐潮流下的一股逆流，也是工业文明发展到一定程度文化领域的必然现象。泛娱乐迎合大众需求，排斥精英文化、边缘文化、前卫文化等文化类型[①]。这实际上破坏了多元化、健康有序的文化生态。在娱乐的旗帜下，审美理想被放逐，崇高的精神需求踏空，对现实的观照和批判缺席，大众文化消费的多种需求被剥夺，于是，“我想看的你不给，我不要的你硬塞”成为普遍现象。综艺节目同质化趋势明显，观众拥堵在一条泛娱乐的狭窄通道上，别无选择。

后现代社会提供了低俗化的土壤，电视和新媒体推动了泛娱乐的传播力度。低俗化之恶在于感官刺激的龙头被打开，放任低级趣味的倾泄，一味迎合市场，而非节制欲望和趣味。反低俗化就是要提高节目品位，提升观众审美趣味。

---

① 尹鸿．尹鸿影视时评 [M]. 郑州：河南大学出版社，2002.

二、低俗化的危害

2003 年离世的尼尔·波兹曼（Neil Postman）拥有先知般的预见，他对泛娱乐忧心忡忡："我们的问题不在于电视为我们展示具有娱乐性的内容，而在于所有的内容都以娱乐的方式表现出来，这就完全是另一回事了"[①]。电视只是一个恰当的出口，为人们的需求导流。以搞笑为形式、以快乐为目的的泛娱乐成为不可阻挡的潮流，席卷我们的周边，从工作到生活，从文化领域波及政治、经济、历史、军事、社会生活。电视在市场竞争中适应当代社会转折，从宏大叙事转到个体叙事，从整体化转到碎片化，大开娱乐之门，娱乐声浪经过网络发酵后狂飙突进，泛滥成灾，还催生历史虚无主义、佛系丧文化、"网红"等偏离社会主义核心价值观的亚文化。

平淡生活需要朗朗笑声，大众盼望欢乐开怀，娱乐本是人们正当的权利，健康积极的娱乐有助于社会群体减压。娱乐反映人生的多姿多彩，适当的娱乐能激发对生活的热爱与奋斗的勇气，也是值得提倡的。限娱不是禁止快乐，而是限制过度娱乐、限制娱乐的泛化无节制。孩子偏食的时候，做父母的会去矫正，培育他们形成营养均衡的饮食习惯。而当整个社会偏食时该怎么办？当娱乐的疆界扩大到无以复加，当娱乐放纵到脱离轨道滑向低级、无聊、无底线，侵蚀社会肌体和颠倒大多数成员认可的价值观、人生观，当泛娱乐将要演变成海啸之时，娱乐星空已经被涂抹得面目全非，它就不再是一件幽默轻松的事，而是需要全社会激浊扬清、正本清源的大事。

在泛娱乐的时代，电视节目低俗化已经成为全民公害。中国互联网发达，网民基数大，消费的驱动更对低俗化起了推波助澜的作用，老问题好似量子纠缠，新问题又层出不穷，管理难度加大。泛娱乐发展到一定程度，众声喧哗，暗流涌动，媒体受到"过度娱乐"的指责，怎么界定"过度娱乐"？电视上体现为：过度集中于综艺娱乐，一花独放，百花凋零；过度依赖明星艺人，追星炒星、高价片酬屡禁不止，以人民为中心的创作导向落实不力；过度追求商业价值和市场效果，社会效益大打折扣。过度娱乐是过度消费的结果，一旦消费行为发生，拿起手机，打开电视，就不由自主地卷入娱乐浪潮，每个人都不能幸免。

---

① 尼尔·波兹曼 . 娱乐至死 [M]. 章艳，吴燕莛，译 . 桂林：广西师范大学出版社，2009.

三、低俗化的审美流变

近几年来，广电总局出台多项政策，多手段压缩泛娱乐化节目的空间，为电视节目注入了正能量，促进了行业的繁荣发展。2011 年，广电总局下发《关于进一步加强电视上星综合频道节目管理的意见》，要求重点跟踪检查广播电视节目过度娱乐化和低俗问题。2013 年，广电总局出台《关于做好 2014 年电视上星综合频道节目编排和备案工作的通知》，量化限娱、优化结构，扭转了上星综合频道过度播出娱乐节目和电视剧的偏颇。2018 年，广电总局集中整治泛娱乐化、追星炒星、高价片酬、收视率造假等问题，广播电视和网络视听节目空间焕然一新。政府部门的宏观调控迈向科学化、系统化、常态化。

作家冯骥才说过美的最大对立面不是丑，而是俗[①]。一语击中了泛娱时代的审美异变。丑的东西一目了然，而低俗、庸俗、媚俗的辨识度却没那么高，它们在生活中化身无数的变种，渗透力强，更加迷惑人。低俗化的审美流变是如何形成的呢？

1. 以无厘头的搞笑解构崇高

1995 年上映的电影《大话西游》票房惨淡，却不妨碍它成为一个特殊的文化现象，无厘头方式成为网友对抗传统和权威的利剑。周星驰被推上后现代主义解构大师的神坛，连他自己都措手不及，对那些加在他身上的理论始终没弄出个所以然。

“无厘头”源自粤语俗话中的“没来由”，意思是说一个人说话做事没明确目的，无中心、无逻辑，令人难以理解但并非无道理。周星驰、刘镇伟、王晶、王家卫等人的无厘头电影充满反讽和解构，后现代主义以其反现代、反文化、反美学的“游戏”状态消解了认识的清晰性、意义的明确性、真理的永恒性和价值本体的终极性，进一步明确宣告了人的死亡、作者的死亡、在场形而上学的终结[②]。与此同时，青年亚文化在反叛中寻求个性的建立与独立人格的成长。“祛魅”一方面让崇高走下神坛、回归世俗，释放个体生命活力，另一方面则消解了价值和意义，导致低俗和庸俗的泛滥。一些影视作品和网络作品罔顾历史，不讲格调和品位，恶搞成风。历史虚无主义盛行，历史的纵深感惨遭割裂，过去被虚化为一片模糊背影，现实的凭依岌岌可危。

---

① 见杨扬：《冯骥才：“非虚构”即用生活写生活》，http：//news.enorth.com.cn/system/2018/09/17/036132999.shtml.

② 张立宪．大话西游宝典 [M]. 北京：现代出版社，2000.

2. 以无底线的娱乐践踏伦理

2017 年 3 月 7 日，某频道播出节目“相恋十年未婚生子，单亲妈妈和孩子情归何处”。倪某十年前与谭某同居诞下一男孩，她请调解小组帮忙找谭某索要抚养费，谭某不愿担责。节目场面混乱，谭某始终对抚养费一声不吭，身为社区干部的调解员发脾气；谭某的姐姐没好气地说：“你们两个（指倪和谭）都去死，这个孩子丢到福利院去，就没事了。”谭某径直往水塘边走，有人以为他寻死，狂呼：“快拉住他！”谭某的前妻就小孩抚养费为倪某支招，此时飞字幕“好和谐的画面”；众人拉拽着谭某不让他去水塘，三岁的孩子跟在后面，此时飞字幕“吓死宝宝了”。这哪像调解家庭矛盾，简直是违背新闻伦理和公序良俗，把当事人的痛苦变成了搞笑闹剧。

尼尔·波兹曼说，娱乐是电视上所有话语的超意识形态。打开电视，不仅综艺、真人秀节目以搞笑为能事，电视剧特别是古装剧、玄幻剧娱乐性极强，连严肃的新闻节目也被带偏节奏，调侃和戏谑等娱乐化手法成为电视的通用语言。宫斗剧霸屏，戏说之风盛行，一个腐朽没落的清王朝每天都在上演后宫争斗、人性丑恶。在娱乐化加剧的年代，必须警惕泛娱乐化解构一切。

3. 拿无聊当有趣

湖南卫视播出的《向往的生活》江南篇有一期，讲的是几位嘉宾来蘑菇屋做客。晚上打完扑克后，主持人和来访嘉宾徒手攀楼，不走楼梯，依次从一楼攀高到了二楼。审片老师提出：攀楼既危险又无聊，要求删去。节目组反映，主要是因为当天下雨，室外劳动减少，看能否把这段作为“团队建设”活动保留？审片组认为，拿无聊当有趣不是我们“向往的生活”，节目应注入健康向上的正能量，要有意思又有意义，要求节目修改重审后方能播出。

低俗化的审美流变还可列出数种，如装腔作势、卖弄风骚、游戏人生等。在时代变迁中，低俗化以荒诞手法突破传统审美范式，呈现残缺美、怪诞美，由审美向审丑急剧蜕变，如入芝兰之室，久而不闻其香；如入鲍鱼之肆，久而不闻其臭。

四、结语

随着社会进步和消费升级，宽容度加大，个性化的表达出口和娱乐空间需维护，但泛娱乐的溢出效应应引起警觉。我们不能单纯责怪观众和市场的恶趣味，创作者更应反省内心的立场。美学家朱光潜谈到作家和读者的关系时说：“他接受群众，群众才接受他；但是他也要高出群众，群众才受到他的启迪。他须从迎合风气去开导风气”[①]。若创作者和媒体的理念出现了偏差，唯收视率、点击率至上，则必然会向恶俗的市场俯首称臣。

过去没有一档综艺节目以美声为主角，湖南卫视《声入人心》节目让歌剧和音乐剧不再高冷，把观众引向更高层次的审美，豆瓣评分高达 9.2 分，专家评价它“不仅是青春洋溢的，而且是雅俗共赏的”。《声入人心》不媚俗，正向引领时代风尚，它的成功证明中国观众审美层次丰富多元，是能接纳更多艺术门类的。

媒介须放下傲慢与偏见，提供表现的舞台和空间。有的作品迎合多于开导，受市场裹挟，把观众和读者带向无底线的恶俗，对于文艺家来说这是不可取的，是价值观混乱和内心灰暗的表现。文艺源于生活又高于生活，应当以高尚的道德鼓舞人、以美好的情感引导人，一旦失去方寸反被引诱，道德堡垒被攻破，社会良知受践踏，英雄先辈遭解构，娱乐的地盘无限扩张，非娱乐的严肃边界屡次突破，娱乐将演化为愚乐。社会主义文艺绝不能在市场经济大潮中迷失方向，不能做市场的奴隶。

（作者单位：湖南广播电视台卫视频道）

① 朱光潜．谈美·谈文学[M]．北京：人民文学出版社，1988.

媒介融合时代人物纪实作品的制作特点

陈　慧

近年来，对于明星真人秀、歌唱竞技类综艺节目，观众渐渐进入收视疲惫期。从 2017 年开始，娱乐型真人秀节目收视不再坚挺，观众们渐渐不太喜爱作秀，一些户外纪实形态的真人秀节目、纪实短视频作品出现在各种类型的终端上。非竞技真人秀视频节目中引入了更多的纪实和观察元素。无论是新闻还是专题，或者是电影、电视纪录片中，人物采访和塑造都是一个很值得研究的课题，人物报道无处不在，但是难出彩、难深入，即使是英雄人物在镜头前往往也是表现平平。电视人物专题片曾经是电视片中的一个重要分支，备受社会和电视创作者关注。在讲究媒介融合的时代，视频制作人应该对此类作品的纪实性内涵作出更具时代的认知。人的内心总是追求真实的，当下爆款的节目类型背后都会有纪实的影子。纪实性给新的视频作品搭建新内容的逻辑，用新视听、新视角讲新故事。

一、时代特征，时尚元素

一部好的纪实性作品需要具有两种属性：现实属性和历史属性。首先作品是做给现代人看的，它是客观世界的真实记录，其次是可以留下影像，作为子孙后代可用的历史资料。专题这种类型的电视节目出现于 20 世纪 50 年代。到 20 世纪 70 年代初出现在电影屏幕上。这一时期基本上是英雄主题，如《毛泽东》《周恩来》《先生鲁迅》等；湖南电视台随后制作的《毛泽东与湖南》《杨开慧》《中国有个平江县》等也是这类型作品。20 世纪 80 年代后，普通人的价值开始得到更多的呈现。如中央电视台科教频道的《人物》栏目等；90 年代的创作逐渐具有国际意识。开始以平民化的视角，更加关注人物的个性表达，比如中央电视台的《东方之子》、湖南电视台的《人世间》等栏目的专题片、纪录片中，人的主观地位突出，增加了更多的元素，形式也变得十分多样化。时至今日，以 4K、5G 为代表的技术变革将给未来电视媒体内容生产带来更加深远的影响，从技术到产品及资本层面的对接将成为媒体融合的大趋势。随着未来媒介的不断融合，新的平台不断涌现，观众不再是看客，而会成为一种体验用户以各种各样的新的形式参与到节目之中来。用户对真实的需求永远不会改变，纪实的形式会和其他节目类型加强融合，进而产生新的力量。

作品是给现代人看的，那么首先要具有鲜明的时代特征，符合当代观众的审美特质，曾经在中央电视台五套播出过的人物纪录片《我在故宫修文物》登录网络之后收获很高的点击率，豆瓣得分高达9.5分。在古老的深宫之中，古老的物件被修复，用现代年轻人的角度来看待目前紫禁城中的人和事物，同时牵引出历史源流，网友的高度关注让片中人物成为真正的“网红”。弹幕在纪录片上的运用被戏称为“江湖”与“庙堂”的互动。导演组声称他们是背着唐诗宋词长大的，但是同时也用着微信坐着地铁，我们是有传统，但还是现代的人。也许这也是所有年轻人心中所想，该片的走红让更多的人领悟到在娱乐时代，文化的记载和传承同样重要也同样能获得广泛的关注。纪录片是属于金字塔塔尖的产品，它是小众的，但是传播途径的变化，产品结构的改变让它随时有变成大众文化的可能。2018年湖南卫视和芒果TV共同推出“一带一路”人物系列片《我的青春在丝路》，同样以年轻人的角度解读宏大的国家方略。节奏轻快、视角平易近人。在“一带一路”倡议之下，一群奋斗在异国他乡的年轻人的日常状态被一一呈现出来，新一代的年轻人与国家同呼吸共命运。青春究竟是什么？带着这样的问题，《我的青春在丝路》通过网络展现给国内外的年轻人。

一个优秀的作品应该符合时代性、人文性、观赏性、社会性。主题的时代性与电视片的传播效果紧密相关。主题是一部视频作品传达出来的对生活本身的态度和看法。对素材的选择和安排都围绕主题而进行。《生门》是近年来我认为可以载入史册的一部电视纪录片。片子的主人公是武汉大学妇产科主任李家福和他领导下的医院妇产科室人员。全片耗时3年，从最开始计划的一部8集电视剧改成了13集大型剧集式纪录片和同名电影。成为2016年豆瓣电影年度评分最高的纪录片。剧集版《生门》刚播出两集，就冲到了同时段52城收视率统计排行的第二名。而网络平台上的反馈也超出预期，爱奇艺的数据显示，两集播出后总观看量超过了800万。《生门》是时代的产物，时代感和真实性是它感动受众的理由。生与死的斗争，房子、票子、孩子的故事纠缠在了一起。在当今社会现实之下人们才有的纠缠。映照真实的人生，才体现作品的深度和厚度，《生门》呈现的这种源于真实生活的戏剧性，也更加能吸引观众。全世界的悲喜都浓缩在这里，并且一次又一次地重复。每个观看影片的人都会回忆起某一天的某个时刻，在那一刻，有太多太多未知等着你。是生之门也是死之门，我们都曾经在这门口徘徊过一回，我们试图去拥抱一个小小的躯体，牵起他的小手。也许我们都曾有过焦灼，也很彷徨无助，然而最终生的喜悦和幸福会战胜一切！

在电视视频作品中，人物的个性是否塑造得成功决定了这个片子的成功与否。如何拍好人，拍好真实环境、真实事件中的真人真事，纪实是首要的品格。只有记录所拍摄人物的真实生活状态，以及环绕在人物周围的真实的氛围，在真实的时间和空间里，如实地记录人物最自然状态下的生活，还有那些特定事件中人物所呈现的状态，而不是按照导演的构思拍摄。这样拍摄完成的影片才会表现出最强大的、最原始的生命力。

二、深入人心，唯美呈现

在视频作品的制作拍摄中，要挖掘人物真正所能够给观众带来的社会感染力，而不是仅仅的运用摄像机去还原一种生活，那只是表面的现实，人物内心的精神世界需要细致入微地去观察、用独到的眼光不断地去采访和发现。深入挖掘观众看不到的那一面。电影导演侯孝贤说的话适用于所有视频制作领域："我总觉得电影应该拍成这个样子：平易，非常简单，所有的人都能看懂。但是看得深的人可以看得很深，非常深邃"。影像以图像为主，融合了声音、语言、文字等传播符号，视听结合达到时间和空间统一的效果。现代的视频制作手段将人、光、声、色、景、物结合得更科学、更自然。网络时代传播渠道和传播方式的多样化，受众也有更高的要求和选择权。作品要通过高质量的画面，极致的视觉效果，合理的故事表现手法，切入点新颖独特、音乐唯美空灵，不管是人物片、还是故事片都给予观众全方位的感官享受。表现人物的时代意义要注意，作为一种视听艺术，电视视频不是教科书，形象塑造不能概念化，制作者要以人物的本来面目示人而不是用自己的意志来制造"神"，应该把真实时代人物的特点呈现出来，从而赋予作品高度的时代感和纪实性特点。

国外制作人物纪录片一般不过分地强调解说词的作用，更多的是通过画面和叙述来传递信息，《主厨的餐桌》是 Netflix 公司的人物纪录片。每一季讲述一系列不同的角色。第一季记录了来自意大利、美国、阿根廷、澳大利亚和瑞典的 6 位名厨的厨房生活。他们来自不同的民族，有着不同的生活经历，但他们追求充实的生活，对食物和事业的热爱使他们站在各个地区和领域的顶端。整部片用深入的采访、细致的生活纪实、唯美的镜头与用光、节奏鲜明的音乐元素构建了一个极具视觉美感的人物纪实系列。每一集的开头寥寥几句精到的采访和动人心扉的管弦乐马上吸引住了观众的目光。整个片子节奏明快，大特写、慢镜头、经典独到的布光把厨房的时光演绎得无比美妙，而经过每一位大厨之手演绎出的一道道精美诱人的菜肴则扮演了更为灵动的角色。唯美的视听表达和接受在观众与拍摄主体之间形成闭环，艺术体验就这样在唇齿之间达成了目的。对于有心人来说任何事情都可以上升为艺术的体验，即使是一道甜品或者是一杯茶都足可以成为一生的追求。本应是味觉的刺激，随着视觉和听觉氛围的营造，仿佛是唇齿之间的一场盛宴。然而这一切都只是手段，真正扣人心弦的是在观看过程中给人的精神享受。整个系列每一集都对准一个主体，表达一个主题。此片的拍摄对象是厨师是食物，但是它更让你看到信念、坚持、爱情、理想与创造的故事。人的信念可以起死回生，每个个体与大自然界给予的一切相生相依。每一集都能直面人物的心灵，不同的经历，不同的生活条件，不同的生活结局都有着对生命的热爱和追求，对大自然的爱与敬畏。《主厨的餐桌》连续做到第四季，制作者没有用雷同的手法去阐述不同的人物，而是展现了每一个人独特的价值观和世界观，有的在厨房之内，有的在爱情故事之中，有的在家庭，有的在天地之间。“这一生，跋山涉水漂洋过海只为吃下这一口”，它既是口腹之欲又是精神追求。

三、后期设计，再次创作

设计是一门古老而新鲜的学科。我为什么在讲后期编辑时要用“设计”这个词，后期编辑不仅仅是一种提炼，更是一种再创作，后期全方位的设计能让电视片焕然一新，能让全篇完成更高的审美要求。在新媒体高速发展的时代，手法单一的电视片已经无法满足观众精神需求和审美高度。在人人都是导演，人人都是编剧的时代，个人审美直接影响收视率与点击率。电视视频拒绝枯燥乏味无趣而又冗长的故事叙述和镜头组合。当下的人们更加在意通过一种可视的、有节奏的、有故事的手法来围绕着人物这一主题进行人物的塑造和个性的表达。《我们诞生在中国》是由 SMG 尚世影业、北京环球艺动影业、迪士尼影业联合制作的一部动物剧情片。画面精美、故事温馨，一上映就圈粉无数，我相信在中国许多年轻人的第一次观看纪实电影的经历就是从它开始的。该片用拟人的手法编辑动物，主人翁是四川大熊猫、三江源雪豹、川金丝猴三个野生动物家庭，以母性之爱串联起整部影片，虽然有一些刻意为之，但是当你看到那些平时难得一见的珍稀动物，看到中国广袤大地上春夏秋冬的四季之美，在幽默之中隐藏着感动，情景交融地向世界展示中国独树一帜的丰富自然地貌风物和特有的神奇物种，你会不由自主的感谢它的摄影师和剪辑师，感谢整个制作团队带给你的观影感受。该片在美国上映第一周票房收入达到

643 万美元，位列美国同期上映电影票房前茅。后续以 10 多种语言陆续在 100 多个国家和地区上映，向全球观众呈现中国独具魅力的自然人文景观。真正实现“中国故事、中美制作、全球传播”。该片共拍摄 350 个小时的素材，后期剪辑大胆地摆脱了传统纪录片单调枯燥的叙述，用拟人的手法，大胆地加入具有主观色彩的故事加工，实现连贯完整的故事情节。让全球观众在为中国惊叹的同时领略到生命的意义。影片中背景音乐与画面的巧妙结合，使叙事和抒情更加流畅，让观众感受到了生命的活力，并对生命产生敬畏之感。周迅的解说词中多次运用新鲜词汇“小鲜肉”“老炮儿”等，适应了时代发展变化下的文化丰富趋势，充分拉近与观众的距离。在整个影片的整个后期设计里，每一个元素都恰到好处的烘托了影片的主题。

《我在故宫修文物》开机之前导演组经过为时五年的调查，调查资料 10 万字。《生门》导演团队跟踪拍摄了 80 多名产妇，最后能成型的故事有 40 多个。最后选出其中 4 个产妇跌宕起伏的生产故事，最终剪辑成为一部纪实影片。后期剪辑制作过程长达 10 个月，4 个家庭迎接新生命的过程透过镜头述说着时代变迁下理性与感性的激烈对抗。这些故事通过剪辑师之手娓娓道来，影片中李双双的孩子在这个世界上只停留了几天，导演捕捉到仅仅 9 秒钟的镜头，当手术室里面孩子出现在镜头前，专门为他制作的音乐“妈妈爱你”的旋律响起来，“每一个生命都值得被记住”，这是后期剪辑师对片中人物负责任的态度。“一部影像作品，不论怎么给它下定义，纪录片或者电影，这都不重要。重要的是它能产生的最大能量来自观众与它之间的共鸣”。一部好的影片，它的时代价值不能直接靠说教、论证来完成，而是让观众在观看过程中领悟所传达出的对拍摄主体的认知。在“塑造”人物形象时，我们既不能为了真实而走向自然主义，也不能为了拔高人物而抛弃真实性原则，追求真实的艺术美是视频产品的最高境界。

四、市场需求，第一要素

随着时代的发展，国内外影视创作已经成熟，并逐渐形成专业化、工业化的生产流程。大的视频制作公司有着专业、细致、优秀的制作班底，资金和设备也有一定的保障。互联网媒体区别于传统媒体创作最大的特点是贴近市场，国内老的制作手法主观性比较强，较少去了解受众的关注点，而网络时代下，新型的媒体在坚持专业性的同时非常注重用户体验。能否抓住观众的心灵，是否能最大程度地感动广大受众成为制作人首先需要考虑的命题。继《主厨的餐桌》之后，Netflix 公司在文化和创意时尚领域创作了艺术人物系列《抽象：设计的艺术》。邀请世界上最杰出的设计师展示他们的生活和设计秘诀。 Neflix 拥有世界上最好的个性化推荐系统和大量的用户观看行为统计系统，被业界称为“最会使用数据价值的网络平台”。他创建的推荐功能基于大量的行为数据，例如用户每天留下的搜索和评级。Netflix 团队的数据分析师从大数据中挖掘市场，利用大数据分析预测到了 2017 年艺术市场的火爆，推出世界“首部全手绘油画电影”《至爱梵高·星空之谜》引发极大的轰动效应。在这个时间点推出了纪录片《抽象：设计的艺术》，以“一集一位大咖”的结构模式吸引受众的眼球，又一次站在了时代的风口浪尖上。

电视行业经历了从受众对单一内容的被动接受到多样化内容的选择接受，目前正经历着主动接受并评价。传统电视和互联网视频紧密联动，缺一不可。内容、运营、产品三个方面打造文化营销，实现品牌价值塑造。“文化走出去”一直是我国拉近与世界各国情感和距离的重要手段。伴随着互联网平台的国际化，通过实际的镜头来表现中国人的生活乐趣、烦恼、向往和信心，中华文化的丰富内涵和独特魅力将通过更多的方式传播出去。当代的互联网媒介，移动端手机端适合观看短视频，但是观众不会首要选择手机来观看《蓝色星球》。移动终端是个人观看模式，电视大屏是全家观看模式。电视媒介的未来会变得越来越丰富，但是不会被新媒介完全取代，坚持高品质、当代化的表达方式，从而给予受众全新的观赏体验，才能使媒介融合向着更完善的方向继续发展。

（作者单位：湖南广播电视台新闻中心）

“互联网 +”时代传媒企业的经营创新探析

付冠军

“互联网 +”时代大背景下，几乎所有的传统广电媒体都在加速与互联网进行融合，在政策允许的框架内进行体制机制创新和产业转型，这种融合和转型大大提升了传统媒体的创新能力和适应市场的能力。而随着电视台“制播分离”理念在实践中的不断深化，许多传媒公司和专业制作机构介入到除新闻以外的电视节目的研发、制作、发行和营销等一系列过程，这种介入既丰富了电视节目的类型，也提高了电视节目的数量与质量，活跃了传媒市场，给众多传媒公司和制作机构带来了发展机遇。

传媒市场也是市场，也讲求市场法则，有竞争，而且竞争越来越激烈。经营创新一直是决胜市场的利器，传媒企业的经营创新既是“互联网 +”时代的客观要求，也是传媒企业生存和发展的必然方向。因此，传媒企业也必须结合科技、市场、受众等各种相关要素的发展变化而进行经营创新，只有这样才能在激烈的市场竞争中夺得先机，赢得一席之地。本文结合国内具有代表性的传媒企业的具体案例，探讨“互联网 +”时代传媒公司的经营创新，为其他传媒企业乃至电视媒体的经营创新提供参考。

一、“内容为王”是经营创新的基础

媒介产业素来被称为“内容产业”，因此“内容为王”一直是媒介行业奉行的不二法则[①]。不论时代如何变化，也不论媒介介质和传播手段如何发展，人们最需要的还是高质量的媒介内容，所以“内容”在传媒组织发展中的重要地位是毋庸置疑的。传媒企业首先以“内容提供商”的身份而存在，优秀的节目内容是传媒企业安身立命之本。好的节目或栏目内容应该具备这么几个要素：紧跟时代，能够反映时代的脉搏，满足人民群众日益增长的文化需求；弘扬社会正义，传播正能量，体现和反映民意、关注民生问题。

① 喻国明：《传媒发展：从“内容为王”到“产品为王”》，《新闻与写作》2007 年第 11 期．

“内容为王”提法从 21 世纪初开始流行，这是在新的传播介质和新的传播渠道的冲击下，传媒学术界和业界提出的相对一致的口号，这一提法也让大众传媒回归到了信息传播的本来职能。传媒企业在内容生产上，主要从以下几个方向来提升电视节目的品质。

第一，注重节目类型的多元化。大众传媒的受众日益分众化，也带来了多元化的受众需求。因此，电视媒体也必须提供多元化的节目来满足受众的需求。多元化节目的生产制作既是对电视节目生产制作团队的试炼，更是一个必要的经验积累过程。这种积累让传媒企业在内容生产上处于多产状态。比如天择传媒在节目题材的选择上，涵盖了军事对抗、竞技生存、职业体验、音乐竞技、人际沟通、婚恋交友等多种类别。

第二，讲求节目生产的原创性。原创性的内容具有独特性，在当前的信息爆炸时代，原创性内容尤为稀缺，因此也更彰显了其重要价值。如果能进行规模化的节目内容生产，进行持续不断的内容研发创新，这样的传媒企业必然能在激烈的市场竞争中脱颖而出。天择传媒研发制作的《冲上云霄》《星动亚洲》《说出我世界》《朗读者》等多档原创性节目，就开创了全新的节目模式类型、在业界广受好评，自然也赢得了电视媒体与广大观众的青睐。

第三，追求节目的品质与情怀。优质节目的长存，往往来自于与社会发生的功能性共鸣，如已经创办了 20 余年的《快乐大本营》，就以其品质与情怀赢得了自己的忠实粉丝。广电节目内容生产不仅力求获得市场的价值认可，也不忘作为主流媒体“弘扬大情怀、传播正能量”的社会担当，节目意识形态及内核正能量的传播既有意思也有意义。因此，只有追求并不断提高节目的品质与情怀，才能为自身的经营创新提供依托。

第四，树立内容生产的“大生态”观。各家传媒企业在内容生产的问题上观点基本一致：内容生产具有核心地位，是一切业务的出发点和落脚点。但诚如央视创造传媒过彤所说，市场化内容制作公司仅仅依靠内容生产，在实践中已经显露出资源单一、后续乏力等一系列问题，因而央视创造传媒把公司的发展方针确定为以节目的内容生产为核心目标，在此基础上树立了“内容大生态”的理念，即：丰富内容产品类型，打造“大内容”矩阵；做大做强宣传营销，打造“大传播”板块；深耕 IP 和产业链开发，打造“大产业链”集群；抓住风口，推动内容与技术结合，打造“大融媒体产品”[①]。

① 过彤：《电视综艺节目创作：央视创造传媒的创新之路》，《电视研究》2018 年第 1 期．

二、“互联网 +”时代的经营理念革新

传媒企业大多是我国电视媒体“制播分离”改革的实践成果，如今大多已发展成为视频内容供应商与发行商。“制播分离”理念在具体的实践中，主要是将除时政新闻外的、国家政策允许的电视节目制作业务的相关设备、节目版权、人员注入了传媒企业，从而开启了电视台机制革新的新模式。通过对天择传媒、央视创造和灿星制作等传媒企业的综合分析，我们认为在“互联网 +”时代，传媒企业的经营理念主要有以下三方面的革新。

第一，传媒企业不能单打独斗，要主动与其他传媒企业及电视媒体共谋发展。在“互联网 +”时代，随着媒介融合的推进，当跨媒体合作成为新闻生产活动的常态时，必然会对媒体的经营管理提出更高的要求[①]。单个的传媒企业资源有限，要想取得长久的发展，必须在营销中转变过去单打独斗的状态，加强与其他传媒企业以及广大电视媒体联动合作，实现共谋发展。特别是在与电视媒体的合作方面，除了为它们提供更多更丰富的优质视频内容外，更要建立与电视台之间的合作机制，联动各电视台的资源，以形成合力来提升电视台的经营创收能力，做大做强整个电视传媒产业。

第二，传媒企业应从专门经营“内容”产品到为广大电视媒体搭建内容产销平台。以天择传媒为例，天择传媒发展至今，已从最初单一的电视节目生产制作与销售到如今综合的视频节目制作与集成运营，完成了公司发展上的重大战略转型。天择传媒的转型发展体现在具体的经营上，就是由专门的电视节目“内容”营销到搭建内容产销平台，最终发展成为国内优质视频节目制作和集成运营商。

第三，不断强化受众在经营中的重要地位。受众是大众传媒的信息接受者，受众对媒介内容的接受和喜爱程度，直接决定着传媒组织的社会效益，进而影响其经营上的效益。在传媒高度发展的今天，受众已成为媒体必须争夺的重要资源。为了更好地了解受众，生产适合受众的节目内容，在内容生产与营销中进一步强化受众的地位，传媒企业与电视媒体建立的受众测评机构纷纷出现，如天择传媒成立了全媒体受众实验室，江苏广电成立了受众测试实验室等。受众测评服务实验室将进一步提升传媒企业对受众的研究水平，将受众数据的分析揽入到视频内容生产和营销的各个环节。全面服务于各类终端、各类视频内容的播前监测，使得视频内容能更

① 李成家：《融合背景下媒体经营管理理念的转变》，《新闻战线》2012 年第 12 期 .

为精准地到达目标受众，从而不断提高经营成效，也进一步推动传媒公司内容生产创新及整体评价体系的科学化。

三、传媒企业经营创新的几种模式

（一）“互联网 +”与经营要素相结合的天择模式

天择传媒经营理念的革新，落实在具体的经营举措上，就是天择传媒通过“互联网 +”与中国的电视媒体、其他节目生产商、受众等相关要素相结合，不断推出经营新举措，具体包括“千台一网”、节目购、受众实验室等。

1. 打造“千台一网”：优质“内容”的生产与联供

天择传媒通过与越来越多的电视媒体形成良好合作，逐渐确立了“千台一网”的战略布局，即通过与全国上千家电视媒体的节目、电视剧、广告及其他项目合作，来编织一张覆盖全国的地面电视网，聚合千台之力共谋发展。“千台一网”是一个开放平台，由天择传媒联动全国有制作实力的各级电视台、各制作公司集结优质的节目和电视剧，并通过搭建的节目购平台为全国有内容需求的电视台提供优质视频节目内容的开放平台。“千台一网”实施与推进的基础在于版权运营——优质电视节目和电视剧的生产与联供。“联供、联播、联营、联产”是其实践“互联网 +”行动的核心主旨。

“千台一网”是天择传媒不断探索跨区域的内容、平台合作经营，以版权交易为内容，构建了辐射全国的电视节目联供网。通过与各地方电视台、视频网站签订综合服务协议，形成了由视频制作公司向视频节目播出机构打包发行节目的批发模式。该模式既降低了节目制作边际成本，同时也让视频播出机构能够以相对低的成本，获得较高的节目质量和经济效益，有效地达成双赢目标。近年来，天择传媒与长沙广电以外的播出机构版权交易的收入，在营业收入中占比越来越高，已成为天择传媒最重要的收益来源。

目前“千台一网”在节目购平台上已汇集来自全国各级电视台和节目制作公司的 400 余档品牌栏目，类型涵盖焦点纪实、情感故事、脱口秀、真人秀、栏目剧、综艺娱乐、生活服务七大类。这些节目已通过网络传输为 500 家台进行联供，各台通过优质版权内容的集结播出，提升了舆论引导力、公信力、影响力和传播力，社会效益和经济效益显著提升。

2.“节目购”：搭建互联网视频内容交易平台

我国的节目版权市场虽前景广阔但发展尚不健全，各需求方需要多种多样的节目，各供给方拥有优质节目待发行，但供需双方信息难于及时互通，进而影响版权交易。“互联网 +”的时代背景下，只有运用互联网技术、融合多方资源、升级传统节目发行方式，方能联通供需双方，促进版权市场规范运营与繁荣发展。基于此，天择传媒在“千台一网”的基础上，搭建了全国最大的互联网视频内容交易平台——“节目购”。

“节目购”网站是视频内容的在线展示和传输平台，海量视频内容的在线展示，方便客户台随时随地搜索和观看自己感兴趣的内容；24 小时在线传输系统，也保障了客户台稳定、快速地下载和使用节目。天择传媒从搭建“节目购”之初，就致力于联合视频内容的供应方与需求方，共同促进版权市场有序发展，打造全国最大的视频内容淘宝商城。通过“淘宝式”视频内容版权交易，为各电视台、节目制作公司以及其他版权机构买卖双方搭建信息资源的互通渠道和交易平台。

“节目购”作为视频内容版权运营的先行者，在现有 B2B 的业务基础上，未来将发展 B2C 的商业模块，联通企业和个人用户、传统媒体节目和新媒体，继续专注优质视频内容的开发和版权运营。借助“千台一网”现有的规模与成效，节目购作为产业链开发的探索者，将逐渐触及更多与媒体相关的商业领域，成为媒体与产业融合的资源整合者。

3. 受众实验室：通过大数据分析重新认识与服务受众

英国科学家维克托指出：大数据开启了一次重大的时代转型。就像望远镜让我们能够感受宇宙，显微镜让我们能够观测微生物一样，大数据正在改变我们的生活方式以及理解世界的方式。维克托的预言正在变成现实，大数据正在渗入人类社会的各个领域。对传媒业来说，大数据带来的变革尤为明显，基于大数据建立的各类传媒实验室不断出现。天择全媒体受众实验室的出现给天择传媒经营带来了以下突破。

一是助力天择传媒做目标更精准的传播者，强化对内容和受众的精准分析。受众实验室的设立能够在节目正式播出前就通过样本受众的反馈，从而更好地把脉受众，推动以受众为中心的科学化内容生产与经营模式的完善。

二是助力天择传媒做新节目样态的排头兵。全媒体受众实验室的播前测试可以让传媒的“内容”研发团队更加大胆地进行创新，从而创造出更多内容新颖、品质精良的节目，为传媒组织的经营提供强力支持。甚至，传媒组织还可以用节目测试数据的表现去进行招商引资，降低投入产出风险，提高节目推出的成功率。

三是助力天择传媒做服务更周全的节目发行者。通过受众实验室嫁接天择传媒的“千台一网”，能更好地指导地面电视台的内容采购。受众实验室的诞生，可以帮助各台的节目采购变得更为科学而精准：在“下单”节目之前先了解哪些内容更符合本台、本地区受众的喜好，帮助“买家”进行更为理性的选择，从而构筑起一个更加智慧、更加高效的节目发行平台。

（二）灿星制作的内容延伸与股份制制播分离

1. 内容的“复制+延伸”模式

灿星制作的内容“复制+延伸”模式，首先是节目内容上的复制，即选择性地引进国外的一些优质原版电视节目，并在原版节目的基础之上进行新的“延伸”，即将原版节目与中国现实相结合，融入一定的中国元素，创造性地增加故事等元素在电视节目中的比重，结合中国舆论环境，凸显公益性和正能量的“中国式”主题，再配备一个全新的栏目名称，一档新电视节目就这样横空出世，例如将《中国达人秀》改头换面后就成了《出彩中国人》，而《中国好舞蹈》也来源于对《舞林争霸》的复制与延伸。同样的节目模式和手法延伸至其他同类选题，从才艺到唱歌，再到跳舞，灿星把平民选秀的本质和“明星嘉宾+个性选手”的模式不断延伸、拓展，形成了看似不同，又风格相近的灿星节目阵[①]。

灿星制作内容上的“复制+延伸”模式在成立初期取得了巨大的成功，观众熟知的《中国好声音》即是其制作的代表性节目，取得了很大的成功。虽然后来由于版权问题出现了一些波折，但事实证明灿星采取的这种模式在中国有着较强的现实适应性。不过，在越来越强调版权保护的环境下，灿星制作也需要在内容“复制”中进行更多的创新，既要避免版权争议，也要避免节目模式过于同质化而缺乏竞争力。

2. 股份制制播分离模式

以优质的节目内容为基础，灿星制作在经营方面首创了股份制制播分离模式，目前来看取得了不错的成效。以灿星制作生产的《中国好声音》为例，节目8000万元制作成本由灿星制作和浙江卫视共同承担，浙江卫视负责节目的技术、营销、宣传等工作，灿星制作则负责节目内容生产，同时保证全国市场2.0%的收视率，如果达标则双方共享广告所得，不达标灿星制作则赔偿电视台损失。而在与明星导师的合作上，灿星制作与邀请的导师们同样以入股的方式分享选手线下收入为条件，目的是激发明星导师们的工作热情，让他们以更积极的态度来配合节目的制作。这

---

① 李威：《“灿星系”节目制作与产业经营模式探析》，《视听界》2014年第5期.

种模式最大限度地激发了节目中各个参与主体的积极性，在灿星制作团队看来一栏节目就是一个商业项目，项目各方都有明确的分工，风险分摊，收益共享[①]。

需要指出的是，与其他传媒制作公司相比，灿星制作有自身的特殊性。灿星制作脱胎于星空卫视，独立于大陆电视体制之外，这让它既具有国有资产的身份，同时又兼有境外资本和私营资本的身份，这三种身份使得它能够在电视媒体制播分离的大环境下灵活地与多个电视媒体平台进行合作。总之，通过《中国好声音》等节目的成功运作，灿星制作已形成了较强的品牌知名度与美誉度，扩大了在电视传媒界的影响力。

（三）央视创造的经营创新

1.“平台＋市场融合”模式

央视创造传媒有限公司成立于2014年6月，属于中央电视台的二级子公司，主要负责部分综艺类节目的市场化运行，这是央视实行制播分开的一项重要措施。制播分开是传媒企业存在的重要前提性因素，在市场竞争机制的诱发下，电视媒体和传媒企业的活力才能完全解放和激发出来，电视产业才能真正繁荣起来。从经济学角度而言，制播分开本质上是一种社会专业分工，是资金集约、人才集约、技术集约的有效手段。制播分开的主要诉求是整合资源，反映的是一种节目制作主体多元化的内在理念[②]。

央视创造就是在媒介市场化环境下成长起来的，它的发展遵循了市场经济的发展规律。同时，央视创造作为央视的二级子公司具有天然的研发和制作平台，其人员组成有许多来自于央视的采编制作部门的精英，在市场机制的作用下，工作人员的创造性和积极性得到极大的提高，产出的节目在质量上和数量上均有大的提高。在电视综艺节目业已进入工业化制作的当代，严密的工业化体系需要多种资源的有机结合和配合。央视创造传媒采取的“平台＋市场融合”的模式既与平台需求相对接，满足平台的定制化服务，同时还兼顾了市场，在遵循市场规则的前提下，通过资本运作、资源整合、服务购买等多种市场化手段实现市场资源的聚合，从而将平台和市场融合在一起[③]，从而完成了“平台＋市场融合”模式的建构。

2. 经营管理组织结构的扁平化

市场讲究效率，为最大限度地提高传媒企业的经营管理效率，央视创造采用扁

① 李威：《“灿星系”节目制作与产业经营模式探析》，《视听界》2014年第5期.

② 程前、杨君琴：《制播分开改革下央视〈喜乐街〉的市场化运营探析》，《电视研究》2015年第11期.

③ 过彤：《电视综艺节目创作：央视创造传媒的创新之路》，《电视研究》2018年第1期.

平化管理模式，缩减管理等级和层级，各部门负责人由总经理和其他高管兼任，并且直接对项目团队负责，这一全新的管理方式打破了以各个部门之间、团队之间的原有壁垒，各部门人员可以随时因项目需要而进行重组，组建新的临时性工作机构，从而极大地提升了项目运转效率，节约了时间、人力、物力等成本，充分发挥了每个团队成员的优势和特长。

从央视创新经营管理团队的高效运转来看，扁平化的管理结构减少了渠道的层级，缩短了渠道，而让渠道的宽度大幅度增加，这一特点使得企业内部上下级之间的信息流通速度加快。在当前网络技术和相关软件的支撑下，信息处理速度快、准确度高，从而有利于企业经营工作效率的提高，进而提升企业的经营效益。

3. 打造产业链和多元化经营

产业链是指在生产产品时所赋予产品的一系列价值增值过程，涵盖了从生产到消费的所有环节，价值增值并不仅限于经济利润，还包括如观众注意力等可二次转化的价值。电视媒体实行制播分开后，电视节目如同商品，投入到市场上用于出售，广大电视媒体是付费购买商，而观众则是真正的消费者，因为电视媒体购买电视节目，最终目的是通过节目而吸引广告投放，从而在节目的二次销售中获得丰厚的广告收益。因此，对传媒企业来说，其节目的买家越多，播出的平台就越多，经济效益回报就更高。央视创造打造的许多档节目除了在央视网播出，还会在爱奇艺、乐视网、搜狐视频等视频网站播出，从而形成了一条包括节目版权收益、广告收益及节目品牌价值在内的增值产业链①。

从经营的角度来看，传媒企业从媒体组织剥离出来后，遵循市场规律，按公司化运营模式从事电视“内容”产品经营。因此，作为内容生产企业，传媒企业要打造内容产业链，而且其内容开发要尽可能实现多种目标。第一，从传媒企业本身的核心目标出发，开发多元化的节目内容，具体来说，传媒企业可以依据不同的传播平台和传播渠道，进行其他电视节目、网络节目、短视频、音频节目等的开发，比如有的电视节目在网络上会衍生出其他相类似的节目。第二，在完成内容生产的核心目标后再对节目的周边衍生品进行开发和延伸，如《朗读者》开发出了线下“朗读亭”等，《加油！向未来》除了发行节目同名图书，还延伸出科普实验进校园的活动以及节目IP衍生商品等。这些努力让央视创造传媒品牌影响力大增，而且品牌的多次叠加传播又扩大了产品及品牌的影响②。

---

① 程前、杨君琴：《制播分开改革下央视（喜乐街）的市场化运营探析》，《电视研究》2015年第11期．

② 过彤：《电视综艺节目创作：央视创造传媒的创新之路》，《电视研究》2018年第1期．

四、结语

在“互联网 +”时代，传媒企业有更多的发展条件和创新机遇，同样面临着巨大的压力去进行创新。的确，在市场竞争中，传媒企业如果做不到创新，那么其生存将会变得异常艰难，最终接受优胜劣汰的结局。从本文选取的几家代表性传媒在企业经营方面的新举措，我们可将他们的经营创新归纳总为以下几方面，供其他传媒企业或电视媒体参考：

一是必须重视内容生产。“内容为王”在当今时代仍然是传媒企业须坚守的首要原则。不论是天择传媒的秉承“专注于优质视频内容生产”的发展理念，还是央视创造的“内容大生态”，抑或是灿星制作的内容“复制 + 延伸”模式，都对传媒“内容产业”建设与发展极为重视。

二是重视受众。传媒企业要以受众的需求为根本出发点，强化传媒经营中的受众意识，尊重受众的喜好和需求。这与党的十九大所提出的“要始终和人民群众想在一起，干在一起”的精神相一致，能让传媒组织更好地为受众造福祉，打造老百姓更为喜闻乐见的内容，从而也更好地实现社会效益与经济效益的统一。

三是重视传媒企业产业链的构建、完善和拓展。广告收益分成、版权开发（包括衍生产品开发）、依托内容生产的成功跨界向其他行业渗透等等都是传媒产业链构建的可能环节和部分。产业链构建科学合理，传媒企业发展得就更好，在市场大潮中前进的步伐就更为稳健。

（作者单位：中广天择传媒股份有限公司）

2020—2021 年度湖南广播电视奖论文一等奖作品

建设主流新媒体集团　探寻高质量发展新路径

张华立

“十三五”以来，湖南广电以习近平新时代中国特色社会主义思想为指导，以巩固宣传思想文化阵地、壮大主流宣传舆论为核心，不断创新体制机制，形成了“融合发展、以我为主”的战略共识和“一云多屏、两翼齐飞”“一体两翼 双核驱动”的战略规划，建成了可管、可控的全媒体平台，有效提升了传播力、引导力、影响力、公信力。

“十四五”时期是全面建成小康社会、实现第一个百年奋斗目标之后，乘势而上开启全面建设社会主义现代化新征程、向第二个百年奋斗目标进军的第一个五年。习近平总书记亲自主导推动，从中央到地方都在为“十四五”规划谋篇布局。2020年9月17日，习近平总书记考察马栏山视频文创产业园，为文化产业和媒体深度融合发展指明了方向。9月下旬，中办、国办印发《关于加快推进媒体深度融合发展的意见》，随后广电总局又出台了《关于加快推进广播电视媒体深度融合发展的意见》（以下简称《意见》），两个《意见》勾勒出了媒体深度融合的时间表和路线图。在新的时代机遇下，湖南广电将进一步优化“十四五”时期的战略布局，探寻高质量发展新路径。

一、直面媒体行业的新形势、新挑战

近年来，我国经济社会已经从高速度发展进入到高质量发展新阶段。随着供给侧结构性改革的不断深入，传媒行业生态不断发生着变化，有融合、有转型、有调整、有淘汰，不变的是满足人民群众日益增长的美好生活需要的理想追求。

一方面，信息技术的发展和信息基础设施的完善，为传媒行业全新业态的出现提供了有利条件和保障。数字创意产业首次被纳入国家战略性产业发展规划，成为五大新支柱产业之一。数字经济时代，技术进步推动传媒产业链整合不断加快，强内容、多渠道、多终端的媒体产品渗透率进一步增强，广电企业、互联网企业和通信运营商纷纷依托各自优势资源展开跨界合作，媒体渠道边界逐步消融。网络传输条件的改善与视频制播技术的不断进步，促使内容产品质量进一步提升，高清化、沉浸化的内容体验在提升用户黏性方面发挥着更大作用，互动视频等全新内容形态不断涌现。

另一方面，传统媒体下行态势明显，长视频业务遭遇天花板，未来广电行业面临严峻挑战。长视频业务方面，传统电视台步履维艰，长视频网站连年亏损，影视剧内容供给方加速优胜劣汰，行业告别高增长，进入去产能调整阶段。网络传输业务方面，全国有线电视网络行业用户持续流失，收入下滑，发展形势日益严峻。文化与科技融合方面，广电5G建设、超高清视频技术、AI、AR、VR等研究与应用刚刚起步，资金、技术、人才相对匮乏，如何挖掘广电行业自身优势，真正实现智慧广电的转型，考验着各地广电机构的革新能力。新赛道选择方面，随着新的视频行业业态不断变化，竞争节奏和替换速度不断加快，如何抢抓机遇，选准新赛道，将是各广电机构面临的战略挑战。

与此同时，湖南广电历经20多年的高速发展，取得了不错的成绩，但问题与隐痛依然存在。从集团层面来看，长视频营收模式单一，很容易就触摸到发展的天花板；尚未形成有全国影响力的新闻新媒体客户端品牌；整体产业分布零散，历史负担与落后产能较多；在战略协同、资源打通、系统化布局方面还存在体制机制上的短板，事企融合难以突破。从新媒体平台来看，内容创新力急需加速提升，内容IP融合运营尚停留在内容本身，需要设立链状开发的解决机制，技术整体构架还缺乏核心竞争力、顶尖新媒体人才引进受制。

在中央的统一部署下，从中央到地方的各级广电媒体，将在“十四五”期间进一步开展媒体改革实践，积极探索、集中发力，重组机构、整合人员，打造融媒体平台。无论是政策机遇、外部环境还是内生动力，都是湖南广电寻求持续高质量发展新路径的良好契机。

二、形成媒体深度融合发展的新理念、新格局

加快媒体深度融合发展，是党中央着眼巩固宣传思想文化阵地、夯实党的执政基础作出的重大战略部署，具有前所未有的战略远见和专业洞见。《意见》从导向、内容、机制、技术、人才到政策保障做了更为细致的全面部署，为身处行业变革关键期的媒体提供了科学的方法论，如何深刻领会《意见》精神，精准把握政策空间，踩准发展节奏，收获战略红利，是湖南广电媒体融合发展的新使命、新挑战，这就需要升级“五位一体”的发展理念。

（一）是当好主阵地舆论的引领者

意识形态属性是主流媒体的本质属性，坚持马克思主义新闻观，做大做强主流舆论，是湖南广电必须承担的使命。我们要把握媒体深度融合发展趋势，主力军全面挺进主阵地，不断完善导向把控体系和社会责任体系，将湖南广电人的创新精神和青春气质体现到主流价值表达和社会责任担当上，以一流传播效应创造一流社会效益，让正能量更强劲，主旋律更高昂。

（二）是力争成为精品 IP 的创新者

坚持以湖南卫视、芒果 TV 双平台为引擎，加大创新和投入力度，不断打造作为行业风向标的“现象级”内容产品，打造“芒果出品”的内容领军品牌，进一步巩固 IP 资源的团队优势、创意优势与制作优势，在提升既有优势品牌基础上，力争五年内打造多个全新的精品节目 IP。

（三）是争当国有新媒体平台的领军者

在双向全面、深度融合的引领下，激增大小屏的价值聚合。湖南卫视继续保持省级卫视领先的平台优势；芒果 TV 继续完善基础架构，为全集团内容团队及互联网用户、商业伙伴提供有效的接口和入口，不断提升服务质量和水平，力争五年内成为国内互联网视频行业领军者。

（四）是专注于互联网新产品的创造者

坚持“受众至上、用户至上”的发展理念，密切关注不断涌现的网络新应用新业态，积极拓展内容电商、影视制作、音乐版权、艺人经纪、短视频、移动音频等多元融媒产品与业态，以 AI、AR、VR、5G 等新技术推动新产品研发和创新，以产品更新换代推动技术和平台提质升级，力争五年内打造出一系列具有品牌价值与引领行业的新媒体产品。

（五）是媒体深度融合发展的价值实现者

争取到 2025 年，湖南广播影视集团以具有创新活力和影响力的优势，建成主流新媒体集团，实现媒体融合芒果模式的升级迭代，迈入跨越式发展的新阶段。

三、建设主流新媒体集团的新任务、新要素

“十四五”期间，湖南广电将以习近平总书记系列重要讲话精神为指导，认真贯彻落实中央和湖南省委关于深化文化体制改革、推进媒体深度融合发展的总体部署，用 1—2 年时间补短板、强弱项，夯实内容、产品、技术、人才、资本等建设主流新媒体集团的关键要素与基石，用 2—3 年时间调结构、建机制，进一步深化体制机制改革，使得集团的组织形态、企业文化、生态价值真正实现互联网化重构，争取在“十四五”规划期内，实现建设主流新媒体集团的战略升级目标。

（一）加快深度融合新布局

作为党管意识形态主阵地，将主流宣传业务贯穿集团运营全过程，持续打造芒果主流融媒大片和精品力作。以高门槛长视频特别是主流长视频作为核心业务战略，以芒果超媒为资本平台，通过进一步整合业务资源，加快推动湖南卫视与芒果 TV 的深度融合，带动其他卫星频道、地面频道、广播频率协同融合发展，加速推进集团核心竞争力向新媒体的全面转移。

一方面进一步推动湖南卫视与芒果 TV 的深度融合。让湖南卫视与芒果 TV 之间建立更加良性的互动机制，通过人才、业务、创意、技术等多维度互动共享达到资源的最优配置。在内容融合上，以双平台节目团队融合为抓手，加速节目从创意、制作到播出的全面融合，从湖南卫视单向输出节目版权到双向融合输出，推动主流大片、综艺、电视剧、晚会等更多小屏精品返送大屏，我们正全力打造的“芒果季风计划”，联动湖南卫视与芒果 TV，打造国内首个台网周播剧新样态，探索双平台影视剧创作播出的深度融合，推动台网融合迈入新阶段；在制作融合上，从湖南卫视单向给芒果 TV 提供资源和系统支持，到双平台资源共享，逐步建立价格同盟、系统协同；在营销融合上，从各自平台各自营销，向跨平台整合营销推进，打通双平台的营销价值链，囊括大屏小屏、长视频和短视频、内容和社交、内容和电商全链条全系营销产品。

另一方面运用赛马机制激活频道频率的融合创新动力。围绕芒果生态做文章，通过集中资源、减量提质，推进频道频率与公司一体化运行，加快媒体深度融合发展，打造优质电视（广播）+ 互联网生态的孵化器。一是频道频率主动融入芒果生态圈，打造“懂新媒体业务、懂互联网业态、懂跨领域市场”的节目创作团队与整合营销团队，深耕融媒主流内容的创新，同时深度对接芒果超媒新业态，切入垂直

领域，探索商业变现多样性；二是再造业务流程，加强全网渠道的分发力量，持续输出优质内容，打造特点突出的媒体融合特色品牌。

（二）强化超媒引擎新驱动

以打造芒果超媒新媒体品牌为重要目标，强化建设主流新媒体集团的引擎驱动，尽快将其互联网基因和市场化基因注入全集团。芒果超媒将以芒果 TV 视听内容为核心，以产业衍生为矩阵、以内容和技术创新为驱动、以全产业链控制和生态协同为抓手，整合影视制作、艺人经纪、游戏电竞、电子商务等资源，打通上下游产业链，建立一网联结、多点联动的生态矩阵，将公司打造成为新型主流互联网媒体。通过运用算法、数据分析等技术手段，升级公司运营生态，在内容生产、会员、广告、产品技术、金融等业务方面实现全面进化，构建一套流程化、标准化的工业生产体系；通过打造和储备内容生力军，不断扩大内容生产体量，深挖长视频竞争的“护城河”；通过扩大芒果 TV 国际 APP 用户规模，力争成为世界一流的流媒体平台和服务提供商；通过布局湖南广电第二增长曲线，形成以“视频 + 内容 + 电商”的全新视频内容电商模式。

（三）升级融合传播新体系

调整新媒体渠道布局，建构主辅分明、层次清晰、开放多元的平台矩阵。在湖南卫视和芒果 TV 深度融合的基础上，整合集团内部各零散平台，重点发力新闻类平台“芒果云”，打造短视频为主要产品形式的传播品牌；芒果 TV 打造“融播融控智能云平台”，覆盖互联网、移动互联网、IPTV、OTT 等新媒体传播渠道。通过“一次采集，多种生成，多元传播”，真正做到既可以利用系列自主平台阵地稳固发声，又能利用全网渠道强势分发扩大声量，使湖南广电具有主流媒体应有的强大传播力、引导力、影响力、公信力。

（四）建设链路完整产品新集群

产品创新是决定一个互联网企业能否弯道超车的重要标志，往往一个迅速崛起的独角兽企业背后，都因为有着伟大的产品创新。我们要加快新领域新业态品牌创建的谋划布局，通过高价值内容服务型产品，延长产业链条，放大产业价值。通过“小芒电商”“芒果季风”“5G 智慧电台”等新产品的研发与运营，形成链路完整的产品集群，塑造全媒体知名品牌，补齐湖南广电产业结构短板，丰富盈利模式，实现可持续发展。

（五）培育前沿技术新基因

牢牢抓住 5G 新机遇，致力于将大数据、人工智能等新技术融入内容生产、传播、服务全过程。以与中国移动、华为、科大讯飞等科技公司的战略合作为契机，围绕智能化视觉、光场技术、AR、VR、5G 全息等重大核心技术，探索应用场景，转化研究成果；在超高清视频、融合媒体制播平台建设、5G 高新视频多场景应用，以及人工智能、大数据、云计算的应用等方面，积极争取参与国家行业标准的制定与竞争；围绕公有云的媒体应用、IP 化解决方案、数据中心、硬件智能终端、CDN 网络建设、5G 频道、超高清视频产业规划等领域进行深入研发和孵化。真正将技术创新作为夯实数字经济、打造主流新媒体集团的新基石。

（六）打造开放合作新生态

我们要抓紧完善全集团的互联网媒体生态系统和产业布局，设计好开放共赢的规则，完成内部机制合理、外部风险可控的芒果生态产业布局，使社会机构、内容创作者、技术公司可以便捷和快速地参与芒果生态的建设；运用好上市公司的资本力量托举芒果生态，加大对产业上下游生态链的延伸与掌控，使芒果产业生态圈内外双环，环环相生；同时依托达晨、芒果等品牌的基金投资业务，以内容、渠道、智能终端为核心，开展战略型控股投资与生态布局型投资，建立覆盖从前端内容孵化到后端投资整合的资本服务链条，对外延伸产业链。

（七）加快推进芒果新基建

按照湖南省委省政府的战略部署，争当马栏山视频文创产业园建设的主力军，积极推进节目生产基地、芒果马栏山广场、上海湘芒果等项目的建设与数字化运营，整合资本、资源、技术等要素，为媒体深度融合发展提供创新空间和孵化平台，打造高科技体验基地、文旅文创基地、短视频孵化基地、内容电商对接基地，为未来主流新媒体集团的建设提供硬件基础保障。

（八）开创国际传播新局面

致力于打造文化走出去生力军，主动对接“一带一路”对外宣传，积极拓展文化走出去的前沿滩头阵地，统筹对外文化交流、文化传播和文化贸易，努力讲好中国故事，传播好中国声音。开创多种方式文化出海，打造多种形式的外宣精品，实现“产品走出去”；进一步加强芒果 TV 国际 APP 的建设，提升国际传播能力，实现“渠道走出去”；通过跨国共研，版权营销，实现“模式卖出去”，建构开放多元的国际传播新体系。

四、建设主流新媒体集团的新机制、新举措

建设市场化程度高、运行高效、发展良性的主流新媒体集团，就需要不断创新体制机制，使主流引领更强劲、矩阵传播更优化、组织形态更先进、人才结构更合理、产品链路更完善、运营生态更开放。

（一）持续深化体制改革

台与集团遵循“一个党委、两个机构、一体化运行”的管理体制，通过持续深化体制改革，进一步建立健全有文化特色的现代互联网企业制度，完善内部控制体系，增强风险防范能力，压减落后产能、优化组织结构，做强市场主体，促进可持续发展。

（二）转变管理运行机制

推动组织构架和运行机制变革，构建适应新媒体管理逻辑和发展要求的管理机制，建立健全全媒体工作机制，建立“一云多屏、多元一体”的扁平组织形态，形成“平等、协作、分享、开放”的互联网组织文化，将数据作为战略工作，大力建设数据库和数字资产，实现组织管理的转型转轨和业务流程的提质提效，构架中台赋能的组织形态，力争成为“一切数据业务化，一切业务数据化”的数据驱动型集团。

（三）发挥市场机制作用

始终坚持资本运营的“自主可控”原则，强化芒果超媒和电广传媒的资本运营能力，不断探索文创文旅等业务资本化路径，待培育孵化到一定规模后，进行市场化整合注入现有上市平台，发挥上市公司在资本市场的融资功能，利用资本力量发展文化主业。同时按照《意见》要求，积极探索混合所有制创新，形成与融合发展要求相适应的管理体制、运行机制和资本构成，增强自我造血机能。

（四）推进全媒体人才体系建设

加大人才培养和引进力度，快速补充软件工程、产品研发、数据运维等新媒体新技术人才，补齐专业人才短板；在内容、技术、资本、经营、管理等方面部署人

才建设机制，不断优化全媒体人才结构；巩固创意类人才的团队优势，立足改造和提升现有人才队伍，以项目为引导，推动业务骨干向项目负责人、产品经理转型，努力实现湖南广电人的集体进化。

“文化产业是朝阳产业，大有前途”。我们应该感恩时代赋予我们的机遇与使命，在时代革新的探索中砥砺前行，建设好具有强大影响力和竞争力的主流新媒体集团，为伟大时代书写社会主义文化强国的芒果答卷。

（作者单位：湖南广播影视集团（台）有限公司）

新型5G智慧广播技术体系设计与应用

牛嵩峰

AI（人工智能）[①]和5G通信技术[②]的诞生、发展和应用，推动经济社会从数字化、网络化向智能化跃升，形成了全新的信息革命，也为广播电视融合创新发展提供了强大的驱动力。

2018年11月，国家广播电视总局印发了《关于促进智慧广电发展的指导意见》。在该《意见》指引下，湖南电台充分运用AI+移动互联网技术，融合5G通信技术和云计算、大数据，充分发挥芒果系内容生产实力，通过新型5G智慧广播建设搭建自动化、个性化（本地特色）中央厨房式节目生产中心，把湖南广电优质节目内容输送到县区，帮扶恢复“县区电台”。

一、新型5G智慧广播建设的总体设计理念

1. 新型5G智慧广播的总体设计理念

在5G通信技术支撑下融合AI、云计算和大数据等新兴技术，通过建设新型5G智慧广播重构传统电台内容生产、传播与管理流程，与“县区电台＋村村响”互联形成内容生产及传播链，配套自主研发iMango软件系统构建交互性与用户体验感俱佳的智能化应用场景，进而形成全业态、垂直化的智慧声音生态体系。在广播领域，新型5G智慧广播技术体系主要包含内容智能生产、节目智能分发控制管理、节目内容智能播出、系统监管预警智能管理和县区电台硬件配备5大部分。新型5G智慧广播系统拟采用“强中心—弱终端”的建设模式，具有以下特点：

①以AI技术为基石、以人机协作为特征、以5G技术和云计算及大数据为支撑、以提升内容生产传播效率为目标的智能编辑部形态。

②利用场景重现、数据分析的方式，根据内容资源与用户使用数据，通过用户

① Stuart J.Russell Peter Norvig. 人工智能——一种现代的方法[M].3版. 殷建平，祝恩译，北京：清华大学出版社，2013.

② 项立刚. 5G时代：什么是5G，它将如何改变世界？[M]. 北京：中国人民大学出版社，2019.

画像[①]，充分了解用户，形成“随需而变”的传播方式。

③以推动制播平台云化、IP 化、IT 化为核心，实现数字化、网络化制播体系向融合化制播体系转变，形成“全媒体汇聚、共平台生产、多平台发布”的一体化媒体智能信息资源平台。

④集聚湖南广电知名主持人的虚拟主播音频库[②]及优质节目，保证了相对高质量的内容输出，提升县区电台的节目质量、竞争优势，节省县区电台主持人、编辑等人力成本。

⑤以“芒果出品”[③]的品质标准，整合湖南广电节目资源编排出音乐台和资讯台两套节目体系。

⑥结合湖南广电芒果系媒资库进行节目内容的个性化呈现，满足各地电台特殊需求。

⑦签约合作的县区电台可以根据自己的需求挑选好基础节目内容，由节目中心“中央厨房”进行整体的歌单设置、节目编排和内容上传，当地只需要一名编辑对云端上的完整节目内容进行下载后，播出系统运行即可实现智能化。

系统架构采用低耦合结构设计，为可能的大规模业务发展提供良好的扩展性。新型 5G 智慧广播技术体系建设需要考虑三个方面的需求。

2. 系统的安全性

安全、稳定性是广播播出系统的核心。在服务器操作系统层面，采用 Linux 操作系统；对 Web 系统框架，采用 Spring Cloud[④]或 Dubbo 微服务[⑤]技术实现，同时采用高可用架构，防止各种宕机原因造成无法使用系统；对文件数据的日益增长及数据的重要性，采用 Hadoop HDFS 或 FastDFS 分布式文件系统[⑥]；对互联网的关键链接处加入网闸等网络安全硬件设施，从各个层次上设计系统的安全、稳定机制（包括防故障措施），保证系统的安全性。

3. 系统的可扩展性

因业务拓展的需要，系统要具有良好的扩展性。扩展性具体包括如下几点：

业务的可扩展性、数据文件容量的可扩展性、快速接入能力以及较好的互联性。在软件工程上，采用分层化、模块化方式构建整个软件系统。

---

① 维克托．迈尔－舍恩伯格，库克耶．大数据时代 [M]. 杭州：浙江人民出版社，2013.

② 牛嵩峰，唐炜．基于人工智能的中文语音文本智能编辑系统设计 [J]. 广播与电视技术，2018(45)：4.

③ 吕焕斌．媒体融合的芒果实践报告 [M]. 北京：中信出版集团，2019.

④⑤⑥ 翟永超．Spring Cloud 微服务实战 [M]. 北京：电子工业出版社，2017.

4. 系统的可维护性

本系统设计是为国内县区电台服务，需从顶层设计包括系统日志、数据库日志等技术手段的可维护性。设计通过 ELK 工具[①]监管所有微服务运行所产生的日志信息，如发生系统错误，错误报警以图型方式展现。

二、新型 5G 智慧广播技术体系设计

1. 5G 智慧广播技术体系实现流程

新型 5G 智慧广播先建立以互联网云技术为核心的“湖南电台新闻云中央厨房”系统。为便于日后系统的扩张，同时考虑应对服务高并发状况，“中央厨房”系统采用互联网公司（腾讯、阿里等）常用的云技术架构。通过“中央厨房”的集约优势，首先打造“一县一频”。利用人工智能技术，提升广播中央厨房[②]的生产效率和质量，将高质量、成套系的广播音频节目通过音频编码器、互联网或 VPN 输送到各个县区电台，县区电台插入当地节目（当地节目也可以通过中央厨房定制生产）后送往发射台进行调频发射，经过信号放大、馈线、天线逐步实现县域覆盖。

“一县一频”逐步铺开后，利用大数据技术[③]进一步分析各地群众的关切点，利用智能推荐算法，采用反馈迭代的方式逐步修正输送各地的节目播出单，实现初步的县域定制化广播播出。同时，重点研发 AI 语音识别和高品质语音合成技术，完成新型 5G 智慧广播内容生产系统建设。未来 3—5 年，中国私家车拥有量将超过 3 亿辆，随着 5G 通信技术的大规模应用，车联网在新车上的部署逐渐普及，在流量资费大幅度下降、通信延时降低至人耳无感范围的情况下，可预见将 5G 智慧广播融入车联网[④]后，高品质、定制化、可互动的车联网广播市场是巨大的。

2. 后端云服务架构设计

在县区电台对口单位部署 2—3 台商用工作站型计算机，并安装部署自主开发的 iMango 播出系统，实现自动智能化播出；调频发射则利用各县区电台原有频率和设备资源，尽可能减少终端需要处理的环节。所有数据通过网闸方式访问湖南电台公有云“节目分发管理系统”，获取最新歌曲、节目、AI 资讯、AI 天气等数据信息。

---

① 饶琛琳．ELK Stack 权威指南 [M].2 版．北京：机械工业出版社，2017.

② 唐炜，周晓民，向军．广播“中央厨房”理论下的省市联盟台建设 [J]. 广播与电视技术，2013（11）.

③ 维克托．迈尔 - 舍恩伯格，库克耶．大数据时代 [M]. 杭州：浙江人民出版社，2013.

④ 王泉．从车联网到自动驾驶——汽车交通网联化、智能化之路 [M]. 北京：人民邮电出版社，2018.

采用网闸的目的是为了确保播出网络安全。各县区电台将 iMango 播出系统状态实时回馈到新型 5G 智慧广播“系统运行健康监控预警管理平台”中，当播出出现故障，“系统运行健康监控预警管理平台”能实时报警，直接显示在监控平台上。

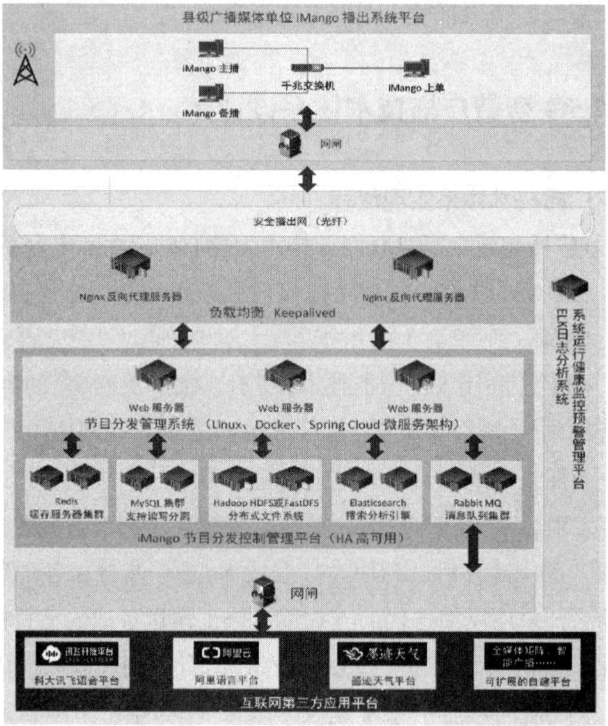

图 1　云服务硬件体系架构图

如图 1 所示，在新型 5G 智慧广播总控制平台和阿里云或者腾讯云等之间架设高速互联网通信链路——租用电信、移动或联通等组成的双企业级千兆光纤宽带网络，在保证信号路由冗余度的同时，确保信号传递的高带宽。同时将主系统服务部署在阿里云和腾讯云上，按分布式系统原理部署云服务，让县区电台终端根据带宽和延时响应情况选取不同的服务器群组进行业务处理。

（1）节目智能分发控制管理服务程序。此平台硬件设备架构由 7 部分组成，统一部署在安全播出网络中，同时所有服务器均采用 Linux（RedHat7 或 CentOS7）① 操作系统。采用 Linux 操作系统是成熟的互联网公司标配选择，它更适合在公网环境下建立服务，效率高，维持了较高的安全性。

①反向代理服务器。此层次的反向代理服务器暴露在最外层，是所有县区电台

① 翟永超 . Spring Cloud 微服务实战 [M]. 北京：电子工业出版社，2017.

的访问入口。播出终端全部访问于此层次的反向代理服务器，目的是隐藏及保护后面的“分布式节目分发管理系统”软件安全。在反向代理服务器的搭建上，采用 2 台或更多台物理服务器，设计保持随时扩展性。安装 Nginx 与 Keepalived①软件，实现负载均衡与 HA 高可用（HA 是 High Available②缩写，防止出现单点故障问题，是多机集群系统简称，指高可用性集群、保证业务连续性的有效 Web 应对方案。一般有两个或两个以上的节点服务器，可简单理解其中某一个节点服务器宕机后，另一个节点服务器会继续运行，这样可确保服务运行的连续性）。

②节目智能分发管理系统。此层次为 Web 业务系统，部署的系统采用 Java③语言开发，以 Spring Cloud④微服务架构建设，初期可采用 3 台高性能物理服务器，通过 Docker⑤容器来运行整个微服务架构系统，同时建立成 HA 高可用的 Web 业务系统，随着用户量的增长带来的高并发，后续再增加扩展服务器支撑。

③ Redis 缓存服务器。用于节目分发管理系统的高速缓存，初期可采用 2 台物业服务器以集群方式部署 Redis⑥并建立成 HA 高可用。此层次的服务器，对内存要求高，每台服务器建议采用 128GB 或 256GB 内存以保留扩展性。

④ MySQL 数据库服务器。用于节目分发管理系统的持久化数据存储，采用 2 到 3 台服务器搭建。持久化的数据尤为重要，必须搭建成高可用的 MySQL 集群并实现主从复制，支持 Web 业务系统读写分离，提高 MySQL 运行效率，保持扩展性。

⑤分布式文件系统。可采用 Hadoop HDFS 的分布式文件系统（也可以采用轻量级 FastDFS 分布式文件系统），以数据冗余方式对音视频文件、图片文件或其他文件进行分布式存储，确保文件的安全性和可靠性。如采用 Hadoop HDFS 分布式文件系统，初期设计采用 3 台服务器搭建全分布式文件系统并建立成 HA 高可用。此层次的服务器对硬盘存储空间要求高，每台服务器采用 10TB 容量硬盘，如存储不够时可以水平扩展服务器增容。

⑥ Elasticsearch 搜索⑦分析引擎。对于繁多的临时性资讯文稿信息，不建议采用 MySQL 关系型数据库存储，因 MySQL 存储资讯文稿信息不便于模糊搜索，而且当数据量大时查询效率极低。特此，本系统采用 Elasticsearch 搜索分析引擎处理采编阶段产生的临时性资讯文稿信息，进行中文分词结构化存储。通过 Elasticsearch 搜索分析引擎处理 PB 级数据量时，能快速搜索资讯文稿信息，稳定性强、处理效率高。设计采用 2 台服务器（单台服务器内存 128GB 及更高内存）组建

---

①② 苗泽．Nginx 高性能 Web 服务器详解 [M]. 北京：电子工业出版社，2013.

③④⑤⑥ 翟永超．Spring Cloud 微服务实战 [M]. 北京：电子工业出版社，2017.

⑦ 饶琛琳．ELK Stack 权威指南 [M].2 版．北京：机械工业出版社，2017.

Elasticsearch 集群实现高可用，保证延展性。

⑦ RabbitMQ[①]消息队列服务器。作为中间层的消息队列服务器，协调“节目分发管理系统”与“互联网第三方应用平台”接口对接。设计初期采用2台服务器组建 Rabbit Mq 集群实现高可用，保证延展性。

（2）网闸[②]

指定通信端口双向传输数据方式，实现“RabbitMQ 消息队列服务器”与“互联网第三方应用平台”的数据交互安全。

（3）ELK 日志分析系统——ELK（全称 Elasticsearch、Logstash、Kibana）[③]日志分析系统用于开发者运维整个分布式系统

通过 Logstash[④]搜集、分析、过滤日志存储到 Elasticsearch[⑤]中，然后通过 Kibana[⑥]的 Web 图形界面可视化分析存储在 Elasticsearch 的各项指标日志数据，再通过数据的定制及定制仪表板视图方式展现，全面了解每个微服务的运行情况。在此基础上加入系统运行健康监控预警管理平台，监控县区电台 iMango 播出系统与节目分发管理系统运行状态（如操作类型、CPU 使用率、内存使用率、数据库表空间、硬盘空间及机房空调温湿度等），当超过配置阈值时，将发出报警提示并在管理平台以拓扑图方式展现。

3. 前端 iMango 广播播出系统设计和开发

在整体设计上，新型5G智慧广播预置了音乐电台体系、资讯电台体系等系列套餐，同时开发了前端 iMango 播出系统，如图2所示，为县区电台提供轻量级智能化的一站式平台服务方案。

（1）音乐电台体系设计

在所有设计的体系中，音乐电台体系是目前最受欢迎的体系，如图3所示。系统结合 AI 技术，以智能化播出为设计理念，糅合传统电台音频时序播出功能，加入 AI 音乐串词、AI 天气预报、安全播出监控等功能，形成基础的音乐电台体系服务。

对广播播出安全来说，空播是巨大的威胁。负责在 iMango 播出系统没有声音信号输出时，自动播放垫乐防止空播。静音检测时间可以根据各地的安播要求自行调节，也可默认一级安全播出设置。系统完全按照国家一级安播要求设计，并通过多家地市联盟台[⑦]3年时间的实用检测。

AI 天气部分，AI 智慧电台 iMango 系统自动从中国气象局官网或墨迹天气 API

---

①② 翟永超．Spring Cloud 微服务实战［M］. 北京：电子工业出版社，2017.

③④⑤⑥ 饶琛琳．ELK Stack 权威指南［M］.2 版．北京：机械工业出版社，2017.

⑦ 唐炜，周晓民，向军．广播“中央厨房”理论下的省市联盟台建设［J］. 广播与电视技术，2013.11.

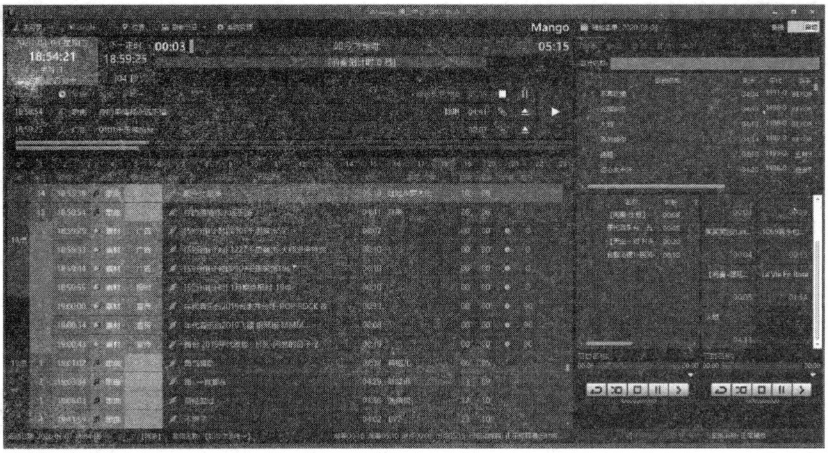

图 2　iMango 播出系统前端工作界面

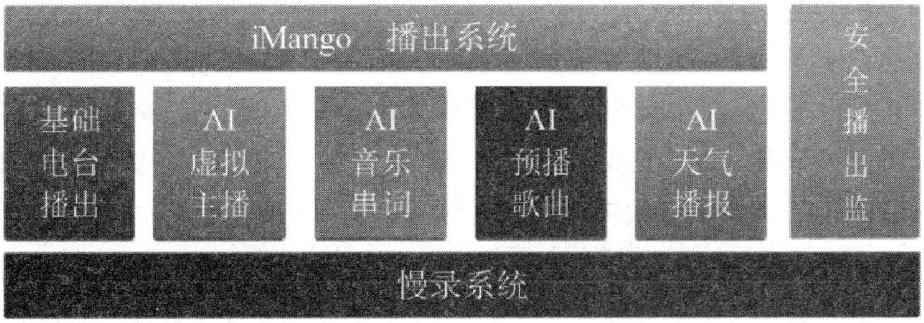

图 3　iMango 智慧播出系统——音乐电台体系

接口获取权威的各地天气信息，辅之以人工智能的方式将获取的天气文本信息转换成人声音频并自动上架播出，做到一县一报各不相同。播出站自带慢录系统用于录制实时的直播音频，用于日志查询、故障分析和拆条之用。

为了做到最佳的音乐播放效果，音乐电台体系播出系统中增加了 AI 音乐串词部分，以达到歌曲与歌曲之间自然转承效果，从听感上让听众感觉有主持人在直播间主持。歌曲与歌曲之间自动加载的主持人串词音频，来自新型 5G 智慧广播金话筒主持人基础语音库。编辑写好串词内容，通过 AI 语音合成系统自动合成为音乐过渡区的主持人串词音频。

如图 4 所示，新型 5G 智慧广播 iMango 播出系统中预置有多种音频衔接方式，每一种歌曲类型，都会有精心预设的衔接模型；每一首歌曲，都详细定义了前奏、尾奏、最佳进歌点、最佳出歌点、年代等属性，使歌曲衔接尽可能做到过渡自然，在广播收听上带来最舒适的感受。

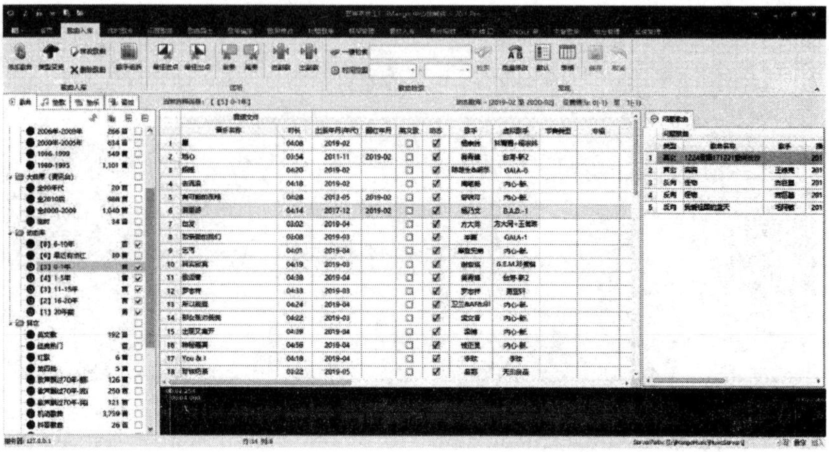

图 4　播出系统——音乐电台体系工作界面

（2）资讯电台体系设计

汽车保有量众多、人才聚集、资讯需求很大的较发达县域，需要接入较多的本地新闻内容。根据这种需求开发的 AI 资讯电台套系，采用网络爬虫技术将各县政府门户、事业单位、大型企业的网站和“两微一端”信息爬取到新型 5G 智慧广播的“中央厨房”，由文字编辑进行二次梳理和精选。编辑完成的文稿在通过三审流程后，经语音合成引擎结合金话筒主播声音库，形成一条条广播资讯音频自动上架播出。国内新闻大事部分则由“中央厨房”的核心编辑团队处理，再分发到各县频率。

资讯内容可按要闻、快讯和联播分类，做到“一县一频”内容推送，有条件的地区可安排本地主持人实时上节目，可控可调播出推送的内容。在资讯部分之外，还可安排 AI 音乐电台内容补充。

如图 5 所示，音乐电台体系可选择全自动广播输出框架（用于播出时间控制）。资讯电台因加入部分当地主持人口播业务选择半自动框架，时间控制较为复杂，需要综合运用AI语音识别、AI语音翻译、全网新闻检索，文本语义识别、虚拟主播合成、自动分类和检索等[①]最新 AI 技术，才能尽最大可能的处理海量资讯，提高生产效能，在面向县区电台服务时方能得心应手。

（3）车联网电台体系设计

在 5G 技术高带宽、低延时特性逐渐融化到街头巷尾之时，车联网不再是遥不可及的梦想。通过技术的不断升级，建设好调频端的“一县一频”后，车联网的

① 牛嵩峰，唐炜．基于人工智能的中文语音文本智能编辑系统设计[J]．广播与电视技术，2018(45)：4.

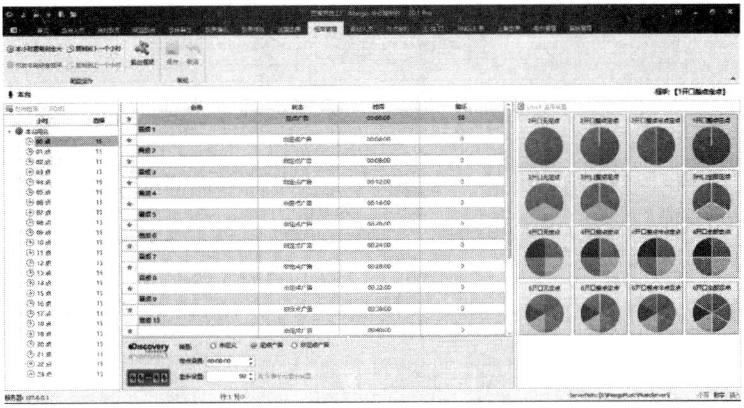

图 5　广播输出框架自动化程度选择——全自动、半自动、手动等

“一车一频”“一人一频”脚步声就会越来越近。人工智能大数据技术的广泛应用，让用户定制的可行性越来越强。在第一阶段“一县一频”完成基础上，通过前期智能拆条、梳理并重新编辑湖南电台已有的经典节目、制作有地方特色的在地节目，形成适合各地传播的基础内容库和分类体系。通过对自愿订购音频节目内容的私家车车主日常驾车路径信息分析和车主画像，结合车主收听习惯和收听内容喜好，同时利用账号互通实现同一用户在不同场景下的连贯式收听体验，依托融合最新 5G 通信技术的车联网中控屏，接入智能音箱控制，开展车载场景下内容和服务的精准用户推送。这是更为先进的一次场景升级，可采用开源大数据机器学习架构 TensorFlow①（由谷歌人工智能团队谷歌大脑开发和维护）完成智慧广播核心大脑的建设，建成更高阶段的“一人一频”车联网电台体系。

车联网电台体系是下一代可能的广播技术体系，在很长一段时间内它需要和传统的调频广播和谐共生，通过观念思维、生产经营、体制机制、技术体系的逐步过渡，向更广泛的触达途径、更优质的听众体验迈进。

4. 后端分发管理系统设计和应用

新型 5G 智慧广播 iMango 节目分发管理系统是为县区电台打造的一个专项系统平台，整个系统采用 Java 语言设计，从功能上分三层结构，清晰地分离不同业务范围，有利于日常管理和系统扩容，如图 6 所示。

① 郑泽宇．TensorFlow：实战 Google 深度学习框架 [M].2 版．北京：电子工业出版社，2018.

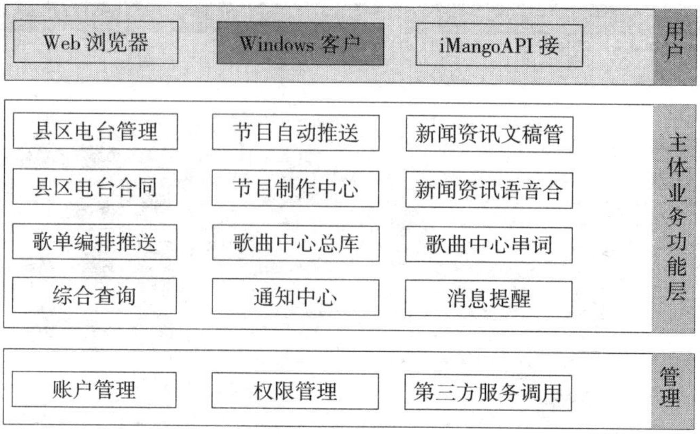

图 6　节目分发管理系统软件分层结构

（1）用户端层

用户端层主要处理各种信号接口事宜。整个系统设计采用 B/S 架构，通过 Web 浏览器方式可以操作第二层的整个主体业务功能；在 Windows[①]播出客户端上采用 SOAP 架构[②]，利用网页服务（WebService）[③]开发 Windows 桌面客户端，用于歌曲入库前尾奏打点、最佳进歌点与最佳出歌点打点、歌单编排等操作；设立开放的 iMango AP 接口并部署在县区电台的播出系统上，所有数据通过网闸等安全设备，播出客户端自动从服务器获取歌单、节目等数据并自动上单播放。

（2）主体业务功能层

根据“一县一频”的要求，在主体业务功能层设置了县区电台管理、县区电台合同、节目中心库、节目自动推送上单、新闻资讯语音合成库、新闻资讯文稿管理、歌单编排推送上单、歌曲中心总库、歌曲中心串词库、综合查询、通知中心、消息提醒等多个核心业务模块，协同处理业务需求。其中，县区电台合同模块是核心业务的中心。系统根据各县区电台采购的服务合同不同，分门别类推送歌单、节目、AI 天气、AI 资讯等组合内容，同时设立合同有效期前 90 天，通过自动短信或邮件通知县区电台主管人员，保证后续业务谈判能够有较宽松的时间进行。在新闻资讯语音合成模块，通过 AI 语音技术调用第三方 AI 语音转换引擎接口（科大讯飞、阿里或腾讯），将新闻资讯文字信息转换成县区电台指定的某主持人语音，转换后生成的对应音频文件，统一存储在语音合成库中，再根据地域的不同返回给不同的县区电台上单系统。

①②③ 饶琛琳．ELK Stack 权威指南 [M].2 版．北京：机械工业出版社，2017.

（3）管理层

管理层负责系统日常业务的管理，包括账户管理、权限管理和第三方服务调用管理。第三方服务调用功能集中管理第三方服务接口调用，包括调用次数、调用时间、参数内容、成功状态及费用支付管理等，便于管理人员统计和服务接续。

5. 新型 5G 智慧广播监管预警管理系统设计

新型 5G 智慧广播监管预警管理系统用于播出情况监控、远程监听、播出设备 CPU、内存使用率、硬盘空间大小监控，同时对后台的节目分发管理系统的所有设备如 CPU、内存使用率、硬盘空间大小、系统服务运行情况等进行监管，采用 ELK 工具，对微服务运行所产生的日志进行监管预警。当达到预警阀值时，发送消息到新型 5G 智慧广播“系统运行健康监控预警管理平台”中报警，如图 7 所示。

图 7　智慧监管管理系统设计

（1）县区电台监管

在新型 5G 智慧广播中心大屏中以拓扑图方式展现所有县区电台播出网，点击其中某电台可以调出实时播出情况，监听实时播出流，监管县区电台的 iMango 播出情况，同时在当地县区电台终端以窗口提示方式反馈。

（2）后台监管

包括远端县区电台播出站的日常监管、核心业务本地和云端 Linux 和 Windows 服务器运行监管、微服务监管、Web 反向代理服务器监管、第三方服务资源调用情况监管、分布式文件系统监管等。这些监管信息汇集到新型 5G 智慧广播技术总控，可实现故障发生时的及时响应，确保系统的稳定运行。在预报警管理方面，所有报警信息（包含县区电台报警信息）都在新型 5G 智慧广播监控机房报警，即时以邮件或短信方式通知相关的管理人员。系统根据报警类型自动生成故障报告处理单，相关技术人员按流程处理完成后，关闭故障报告处理单并形成记录归档。

6.5G 智慧广播对融合媒体制播云平台设计理念的应用尝试

新型 5G 智慧广播技术体系的设计和应用，作为广电领域广播类创新，在更大层面上，意义在于集中现有优势资源，进行一次传统广播电视制播工作流程的“云平台”再造试点。新一代融合媒体制播云应采用互联网时代电商、社交平台大规模使用的先进计算机技术，诸如分布式技术、SDN（软件定义网络）技术、CDN（内容分发网络）加速技术、弹性云服务技术①等，综合考虑广播电视在安全性和便利性上的高标准要求，发挥私有云和公有云的各自优势，在有成本约束的融媒项目建设过程中，形成关键技术研发及应用示范。

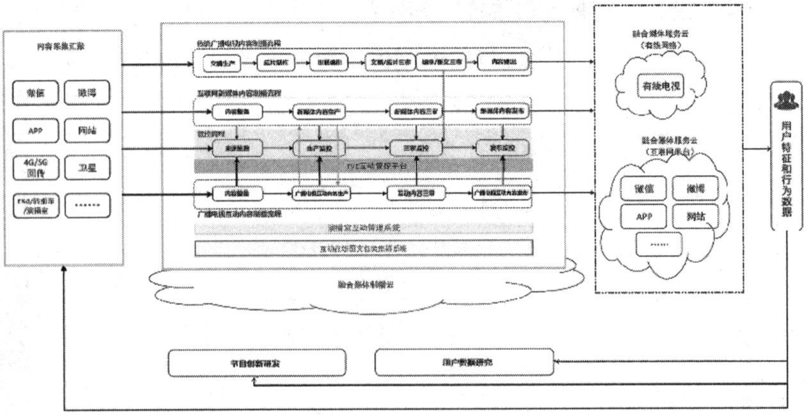

图 8　传统广播电视制播工作流的“云平台”再造

如图 8 所示，通过联动互联网、移动互联网原生新媒体，实现融合媒体中心与受众的快捷交互。从各类新媒体终端汇聚用户海量交互信息，采用各有侧重的大数据算法进行受众行为分析，逐步勾勒用户特征，描绘日渐清晰的用户画像，指导不断更新的内容创作，从而形成新一代融合媒体与受众互动的良性正反馈。

新型 5G 智慧广播可以与“县级融媒体中心、县区电台”+“村村响”形成内容生产及传播链，在 4G、5G 等通信技术支撑下，将 AI 和云计算、边缘计算、等新兴技术融合运用于音频内容生产、传播与管理，进而形成全业态、垂直化的智慧声音生态体系，使声音生成与创作、智能化内容与服务的易得性、敏捷性大大增强，实现传播的精准化、声音供给与声音需求的高度匹配，将有力提升媒体的传播力、引导力、影响力。

① 牛嵩峰．湖南电台在融媒体建设上的若干思考和实践［J］．北京：电声技术，2019（10）．

湖南电台希望通过自身的努力和与全国其他广播同行、车企的合作，推动制播平台云化、IP化，实现数字化、网络化制播体系向融合化制播体系转变，在内容制作、分发传播、用户服务、技术支撑、生态建设以及运行管理等方面智慧化发展协同推进，使人民群众能够享受更加丰富、更加优质、更加便捷的广播融媒体服务。

（注：本论文研究工作受国家重点研发计划——现代服务业共性关键技术研发及应用示范专项“广播电视融合媒体制播云平台研发及应用示范”项目支持，项目编号：2018YFB1404002）。

（作者单位：湖南广播电视台）

“台网同标”下网络平台内容建设路径探析

王镜宇　盘剑　薄庭庭

网络视听产业作为“互联网＋广播电视”融合发展的产物，以其独特融合业态、便捷传播优势，正在从生力军向主力军、从新阵地向主阵地跨越，成为党的宣传思想文化建设不可或缺、越来越重要的中坚力量。从野蛮生长到稳定发展，面对“网上网下同一标准”，芒果 TV 等网络视听平台以强烈的导向意识和锐意进取的创新能力，在主流宣传与内容审核等内容建设方面，探索出一条独特的发展路径。

一、坚守主流价值，成行业“文化自觉”

“做好网上舆论工作是一项长期任务，要创新改进网上宣传，运用网络传播规律，弘扬主旋律，激发正能量，大力培育和践行社会主义核心价值观”。近年来，在习近平总书记重要讲话精神指引下，在“小成本、大情怀、正能量”创作原则指导下，行业内出现了一批口碑和影响力俱佳的网络视听作品。

2018 年和 2019 年两届中国网络视听大会上，作为如今网络视听行业主要的几大平台及内容提供者，优酷、爱奇艺、腾讯视频、芒果 TV 都强调在拥抱创新的同时，平台更要高举时代旗帜，坚持正确的舆论导向。坚守主流价值、传播正能量、传承中华优秀传统文化等，已经成为网络视听行业的“文化自觉”。

作为网络视听行业内的党媒，芒果 TV 始终坚持“守正创新”，在坚守文明健康的审美底线基础上，主动承担传播主流价值的责任，明确以我为主唱好青春正能量的担当，开创主流宣传的“芒果路径”。近年来，芒果 TV 通过聚焦时政热点、回应社会关切、融入家国情怀等传播策略以及创新切入视角、深挖青春维度、突出网络表达等叙事策略，自制推出一批新闻大片，赋予主旋律更蓬勃的青春朝气、更响亮的价值和意义。

其中，《我的青春在丝路》将镜头对准奔走在“一带一路”沿线国家的青年建设者们，展现出新时代中国青年的精神品格以及中国作为一个负责任的大国在国际上的担当与情怀，赢得了无数网友的好口碑；《我爱你，中国》以“爱国情怀”为核心，聚焦中国军人、环保人、改革者，用“温度”再现“气度”、用“情感书写”

观照“价值传播”，让观众切实地感受到爱国的温度。

《不负青春不负村》《我们站立的地方》《中国出了个毛泽东》《可爱的中国》《战旗美如画》《功夫学徒》《闪耀的平凡》《石榴花开》……芒果TV的纪录片创作，无论是围绕“一带一路”“脱贫攻坚”“乡村振兴”等带有时代特色的选题，还是聚焦年轻人为青春梦想奋斗的励志故事，芒果TV引领青年文化风尚，彰显媒体责任。

2020年夏天，芒果TV制作推出综艺节目《乘风破浪的姐姐》，首次将“选秀”目光投向30+女性群体，通过深刻的情感连接和丰富的价值表达，打破了大众对“姐姐”群体的审美认知和刻板印象，开创了关注新时代新女性的“姐系”综艺新时代。“乘风破浪”不再是节目的一个关键词，更成为一种被唤醒的全民精神。

《朋友请听好》以陪伴治愈焦虑；《明星大侦探》《密室大逃脱》悬疑烧脑的同时融入对不同社会议题的探讨；《女儿们的恋爱》《妻子的浪漫旅行》等从女性不同人生阶段出发，折射婚姻家庭的焦点问题。一直以来，芒果TV对创新节目做评估立项的硬性标准，就是它是否反映了当下的社会问题，能否为这些社会问题的解决提供思考，事实证明优秀的网络视听节目必然会提出独特的价值观，引发大众共鸣共情。无论是对现实主义的追求还是对创新的关注，优秀的网络视听平台都努力以“保持积极和创新”的新声音，努力激发创作活力，从而成为一种新生力量践行主流价值观。

二、“导向金不换”，三审制是最坚实防护

党的十九大报告提出，“加强互联网内容建设，建立网络综合治理体系，营造清朗的网络空间”。建设网络视听良好生态、营造风清气正网络视听空间势在必行。近年来，国家广电总局不断加强对网络视听领域的监管，连续出台了10余项政策法规，“导向金不换”成了行业统一认知。

根据2012年国家广电总局发布的《关于进一步加强网络剧、微电影等网络视听节目管理的通知》，网络视听节目审查实行“三审制”。然而受制于内容量大、审核人员数量少等压力，网络视听平台违规问题屡禁不止。据不完全统计，2018年因为审核不达标或不符合播出政策要求而延播的网综达20余档；2019年以来，9.6万个违法违规网站被取缔。

2019年夏天，一部《亲爱的，热爱的》让万千网民成为7月的“现女友”，凭借温馨甜蜜的剧情风靡全网，却在即将收官之时，因一张问题地图陷入舆论风波，遭《人民日报》点名批评，自然资源部责成属地管理部门对该剧进行了处罚。而芒

果 TV IPTV 作为该部剧的播出平台之一，却因及时发现问题地图并果断处理，避免了这次风波。

“要把导向、价值观时刻放在心上，体现在节目中，体现在所有内容里”。湖南广播影视集团有限公司（湖南广播电视台）党委书记、董事长、总编辑张华立在 2020 年芒果超媒战略研讨会上说。芒果 TV 脱胎于湖南广电，传承红色基因，对内容的审核把关标准上严格与传统媒体对标，流程和方法却又基于新媒体属性及特点进行着大胆的创新与探索。

在湖南广播电视台出版的《媒体融合的芒果实践报告》一书中，对芒果 TV 的内容审核实践做了论述。在制度上，芒果 TV 修订并全端落实《总编辑负责制管理办法》《内容“三审”管理办法》《导向管理责任实施办法》等 10 余项制度，覆盖内容生产采集、编辑、发布、审核、直播、巡查纠错各个关口，这无疑为芒果 TV 把好导向关、内容关、人员关，建设综合治理体系提供了有力的制度保障。

在机制上，严格落实三审制、总编辑负责制，强化内容监管。芒果 TV 所有视频资源都接入了媒资 VRS“三审”后台，所有内容必须在三审流程走完后，才能入库上线。也就是说即使像《亲爱的，热爱的》这样的卫视播出电视剧，也必须再经过严格的三审流程，审核通过后才能上线，而在此过程中，问题地图被发现并处理，从而使芒果 TV 成功避雷。

除了视频内容，评论、弹幕等互动信息，作为用户自主发布的内容，一度成为低俗色情、违法违规内容的重灾区。2016 年 11 月，国家互联网信息办公室发布《互联网直播服务管理规定》，明确互联网直播服务提供者应当加强对评论、弹幕等直播互动环节的实时管理，配备相应管理人员。2019 年 1 月 9 日，中国网络视听节目服务协会正式发布《网络短视频平台管理规范》，规定平台上播出的所有短视频均应经内容审核后方可播出，包括节目的标题、简介、弹幕、评论等内容。

然而，各平台弹幕、评论违规内容仍屡禁不绝。2020 年 6 月 23 日，“虎牙直播”“斗鱼直播”等 10 家网络直播平台就因留言互动、弹幕和用户账号注册疏于管理，违法违规信息层出不穷，被约谈并被要求立即整改。

芒果 TV 在弹幕和评论等互动信息方面监管严格，建立了严格的审核机制和审核流程。芒果 TV 搭建了独立信息审核后台，坚持“先审后发”，配备专业审核人员、巡查人员、技术保障人员，对包括评论、弹幕、饭团动态等严格管控，及时清理有害跟帖评论信息，净化了网络空间。

三、网台同一标准，前置把关成行业共识

在 2018 年 11 月 27 日召开的全国广播电视与网络视听文艺节目管理工作电视电话会议上，国家广电总局明确，广播电视和网络视听节目要坚决执行网上网下统筹管理、同一标准的要求加快建立网台联动的管理机制，绝不给问题节目留下空隙和死角。

网络视听平台一般会依据《互联网信息服务管理办法》中的“九不准”和“七条底线”等国家政策规定中的条款，制定内容管理规范，进行内容审核。

网络视听平台的内容审核在一定程度上依赖人工审核或算法技术进行复杂的价值判断，由于经验和能力不足，往往会出现平台为了避免因未履行内容管理义务而受到处罚，选择收紧内容管理尺度，对于涉及敏感话题或难以判断是否可公开的内容，直接拦截以规避行政处罚，导致侵犯公民表达权的问题发生。

晋江文学“禁止自杀”事件就是一例。2020 年 6 月，部分童书因讨论自杀并具象化描述自杀方式、美化暴力等引发关注。介于“童书风波”，晋江文学对内发布公告，禁止作品宣扬自杀（包括但不限于直白的描写自杀情节等）、赤裸展示血腥暴力的内容、教唆犯罪等有害信息。由于公告将描写自杀情节也纳入“宣扬自杀”范畴，引发了网络上的争议。《新周刊》发表文章称“晋江不让‘自杀’，这是要了文学的命”。虽然事后晋江文学对公告做了补充说明，但其一刀切的做法仍激起了社会对网络平台内容监管的思考与探讨。

如何划清管得严与管得死的界限？如何在保证内容导向绝对安全与保持行业活力、内容创新力之间的把握平衡？网络视听平台作出了各自的探索，而前置审核成了共识。

在 2018 年 4 月召开的全国电视剧创作规划会议上，爱奇艺创始人、CEO 龚宇介绍，为了将平台内容编审管理向电视台的前置管理模式靠拢，爱奇艺成立了影视节目规划研究中心，统筹自制内容创作规划。从剧本审读开始，对每个作品进行风险前置把控和内容制作全流程编审管理。

芒果 TV 党委书记、总裁蔡怀军曾在公开场合介绍，芒果 TV 建立了专门的内容审核委员会，在每一次计划上线一档综艺节目之初便从构思、策划、制作到传播运营，环环相扣地把控内容，确保传播正确的价值导向。

芒果 TV 自制综艺《明星大侦探》，因高能烧脑的剧情直击社会痛点的主题，吸引大批粉丝，成为王牌综艺。而这其中，内容审核人员的保驾护航是必不可少的因素。2018 年 10 月节目第四季上线，芒果 TV 审核团队便安排专人负责跟进，全

流程监管服务、全方位立体审核，提前预审每期剧本，正片、衍生片、预告片和策划统一审核标准，提示可能存在的安全风险，成功为节目避开了恐怖、暴力等雷区，并强调突出节目对网络暴力、社会公德和理性追星等现实问题的关切，在确保了节目顺利安全播出的同时，放大节目的社会意义。

实践证明，符合标准的内容审核只会是内容创新的护航人，网络视听平台的守护者。

四、拥抱新技术，智能审核成为破题之路

随着 5G 时代的到来，网络视听内容呈现爆炸式增长。目前，国内外网络视听平台均采用“技术 + 人工”双重审核的方法。即人工智能首先对内容进行技术层面的审核，审核通过后的内容再由审核人员对其内容的意义进行审核，确认内容符合规范且适宜传播，才公之于众。

虽然大数据会帮助网络视听平台过滤掉一些违规内容，但目前，网络视听平台内容审核工作依然需要依靠人海战术。面对浩瀚的内容，内容审核人员犹如浪里淘沙般进行甄别，他们在一定程度上充当着“网络警察”的角色，实时监测和审核把关作用不可或缺。

内容审核员被广泛关注，源于 2018 年 4 月快手的一次突然招聘。当时，央视点名快手，存在大量“未成年妈妈”短视频，这些视频晒出了妈妈们的年龄、孕期、怀孕状态。为了加强审核能力与内容上传量的匹配，快手宣布将 2000 人的审核团队扩充为 5000 人。

2018 年 4 月，字节跳动旗下“内涵段子”因为内容低俗、导向不正等问题而被永久关闭。字节跳动创始人张一鸣公开道歉，承诺将新招聘 4000 名内容审核员，加强内容审核。2018 年，Facebook 创始人扎克伯格表示，公司将会有 20000 人致力于网络安全和内容审查的工作。

从“算法没有价值观”到“价值观出现偏差”，人工审核让网络视听平台愈发臃肿不堪。优酷、荔枝 FM、映客直播、美拍等多个平台在内容审核业务上使用第三方服务，虽然能省去建设管理成本，但在审核标准把控和效果上却存在不可控的风险。如何能在成本可控下，满足内容审核需求，保证平台内容导向安全，成为网络视听平台绕不过去的坎。

互联网信息传播服务本身是技术的产物，技术同时也是重要的治理手段之一，甚至是终极手段。美国著名法学家劳伦斯·莱斯格（Lawrence Lessig）曾提出“代

码即法律”，如果说法律是规制真实世界最有效的工具之一，规制网络空间最有力的武器则是代码。习近平总书记指出，“要以技术对技术，以技术管技术，做到魔高一尺、道高一丈”[①]。尽管技术终究要服从于制度、服从于人的治理思维，但借助技术对互联网中的海量信息内容进行甄别、判断并作出迅速处置，可以提升内容治理的响应速度，及时遏制不良内容造成的影响。

在2020世界人工智能大会上，腾讯AI实验室优图正式发布内容审核平台等四大平台产品，通过海量数据训练得到的AI识别能力，能够通过特征提取、标签预测、细粒度识别，精准识别色情、暴力等内容，有效覆盖视频、音频、文本、图片等多种传播媒介。

传承湖南广电创新基因的芒果TV，不断拥抱新技术，探索新领域，走在了智能审核的前沿。在内容审核过程中，芒果TV引入AI智能审核系统，应用于识别涉黄、涉恐、涉政治敏感、涉劣迹艺人等内容。2018年，芒果TV引入AI场景营销平台（ASMP）。ASMP以AI技术接入芒果TV内容平台，实现平台热剧的结构化扫描，完成视频中场景、人脸、品牌、物体、地标、表情、动作、视觉特征8大维度的精准识别，进一步提升了智能审核水平，提高了审核效率与质量。

五、结语

网络视听平台的实践证明，对正确政治方向的坚持，对主流价值观的坚守，是台网同标下网络视听平台安身立命的根本，而实行严格的审核制度、构建完善的审核机制、打通审核流程，拥抱新技术，是台网同标下网络平台长远发展的保障。如果输出优质内容的水平决定着平台媒体发展的高度，那么内容审核则决定平台媒体能走多远。始终将价值导向、社会责任放在第一位，努力构建健康清朗网络空间的视听平台，会长远地走下去。

（作者单位：湖南省广播电视协会、芒果TV宣传管理中心）

① 习近平：《在网络安全和信息化工作座谈会上的讲话》，第19页，人民出版社2016年版.

试论融媒体时代新闻信息传播的特点

欧阳诚　邹 勇

融媒体顾名思义就是“融合媒体”，它实际上是一种概念或者说是一种运作模式，是利用广播、电视、报纸等媒介载体的共有特点，在人力、宣传、资源等方面进行充分的、全面的整合，通过数字技术和互联网等平台发布与互动，以达到影响力和引导力的最大化，实现立体传播、分众接收、精准持续的传播效果。融媒体的出现，使舆论环境、媒体格局、传播方式发生了深刻变化，各类媒介的边界变得越来越模糊，传统媒体与新媒体共生共享，形成不可相互替代的迭代关系，当下已进入“融媒体时代”。

一、媒体融合是社会发展和进步的选择

20 世纪五六十年代，世界上两个“超级大国”在军事领域上相互较量，带动科学技术特别是电子计算机技术顺势飞速发展。“冷战”结束后，更迎来了新的科技革命带来的互联网大发展。据中国互联网络信息中心（CNNIC）2021 年 2 月 3 日发布的第 47 次《中国互联网络发展状况统计报告》显示，截至 2020 年，我国网民规模达 9.89 亿，互联网普及率达 70.4%，成为全球第一大网。

1. 融媒体是全媒体不断发展的结果

时至今日，互联网已经成为影响人类历史发展进程的重要因素，缩短了社会发展的周期，融入了社会生产和生活各个领域，对全球经济、文化、教育、服务等方面产生巨大影响。正如习近平总书记在主持中央政治局第十二次集体学习时提出了“四全媒体”的概念，“全媒体不断发展，出现了全程媒体、全息媒体、全员媒体、全效媒体，信息无处不在、无所不及、无人不用，导致舆论生态、媒体格局、传播方式发生深刻变化，新闻舆论工作面临新的挑战”①。这是总书记对现阶段媒体特征的精辟概括。在 2016 年 7 月 10 日召开的以“新媒体、新技术、新产业”为主题的媒体融合高层发展论坛里发出“媒体融合成为顶层建筑”的感叹，互联网时代下

① 习近平总书记在中共中央政治局第十二次集体学习时的讲话，2019 年 1 月 25 日.

最明显的特质就是“融合”，因此，媒体融合不可避免，势在必行。

媒体融合不仅仅是媒介机构的融合，更是技术、内容、形式和人才的融合。融媒体时代，广播、电视、报纸等传统媒体不再是单一的媒介形式，它整合传统媒体与新媒体的优势，综合多种媒介形态，融合传播者的意图和受众个性需求，通过互联网，进行多维度的、立体的正向传播和反向接收，或者正反多个来回，其传播的功能、手段、价值得以全面提升，不但实现了信息到达率的最大化，也让受众的话语权达到最大化。

2. 融媒体时代新闻信息传播的交互性和全方位性

以互联网技术为基础而发展的融媒体形成多元化传播平台，掀起了信息传播领域里的一场革命，它既丰富了传播的形式，又优化了传播内容，更强化了传播效果，达到了前所未有的媒体格局和发展趋势。互联网背景下，衍生出信息的传播的交互性，这是融媒体最有生命力的特性。交互性这个概念主要运用于计算机及多媒体领域，在本文语境下，主要指信息传播的双向流动，即传播者与受众、受众与受众、传播者与传播者之间通过多种方式和渠道进行同步或异步交流。现如今传播者不仅仅是信息的最初发布者，传播方式也不再是主导型，受众从被动接收，同时也变为主动选择和参与传播。传播者和受众对信息的控制地位越来越平等。每位受众都能成为信息的传播者和接收者，传受一体化势必成为今后新闻业的一种发展趋势。

习总书记提出的“四全媒体”时间维度、空间维度、主体维度、效能维度阐述了融媒体时代信息传播的全方位性。这种全方位性有四层含义，一是形态全方位，一条信息包括文字、声音、影像、图片、数据等方面，是立体多层面的；二是传播全方位，基于互联网技术，信息一旦上网，必定是全球性传播和全球性接收，使得信息传播成为全球性行为；三是受众全方位，无论性别、年龄、国籍、文化程度的人群，都无一例外成为受众；四是反馈全方位，拥有不同标准和价值观的人群均可发表意见和建议，有时这种意见和建议反过来又成为新闻信息而产生传播效果。

3. 融媒体时代新闻信息传播的疏漏

融媒体时代对于新闻信息的传播具有单一媒体无可比拟的平台、技术、渠道及速度等显著特点，优势毋庸置疑，但同时也暴露出诸多方面的疏漏。一是未尊重内容生产的规律性。由于过度追求时效性和高点击率，有时未严格按照内容生产的程序执行，一些未经求证核实的、粗制滥造的信息发布出去，不仅给社会和个人的生活造成困扰，媒体的影响力、传播力和公信力因此也受到很大影响；二是主流媒体引导力逐渐弱化。融媒体时代，作为受众的普通人，一部手机就摇身变成信息的制造者和传播者，所展示的大多是个性化、生活化内容，如快手、抖音等平台，赢得一部分粉丝关注，客观上分流了对主流媒体、主流信息的关注程度，从而弱化了主流媒体对社会舆论的引导力；三是持续资源难以保障。网络上的信息，无论是政府信息、公共信息还是商用信息，无论是电子报纸、动态信息还是全文期刊，无论图像、声音还是文字，都需要人们花费大量时间、精力和金钱来完成，正是互联网上全方位的传播特点造成可持续资源来有时难以保障。四是影响力评估体系不完善。传统的广播电视是通过权威性的收视调查来评估媒体价值，如国内大多数电台电视台每年从索福瑞（CSM）媒介研究购得数据来进行节目考核和广告交易。在互联网中是用点击率来说话，点开时间的长短和信息的到达率很难准确体现，在目标受众群体中形成可持续的传播效果、达到既定的传播目标等方面难以准确把控。

二、融媒体时代给新闻信息转播带来的变化

互联网飞速发展的融媒体时代，人人有麦克风、个个有摄像机，每个人既是信息的传播者，又是信息的接收者，新闻信息传播的方式、内容和受众很大程度上发生了改变。我们只有正确对待和把握这些变化，在变量中丰富新闻宣传的内涵，拓展新闻宣传的外延，整合新闻宣传的资源，创新新闻宣传的手段，才能做好顶层设计，维护正确的舆论导向。

1. 融媒体时代新闻信息传播方式的改变

从新闻信息传播的物理方式来看，在互联网上的信息传播是通过无数服务器、交换机、路由器组成的物理网络之间的数据交换实现的，突破了技术与行业、时间与空间的壁垒。与通过传统媒体发布的新闻传播方式有着本质的区别，以有线电视新闻传播为例，它是通过传输线路向用户端发送音视频信号，观众收看电视来接收新闻信息。

从新闻信息传播的方向来看，融媒体的新闻信息传播区别于传统媒体的单向性，它是分层次多向互动性传播，有人形象的比喻成“球形传播”。受众不仅可以点击收看（阅读）新闻，还可在同一平台上积极发言、参与讨论投票和分享新闻，也可在其他社交平台如网站、微信、客户端等就此事进行互动。2011 年，中国社科院学者于建嵘教授发出“随手拍照解救乞讨儿童”微博，经热心网友不断转发，形成强大的舆论传播力量，并吸引了传统媒体的跟进与关注，在政府部门和社会机构的共同努力下，越来越多失散儿童重返亲人的怀抱。这种正向、反向、再正向、再反向等多次多向的信息传送，达到的传播效应是呈几何倍数扩散的，更是传统媒体无法比拟的。

2. 融媒体时代新闻信息传播内容的改变

习近平总书记在论及新闻宣传创新时指出,“有些做法过去有效,现在未必有效;有些过去不合时宜,现在却势在必行;有些过去不可逾越,现在则需要突破”。①融媒体时代新闻传播的内容亦如此,新闻不再是你说我听、你写我读。你拍我看的固有模式,内容的内涵和要求也因时因势而变。在信息爆炸的融媒体时代,受众更希望将有限的时间用在获取对自己有用和感兴趣的信息上。在坚持“内容为王”的基础上,融媒体时代下的新闻传播要增强内容的提供能力,整合内容生产,增加内容的及时性、全面性、时效性、丰富度和准确度,从而加强引导力,占领新闻传播的制高点,努力达到与党同心、与人民同行、与时代同步。

3. 融媒体时代新闻信息传播受众的改变

传播方式和内容的改变,归根结底是受众的需求发生了改变。传统媒体的接收者,受制于电视机、收音机、报纸、杂志等这些物理接收方式,受制于时间和空间,新闻传播的面相对窄一些。而网络时代,每一个人都是一个媒体,可以发声、发图片、发视频、发评论,他们的直接参与成为构建融媒体时代的一份子。受众的地位、角色、思维方式均发生了变化,本位意识增强,个性化需求猛增。调查数据显示,受众的男女比例为 51.9 ∶ 48.1,年龄大多集中在 20—39 岁,占 42.3%,学历结构中初中、高中(中专、技校)群体占 63.3%,大学及以上教育的占 19.5%,学生群体和个体户自由职业者为主要职业群体,分别占 26.9% 和 22.4%,月入 3001 元以上人群占比高达 49.1%,近占半壁江山②。

三、结语

不可避免和不容忽视的是,新的历史时期,互联网技术飞速发展,我们已经置身于互联网时代,融媒体就是迎合时代的产物。“推动媒体融合发展、建设全媒体成为我们面临的一项紧迫课题”③。面对于融媒体时代给新闻信息传播带来的新的形式与挑战,外因已发生变化,作为媒体工作者,在纷繁复杂的动量中要牢牢把握新闻宣传工作的规律,牢牢把握正确舆论导向,因时而动、因势而进、顺势而为。

(作者单位:湖南广播影视集团(台)有限公司)

---

① 习近平总书记在全国宣传思想工作会议上的讲话,2013 年 8 月 19 日.

② 数据来源于第 467 次《中国互联网络发展状况统计报告》,CNNIC 发布.

③ 习近平总书记在中共中央政治局第十二次集体学习时的讲话,2019 年 1 月 25 日.

如何打破电视综艺“第二季魔咒”

周　玲

近年来，湖南卫视、浙江卫视、上海东方卫视、江苏卫视等国内头部卫视创造了数个“现象级”综艺爆款。从《中国好声音》《我是歌手》《向往的生活》到《爸爸去哪儿》《奔跑吧兄弟》，收获了高收视、高人气、高话题度，或引领了歌唱类节目的盛行，或成为户外竞技综艺的巅峰，或开启了电视慢综艺之年。不过，国内这些综艺爆款，似乎没能逃脱“第二季魔咒”。那么，是什么原因导致这一现象，电视综艺节目应该如何在后续瓶颈中破局重生？本文将结合全国综艺节目市场现状，从内容创新、传播思路、受众心理等多方面进行分析，希望能为破解电视综艺“第二季魔咒”提供一些启发。

一、现象：高开低走，综艺季播遭遇尴尬

“第二季魔咒”，是近几年中国电视综艺节目出现的一种共性，是指在首季非常成功的综艺节目，在第二季或后续几季常常陷入观众口碑下降、收视下滑、影响力不如从前的困境，像是一种魔咒与宿命，导致部分综艺节目遗憾地止步于第二季、第三季。

2020 年 9 月 22 日，在湖南卫视大屏生态共享会上，制作人洪涛宣布《歌手·当打之年》为歌手系列的最终季，《歌手 2021》将停播，这一决定让无数观众依依不舍。从 2013 年到 2020 年，《歌手》经过 8 年沉淀，成为湖南卫视一档高品质综艺节目，每一年都贡献了殿堂级的音乐舞台。2013 年第一季亮相时惊艳过全国观众，黄绮珊、杨宗纬等“灵魂歌者”一夜之间大热，13 期节目收视一路上扬，索福瑞全国网平均份额 6.99%，排名全国所有频道第一，高出排名第二 88% 之多。而随后几季收视出现大幅波动，第三季份额破 10，高达 10.03%，第六季却跌至该节目历年最低值，第七、第八季收视回暖，2020 年《歌手·当打之年》全国网平均份额 4.07%。作为中国音乐综艺的标杆品牌，在经历 8 年市场起伏之后选择停播，继而推出新的综艺品类抢滩电视市场，把博弈的胜负交给时间。然而，收视起落，这并非个案。2020 年 11 月 20 日，浙江卫视《中国好声音》第九季收官，索福瑞全国网平均收视率 0.75%，

平均份额5.59%，至此，这档国内极具影响力的音乐选秀节目已持续推出了9年，期间收视也出现过较大波动，最高份额达9.23%，2016年第五季更名为《中国新歌声》，节目不再引进国外版权，而是采用全新原创音乐模式，但全新启航的好声音却未出现期许中的好收视，全国网份额较改版前跌幅32%，跌至开播以来最低值，并在此后3年出现持续下滑，2018年第七季份额4.03%，不到2015年一半（图1）。

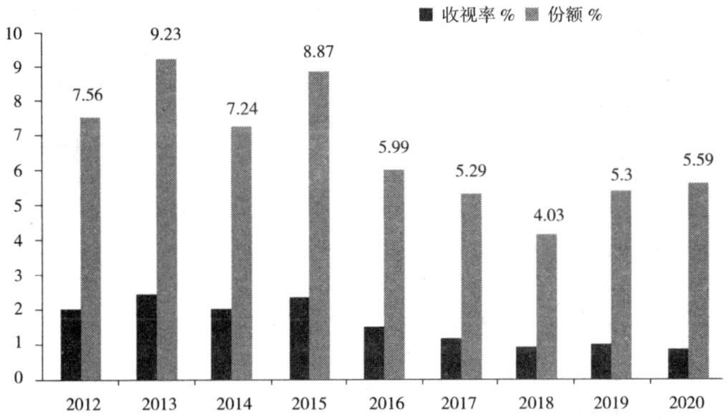

（数据来源：中国广视索福瑞）

图1　《中国好声音》全国网历年收视（含中秋等特辑）

除了“声系列”，观察类、真人秀、竞技类，甚至慢综艺类节目，也在第二季或后续几季遭遇相同的尴尬，收视出现不同程度下跌，有的跌幅高达50%以上。不过，湖南卫视慢综艺《向往的生活》受此影响较小，第二季至第四季份额均高于第一季，其中第四季12期节目全国网平均收视率0.79%，份额8.61%，排名全国所有频道第一，也位居索福瑞2020年省级卫视晚间综艺TOP20榜单第一名。节目上档至今不断霸屏热搜，劈柴烧火的田园慢生活俘获了无数观众。浙江卫视《王牌对王牌》前三季经历了“魔咒”困扰，第三季全国网份额跌至3.02%，而在第三季能量萎缩之后，第四季、第五季收视持续上涨，第五季全国网平均份额6%，刷新开播以来最高值。从中国近几年的电视综艺来看，爆款没有间断过，但无论《歌手》还是《中国好声音》，无论哪一家头部卫视，似乎都没能逃过综艺节目“第二季魔咒”（图2）。在第二季创造人气与收视神话，总决赛以31.38%的超高份额问鼎全国冠军的，唯有湖南卫视2005年的《超级女声》，那时候，万巷皆空，全民投票，李宇春红极一时。

节目名	季播	收视率%	份额%	节目名	季播	收视率%	份额%
向往的生活	第一季	1.08	5.81	中餐厅	第一季	1.18	8.15
	第二季	0.94	6.97		第二季	0.75	6.33
	第三季	0.76	6.28		第三季	0.49	5.3
	第四季	0.79	8.61		第四季	0.61	7.09
花儿与少年	第一季	1.19	7.6	新相亲大会	第一季	0.77	4.16
	第二季	1.02	7.04		第二季	0.71	4.29
	第三季	0.49	3.56		第三季	0.74	3.91
王牌对王牌	第一季	1.67	4.74		第四季	0.6	4.11
	第二季	1.27	4.32	跨界歌王	第一季	0.41	1.71
	第三季	0.87	3.02		第二季	0.56	2.12
	第四季	0.93	5.05		第三季	0.41	1.82
	第五季	0.97	6		第四季	0.26	1.31
					第五季	0.36	1.77

（数据来源：中国广视索福瑞）

图2 头部卫视部分综艺节目全国网历年收视情况

二、原因：内外冲击，共同稀释收视市场

不可否认，面对瞬息万变的市场，观众挑剔的口味，节目资源的枯竭，以及超级网综的出现，电视综艺节目持续走高的确很难。“第二季魔咒”之所以成为中国电视的共性，变成一种文化现象，主要有以下四方面的原因。

1. 同类型节目稀释受众市场

从电视到网络，从传统媒体到新媒体，海量综艺密集播出、同类型节目扎堆，加上热播综艺被跟风，受众重合度高的节目接连上档。同一类型的综艺节目过剩地出现在观众视野当中，这种模仿和克隆造成了收视拥挤①。观察《中国好声音》《歌手》，其份额冲高力的下降，反映出竞演形式或潜存审美疲劳，而多个同类型节目也在稀释收视市场。此外，部分电视台擅长同系列策略，在首季试水取得高收视后，一年之内即推出多档同类型节目，主持人不变，话题不变，节目形式也是大致相同，差异化不明显，有的接档间隙仅有一个月时间，存在同品类之间的过度消耗，降低了观众的追看动力。

2. 存在路径依赖倾向

任何一档综艺在成功之后，都面临着如何自我超越的问题。守旧还是创新？变还是不变？怎么变？一些综艺制作团队在第二季的尝试当中，往往陷入“自我复制”

① 魏玮：《电视综艺节目类型化的弊端及改进策略》，《神州》2012年第25期．

的困境，由于制作班底相同，他们通常沿用首季成功元素，虽有环节上的创新，但整体上仍离不开第一季的模式化操作，虽节目整体水准未见下滑，但已无第一季的新鲜感与震撼度，导致节目吸引力下降。国内头部卫视不少曾经取得过收视佳绩、被观众追捧过的综艺节目，就因后续节目收视、口碑以及影响力下滑等原因，最终止步于第三季，也给电视市场留下了遗憾。观众是容易变心的，在当前节目饱和，众多选择的境况下，想留住自身的一席之地，创新必不可少[①]。

3. 嘉宾资源过度消耗

近年来国内综艺节目数量猛涨，不少节目都在拼明星，拼投入，拼综艺咖，出现同一嘉宾一天游走多家电视台的现象。同时，“综N代”在与竞媒抢资源的同时，自身也需要大量嘉宾资源，过度依赖，过度消耗，形成不良循环。一些持续多季的竞演类节目，不断尝试各种新形式新玩法，竞技更为紧张刺激，但每一季都有10余个竞演歌手参与其中，在明星与音乐资源上存在较大消耗，需要在多元化、丰富性与歌曲感染力等方面发力。而一些观察类节目，部分嘉宾在多季中反复出现，话题总停留在情感关系的“观察”之中，需要内涵与外延的双向拓展。

4. 网络综艺爆款频出

部分老牌综艺出现疲态，国内电视综艺已难重回超女当年盛况，而网络综艺却是爆款频出。纵观这两年的网综市场，随着资本、明星、优质团队的纷纷涌入，呈现数量与质量的井喷发展，脱口秀、选秀类、真人秀不断吸睛，带动强大的网络流量。视频网站上的自制综艺播放量动辄数亿次，有的甚至数十亿。持续多季的《奇葩说》等节目，精准掌握年轻人的痛点与笑点，节目中多元价值观讨论，嘉宾敢说又有梗，辩题设置、选手辩论引发网友共鸣。而网络爆款IP《乘风破浪的姐姐》，成为2020年暑期最热门话题，带来巨大的流量和招商价值，它在芒果TV页面播放量破40亿，新浪微博主话题阅读量约400亿，屡登综艺榜单TOP1，拉动芒果TV日活用户过亿、有效会员数过3200万、芒果超媒市值过千亿。网综爆款频出，客观上分流受众，逐渐分化电视市场。

当然，电视节目播出时间与编播方式的调整，竞争环境变化，也影响了收视与播出效果。同时，随着IPTV、OTT用户增长，点播、回看行为增多，部分头部卫视季播节目的时移数据也不断提升，分化了一部分直播收视。

① 刘铮：《网络综艺节目发展现状及趋势研究》，《西部广播电视》2019年第3期.

三、破局：持续创新，品牌传播多元发力

虽然市场反应逐渐走低，但电视王牌“综 N 代”的延续，一定程度上证明了其存在价值。当“纯流量型”的创作热逐步褪去，综艺节目应在迭代转型中明确自身的精神内核，如何打破“第二季魔咒”，也是创作者们付诸心力的命题。

1. 打破惯性思维，坚持极致的创新

国内头部卫视之所以产生数个“现象级”综艺爆款，得益于不断创新突破。无论湖南卫视《歌手》《声临其境》还是《爸爸去哪儿》，从最初的创意到最终呈现，期间经过无数次的假设、推演、修改与推翻，比如《声临其境》第一季，从启动策划到提交方案，经历 4 次大的方向调整，直至开播前，方案一共改了 50 多稿，正是这种工匠精神，使得节目一播成名。季播团队大多来自第一季，存在路径依赖与惯性思维，要打破“第二季魔咒”，需要拿出第一季研发新品时的激情，通过不断创新，找到突破点，让节目持续新鲜感与吸引力。2020 年《歌手・当打之年》就是在疫情防控的特殊时期，打破节目多年来的既定形态，破万难五地连线开启高品质“云录制”，第 5 期城市网收视率 2.13%、份额 7.11%，排名所有频道第 1，此后又接连刷新近三年收视峰值。《王牌对王牌》经历前三季“魔咒”之后，在第四季、第五季发力：多期节目围绕某个经典 IP 进行深度设计，从《环珠格格》《庆余年》到《武林外传》，以情怀牌整合市场上的经典资源，既借力使力，让话题度更加开放，又让节目区分于前三季风格，给观众耳目一新之感，也获得收视佳绩。

2. 强化品牌标识，提升核心竞争力

核心竞争力是一个电视节目所特有的、竞争对手难以模仿的独特标识。季播节目想要强势存在，需要有深刻的受众印象，就如一说到《歌手》会想起最抢镜的制作人洪涛，一提到《王牌对王牌》就会冒出沈腾、贾玲“相爱相杀耍宝伪 CP”形象，一谈起《向往的生活》就会出现黄磊、何炅的暖心画面。国内电视综艺节目，需要强化品牌识别度，对第一季深入复盘，研究季播节目规律，摸清成功的根源，让电视综艺在第二季“燃”起来，“活”起来，“火”起来。从“综 N 代”市场表现来看，固定强势嘉宾组合，产生全网引领性话题，有助于提升节目核心竞争力。《王牌对王牌》精心打造以沈腾、贾玲为代表的王牌家族，它与跑男家族一道，成为吸引年轻观众的“入口”，也成为频道重要品牌标识。

3. 改变传播思路，提升品牌整体价值

从电视到互联网，从大屏到小屏，传播环境变化，观众口味也随之而变。湖南卫视《声入人心》第一季，“阿龙川蔡”“梅溪湖 36 子”持续热度，为节目赢得

了好口碑；《中餐厅》第三季，店长黄晓明“我不要你觉得，我要我觉得”等语录迅速成为全网热议话题，“明学”被评为2019十大潮词之一。这些传播热度的背后，显示出综艺节目传播价值对品牌的重要性。互联网时代，无论何种节目类型，都要考虑短视频、自媒体等传播趋势对市场的冲击，传播思路应由传统的大屏传播，升级为大、小屏共同发力，互相影响，借由新媒体平台提升传播价值，甚至牵扯观众回归大屏。

4. 研究受众心理，催生情感共鸣

“综N季”到底需要新鲜感还是熟悉感，不能一概而论，不同节目类型，观众心理需求也不一样，要在变与不变中找到平衡点。《向往的生活》等慢综艺类节目，常驻嘉宾“炅磊”组合，一路陪伴大家成长，带给观众的熟悉感、陪伴感与成长感。节目着重通过人设、体验等元素来满足受众，用情感内核去打动受众疲惫的心灵①。后续可继续深挖温情治愈特色，让观众在每一季当中，看到他们想要的生活；《我家那小子》等观察类节目，如同一面镜子，观众透过嘉宾经历照见自我，节目需要还原真实、接地气的内涵，呈现价值的多元；《王牌对王牌》等真人秀节目，独特的“王牌配方”，恰好到处地触发观众情绪，新一季可持续“笑果”与“泪点”，触碰全年龄段观众情怀；而竞演与选秀类节目，每季则需要通过不同的变化，保持新鲜感、紧张感与悬念感，让每一季都如初见。总之，无论何种节目形态，其蕴含的情感和价值只有与观众共鸣共情，才能击中观众内心。

5. 网综反哺电视，融媒共振形成合力

网络综艺反哺传统电视现象，近两年呈现上升态势。2020年10月30日，芒果TV网综《姐姐的爱乐之程》在湖南卫视首播，这是芒果TV《乘风破浪的姐姐》成团后的首档综艺，也是新媒体反哺电视的又一成功案例。宁静、万茜等7位姐姐重新出发，在旅行中展现30+女性新风貌。因持续姐姐的网络话题热度，首播即斩获全国网份额6.07%、城市网份额12.28%的佳绩，后续收视不断攀升，13期节目双网平均排名所有频道第一。而早在2018年，芒果TV自制网综《明星大侦探》在湖南卫视晚间时段播出，获口碑与收视节节攀升。可见，由网转台、网台联动，打破不同平台间的壁垒，利用各自优势强化共振效应，方可形成融媒合力，最终实现台网共赢。

（作者单位：湖南广播影视集团（台）宣管部）

---

① 刘莉：《快时代与慢综艺——对综艺同质化现象的反思》，《视听》2020年第1期.

新闻+政务服务、商务：从“出圈”到“建圈”
——长沙广电融媒体生态体系建设的实践与思考

鲍新文　杨志凌

在当前互联网飞速发展的大背景下，如何以媒体深度融合为手段，有效扭转和解决传统主流媒体普遍遭遇的“传播力下降、经营力下滑”等生存和发展问题，是城市广电的政治责任和立身之本。前不久，中共中央办公厅、国务院办公厅印发了《关于加快推进媒体深度融合发展的意见》（以下简称《意见》）明确提出：“增强主流媒体的市场竞争意识和能力，围绕主业、紧贴市场、关注民生，探索建立‘新闻+政务服务商务’的运营模式，增强自我造血机能”。这一模式的提出，给城市广电的媒体深度融合打开了具体可循的路径图。

近年来，长沙广电着力打造一个独具特色的城市广电融媒体生态体系，其核心理念和框架结构，与《意见》提出的“新闻+政务服务商务”的运营模式高度契合。这套体系以大数据为核心，整合本土资源，强化用户连接，集舆论引导与意识形态管理、政务信息公开、社会治理、民生服务和商务运营等为一体。从“出圈”到“建圈”，他们实践摸索出了一系列可资借鉴的创新案例。

一、媒体+新闻：以内容建设为根本

建立以内容建设为根本、先进技术为支撑、创新管理为保障的全媒体传播体系，是媒体深度融合的一项重要目标，其中摆在第一位的就是内容建设。对于媒体而言，最核心的竞争力，永远是高质量的内容。那么，怎样为全媒体提供更多“适销对路”“既叫好又叫座”的内容产品呢？

一是创新融媒体品牌栏目，用大融合赢得大流量。说实话，察实情，总编辑在基层。今年3月份，长沙广电全新打造了一档深度调查类融媒体品牌栏目《总编辑调查》，由总编辑带头深入基层调查采访，以实际行动践行“四力”和“走转改”。这是一档真正意义上的融媒体品牌栏目，从新闻报道的内容、形式、播出平台、生产机制等多方面进行了融合创新，实现了新闻宣传上下联动、跨媒体协同和多平台聚合。

首先是内容的融合。内容融合的关键，在于媒体宣传的内容是否“通天线、接地线”，是否立得起、叫得响、传得开。“不管什么时候，好的内容永远是根本，是舆论场上的‘硬通货’。主流媒体的看家本领，体现在内容的权威性、准确性上”①。《总编辑调查》紧扣当前重大主题主线，围绕中心，服务大局，关注民生，回应关切，引导舆论。今年推出的几组重大策划，内容把握上充分体现了权威、精准。

一个例子是系列访谈策划《核心技术是怎样炼成的》。这是《总编辑调查》推出的一个6篇系列深度调查，集中讲述长沙“小巨人”企业家们攻坚克难打破核心技术“瓶颈”的心路历程，凸显“艰难困苦、玉汝于成”和“苟利国家生死以，岂言祸福趋避之”的企业家精神。节目从7月份习近平总书记在企业家座谈会上提到“企业家精神”之后开始启动策划制作，9月14日起集中播出。巧合的是，报道刚播到第三篇，习近平总书记来湖南长沙考察，9月17日在山河智能考察时又一次强调关键核心技术的重要性，“核心技术”一时成为各大主流媒体争相报道的热词。《核心技术是怎样炼成的？》这组系列报道无意中成了主流媒体贯彻落实习总书记这一重要讲话精神的最快呼应，体现出强烈的敏感性和准确性。

另一个体现“精准”的案例是长沙广电推出的又一组系列策划《长沙—贡嘎：我的援藏日志》。“决战脱贫攻坚、决胜全面小康”是贯穿今年的重大宣传主题。8月份长沙广电派出报道小组深入西藏贡嘎县10多天蹲点调查采访，8月27日开始集中推出7集大型融媒体报道《长沙—贡嘎：我的援藏日志》，以长沙市第九批援藏队员的第一人称视角，讲述新时代扶贫奔小康、湘藏一家亲的感人故事。巧合的是，这组报道开始播出的同一天晚上，央视《新闻联播》也播出了一条“新华社播发长篇通讯《阔步走在新时代康庄大道上——以习近平同志为核心的党中央关心西藏工作纪实》”的报道。怎么会这样不谋而合关注援藏题材呢？第二天解开了答案：中央第七次西藏工作座谈会在北京召开，习近平总书记发表重要讲话点赞“老西藏精神”。《长沙—贡嘎：我的援藏日志》居然跟央媒“神同步”，无形中成了这次重要会议的预热。

其次是形式的融合。《总编辑调查》充分融合了电视新闻、纸媒通讯、新媒体短视频、小动图、图文等多种表现形式，根据题材性质，还实时衍生出H5等新媒体产品，“一鱼多吃”，达到多形式、多平台互相宣传引流的效果。像《核心技术是怎样炼成的？》除了系列深度文章外，电视频道还同步制作播出了6集同题系列访谈。《长沙—贡嘎：我的援藏日志》除了制成电视系列报道外，还衍生出了7集

---

① 见徐麟2020年11月19日在中国新媒体大会开幕式上的讲话.

同题系列短视频VLOG。

还有就是发布平台的融合。《总编辑调查》融合了电视、客户端、微信公众号等多种形式的发布平台，除了在长沙广电新闻频道播出电视报道外，还以图文+视频的形式制作深度推文，以自办新闻客户端“智慧长沙APP”“长沙观察”微信公众号为主打首发平台，同时在“学习强国”等移动平台广泛推荐发布。系列深度调查《这个春天，第一书记在忙啥？》被“学习强国”专题推荐，多篇稿件阅读量突破100万+，反响热烈。

二是创新融媒体新闻“战役”，用全媒体赢得大反响。如果要问什么样的传播形式最快捷最有效，毫无疑问是直播。全媒体大直播是媒体综合实力的展现，它的最大特征是整合所有新闻资源、运用所有传播渠道、即时高效原生态的传播信息。它不仅能满足受众对原生态信息的需求，更能产生新闻聚合效应，形成大规模、大气势的传播格局。随着广电技术的飞速发展，新设备、新技术层出不穷，全媒体大直播越来越简便易行，成为放大主流内容影响力的“利器”。2015年以来，长沙广电开始大批量生产“全媒体大直播”，跨媒体整合广播、电视、移动新媒体等各类资源优势，共策划组织了50多场。2020年11月18日，在中国新媒体大会即将在长沙召开之际，长沙广电策划了一次题为《深度融合：媒体的力量》的全媒体大直播，除了自有广播、电视、三微一端等平台外，还聚合了湖南省其他13个市州的广电新媒体平台，以及央视频移动网、新华社现场云、今日头条、新浪微博等平台，老媒体与新媒体、地方平台与全国平台同步播出，从一个侧面充分诠释了“深度融合：媒体的力量”这一主题。

三是创新短视频品牌产品，用新业态赢得大市场。随着5G脚步的加速，短视频已然成为新闻资讯的全新打开方式。长沙广电“试水”短视频实际上是从2014年开始的，当时推出了第一款短视频产品《新闻懒人包》，由于4G技术条件还不完全成熟，“试水”无疾而终。2017年审时度势又推出了另一款面向全网的短视频产品《星视频》，三年下来已成长为全国知名的泛资讯短视频品牌，全网累计粉丝800多万，累计流量100多亿，影响力及竞争力位居各大平台前列。2020年前8个月，《星视频》在腾讯新闻平台竞争力排名全国第三，在大鱼UC机构媒体影响力排名全国第三、广电媒体排名全国第一。

依靠短视频成功“出圈”，但“出圈”必须以内容守正创新为前提。《星视频》连续生产了一系列彰显人间真情大爱的优质短视频，在全网获得广泛关注，也受到业界和央媒的高度评价，新华社、人民日报、央视新闻先后专题推荐。在2020年抗击新冠疫情报道中，《星视频》制作了一系列反映抗疫一线的生动内容，及时回应民众关切的热点问题，获评为微博2020年度“抗疫媒体”。

四是创新融合传播方式，用新技术赢得大机遇。媒体融合的深入推进，在某种程度上说，有赖于关键技术的推动。一项新技术的问世，往往会直接引爆一批爆款节目或者促成一些热门业态。比如大数据技术成就了“百度搜索”，算法技术引爆了“今日头条”等。2020年6月，长沙广电联合研发的人工智能手语播报技术在新闻频道《长沙新闻》直播节目中上线应用。系统将人工智能手语翻译技术应用于电视节目，通过将节目内容精准摘要，经云计算平台智能翻译，输出为AI虚拟主播的手语动作视频，在节目播出时与画面合成，最终形成带手语信息画面的电视节目。让听障人群无障碍观看视听节目，助力他们更好地融入社会，正是主流媒体的职责和使命，善莫大焉。2020年9月习近平总书记在长沙马栏山视频文创产业园考察时，察看了这套系统的应用演示，亲切询问了技术和推广等问题。2020年11月在长沙召开的中国新媒体大会上，这一系统引起了业内的广泛关注，显示出广阔的发展前景。

5G+4K高新视频技术的应用，也给中广天择传媒带来新的发展机遇。中广天择传媒是长沙广电旗下的一家上市公司，正全力打造5G+4K高新视频生产基地。利用5G、大数据、物联网、区块链、人工智能等新技术，集4K高新视频采集传输、生产制作和VR制作、分发，与云计算融为一体。抢占家庭智能场景流量蓝海，将内容与技术叠加，打造智能化内容解决方案供应商和家居物联的“朋友圈”平台。目前，中广天择在整个4K内容上已经布局了8个赛道，涵盖美食、运动、穿搭、美妆等各个方面，未来还将拓展更多的赛道，打造4K高新视频生产、制作产业链，大幅提升4K高新视频内容生产能力和制作效率，形成“5G+4K+云端”的生态链影视矩阵。

随着VR（虚拟现实）、AR（增强现实）、MR（混合现实）和流媒体、超高清等技术的日益精进和被广泛运用，可以预见，更多更好的全息化、可视化、沉浸式、交互式新闻产品会应运而生。

二、新闻+政务服务：打通群众办事“最后一公里”

让城市更聪明、更智慧，是推动城市治理体系和治理能力现代化的主要目标。从2018年开始推动的县级融媒体中心建设，其中一项重大任务，就是有效整合各种媒介资源和生产要素，开发更多百姓生活必需的政务服务、公共服务、电子商务等服务功能。复旦大学新闻学院副院长周葆华认为：“媒介深度融合应当立足融入地方治理，通过本地新闻和服务两个领域，提升公众满意度，促进地方认同感，这是中国地市和县级媒体融合的重要目标”。

长沙广电与在湖南最早成立的长沙市数据资源管理局携手，联合打造了“我的长沙”APP及系列小程序，这也是长沙市政府大力推动的唯一城市移动综合服务平台，致力于为市民提供一体化的应用和一站式指尖服务。目前已开通1648项政务服务事项的在线办理，总注册用户数突破270万，累计服务用户2000多万人次。

此外，长沙广电还极力丰富“智慧长沙”APP的便民服务功能。按照“广电赋能、社交社群、解决需求、积累数据、精准推送”的原则，与公安、住建等部门联合推出了“互联网+”社区服务平台《民众呼声》，专门解决居民小区“四不”（不安全、不文明、不健康、不方便）问题。目前已覆盖长沙市2000多个居民小区，建立了涵盖小区物业、群防群治工作站、新闻媒体、政府职能部门的四级投诉问题处理机制，累计接收居民投诉36.7万条，已处理34.2万条，处理率达到94%，做到了小事不出小区、大事专项解决。

无论是“我的长沙”作为城市移动综合服务平台的唯一性，还是“智慧长沙”作为社会治理平台的共容性，一个相同之处，就是打破了信息壁垒，简化了传播流程，让信息更透明，让互动更便捷。而这，恰恰也正是媒体深度融合后公信力强力回归的一种重要体现。

三、新闻+商务：打开媒体经营“新赛道”

媒体融合的最终目标，是建设与互联网发展相适应的主流新型媒体集团。除了必须具备强大的舆论引导能力外，强大的自我“造血”能力同样不可或缺。只有两种能力都强起来，媒体才是可持续发展的，这样的媒体融合也才是成功的、健康的，偏废任何一方都只能是“跛脚鸭”。《意见》指出：要“不断增强网络平台聚合能力，丰富政务、民生信息和服务、社交功能，将生存发展的主动权牢牢掌握在自己手中”，其意不言而喻。

近年来“MCN”概念声誉鹊起，因为其强大的引流效果，正成为越来越多传统媒体走出经营困局的一条有效途径。中广天择传媒利用传统媒体长期以来积累的品牌、主播培养、IP项目孵化、客户资源等优势，2018年正式成立MCN机构，不到两年时间，目前旗下已拥有各类账号30多个，包括美妆、特效、潮鞋、情感、剧情、脱口秀、母婴、汽车等多个垂直领域，全网粉丝7000万+，播放量300亿+，全网点赞数10亿+，雅诗兰黛、三星、肯德基等多个一线品牌纷纷加入成为合作伙伴。

2019年，天择传媒的MCN被国家广电总局评为“全国广播电视媒体融合典型案例”。在中广天择2020年的营收结构中，来自互联网新媒体的营收占比已经超过50%。

直播带货遭遇了今年始料未及的“大热”，长沙广电融媒体生态体系中，自然少不了直播带货的元素。“智慧长沙”APP新研发上线的一款网络直播新产品《星直播》，不到一年的时间已经执行了400多场网络直播，全网粉丝量达到350多万，直播总点击量近7000万次。今年“双十一”当天的一场直播，实现线上、线下交易双双突破百万元。

“出圈”，其实最早是饭圈常用语的一个网络流行词，意思是不仅在自己的圈子里传播，还被更多圈子外的人知晓。在某种意义上说，“出圈”与“跨界”是一对近义词。从原来固有的圈层中创新突围，谋求一“点”突破，继而成风成势，在互联网新媒体的发展中，这样的案例并不鲜见。然而，对于城市广电而言，建设与互联网相适应的新型媒体集团，绝不是“头痛医头、脚痛医脚”式的简单修复，而应该是系统性的创新和建设，从一“点”突破、多“点”开花，到成“线”成“面”，最终建立一个更有竞争力、生机勃勃的融媒体“生态圈”，一个以内容建设为根本、先进技术为支撑、创新管理为保障的全媒体传播体系。从“出圈”到“建圈”，从创新一个个融媒体产品案例，到打造独具特色的融媒体生态体系，是城市广电媒体深度融合的必由之路。显然，长沙广电的融媒体生态体系建设已然走出了关键一步。

（作者单位：长沙市广播电视台（集团））

“变与不变”：融媒体环境下的新闻哲学思考

罗依坤

作为对新闻现象与新闻传播活动的“终极关怀”，新闻哲学具有“元科学”的性质。自 20 世纪 80 年代被提出并作为边缘交叉学科出现以来，相关讨论较多。学界或将“新闻哲学”等同于舆论学或新闻学原理，或视“新闻哲学”为“新闻学原理 + 哲学方法”，或将“新闻哲学”等同于“新闻学原理 + 新闻伦理学”，或者沿用西方观点，直接将“新闻哲学”等同于“媒介哲学”①。本文无意对新闻哲学的概念内涵和外延进行精准定义，而是秉持“哲学方法 + 新闻学原理”的研究思路，将哲学方法作为思维工具，探讨在融媒体环境下，通过对新闻“变”与“不变”的哲学把握，重新思考新闻工作者的理论能力和业务能力，提升新闻工作者的哲学素养和新闻学研究的理论层次，以更好应对媒介大变局环境下的时代挑战。

一、新闻不变：融媒体环境下新闻的哲学基础

在融媒体时代，对新闻“变”与“不变”的哲学思考，可以从马克思主义基本立场和基本观点解读。马克思主义关于普遍联系的观点依然是指导我们认识融媒体时代新闻现象的哲学基础。

（一）世界是普遍联系的整体：马克思主义依然是融媒体时代新闻哲学的逻辑起点

马克思主义的物质统一性原理表明，世界不存在孤立之物，任何事物与周围事物都处于普遍联系之中，且不以人的意志为转移。不管是自然事物的联系，还是人物的联系，都具有客观性、普遍性和多样性特征。“万物互联”要求我们用运动、发展的辩证观点看待世界，在事物内部运动中寻找前进动力，把握事物及其发展过程中所固有的本质的、必然的、稳定的联系，即事物发展的规律性；辩证法即是关于世界和人类思维活动的一般规律的科学，对立统一规律、量变质变规律和否定之

① 龚际平：对“新闻哲学”的概念思考，《新闻界》,2011 年第 8 期，第 3-5 页，第 12 页 .

否定规律构成了辩证法的基本内容。随着互联网时代的来临，人工智能、移动网、物联网、VR、AR 和大数据技术更新迭代，媒体形态和业态也持续不断地演进。作为传播技术的划时代革命，互联网在信息传播的速度、深度、广度和效度方面，都是传统媒体难以比拟的，从而极大地改变了人类的精神交往方式和信息传播方式，重塑了传统的时空观念，成为全人类共同的活动空间。曼纽尔·卡斯特指出，“网络使地域这一现实概念从文化、历史和地理意义中解脱出来，而虚拟的功能网络产生了一种‘流动空间’替代了传统的‘地域空间’”，拓展了马克思主义的空间[①]。简言之，融媒体时代虽改变了人类的联系方式，但并未改变世界的“万物互联”的属性，反而是强化了人类的沟通精神、合作意识和共同体观念，使构建网络空间命运共同体的大同社会成为可能。而马克思主义作为对世界普遍联系和运动发展规律的科学概括，在融媒体时代依然具有强大的生命力。恰如习近平总书记所指出的："马克思主义揭示了事物的本质、内在联系及发展规律，是‘伟大的认识工具’，是人们观察世界、分析问题的有力思想武器”[②]。

（二）人是社会关系的总和：党性原则依然是融媒体时代新闻工作的指导方针

马克思唯物主义认为，人类在社会实践中通过物质交往和精神交往构建社会关系，但存在决定意识，物质生产方式制约着整个社会生活、政治生活和精神生活的过程。简言之，人是具体的和历史的，是由社会经济基础和阶级结构所决定的。作为精神交往的新闻传播活动，深嵌于社会结构之中，从来“并不是纯粹的或者单一的新闻活动过程，而是各种社会活动交融的过程，各种社会力量博弈的过程”[③]。马克思主义认为，新闻事业属于上层建筑，本质上只是意识形态斗争的展开场所和前沿阵地。各种社会力量都冀图利用传媒塑造建构利于自身的社会结构和舆论氛围。社会主义新闻工作者要站稳阶级立场，坚守党性原则，强化政治执行力、判断力和领悟力，服务于中国特色社会主义伟大实践。融媒体时代的来临，媒介的文化化和文化的媒介化交互生成，深刻改变着媒体的面貌，但并未改变媒体作为意识形态国家机器的阶级属性。和平发展、合作共赢虽依然是全球化中的主流声音，但在世界百年未有之大变局中，冷战思维、霸权心态和排外主义依然存在，传媒领域的意识

① 林承园：信息流空间、流动空间与网络社会：卡斯特对新马克思主义空间理论的研究与发展，《马克思主义研究》，2019 年第 7 期，第 20-26 页．

② 习近平：《在哲学社会科学工作座谈会上的讲话》，人民出版社，2016 年版，第 9 页．

③ 杨保军：《新闻本体论》，中国人民大学出版社，2008 年版，第 8 页．

形态斗争更为激烈与复杂，“网络成为舆论生成的发源地、舆论传播的集散地、舆论交锋的主阵地，成为利益诉求交换的平台、社会思潮交汇的渠道、意识形态交锋的阵地”①。互联网并未改变媒介的意识形态属性，而只是转移了意识形态斗争的主阵地，党性原则、政治家办报（台）依然是融媒体时代我们新闻工作的根本遵循和指导方针。

（三）新闻是人类联系的中介：新闻真实依然是融媒体时代新闻报道的诉求目标

马克思把人的本质看作是人全方位与外界接触的所有社会联系的体现②，作为人类与外界最为重要的联通渠道，新闻媒介本质上属于“人与人建立联系”的中介，信息传播既是人类自由实现的重要途径，也是生命自由的展开形式。事物的普遍联系及其矛盾运动推动着客观世界的变化，客观世界的变化影响着人类的生存与发展。“人类的社会性的生产和社会性的生活决定了人类从事新闻活动的需要；人类从事新闻活动的目的是为了了解“客观世界的变动”③。媒介是人的延伸，人类为了克服时空对人类新闻传播活动的影响，不断创制出新闻传播技术，提升信息传播水平与改造世界的能力。

“新闻是新近发生事实的报道”这一经典的马克思唯物主义“新闻”定义，强调了事实的第一性地位，奠定了新闻真实的哲学根基。事实在前，报道在后，存在决定意识的唯物主义关系和满足人类对真实信息的需求从来都是马克思主义新闻观的基本内容。互联网赋予“新闻真实”以新的内涵特征和表现形式：“‘有机真实’进入新的有机方式；‘前瞻真实’成为新的真实类型；‘整体真实’获得新的实现可能;‘真实确证’面临新的方法困境”④。但并未改变新闻真实在新闻工作中的地位。在融媒体时代，媒体功能发生了根本变化，提供信息和追求第一落点的时效性不再是媒体的首要职责，而只有抓住第二落点的调查求证和第三落点的新闻评论，为受众提供真实权威报道，引导舆论导向，才能成为真正的主流媒体。

在融媒体时代，人工智能技术对新闻传播领域的大规模介入，深刻改变了新闻生产机制、组织结构与传播模式，展示出全新的新闻景观与传播效率，但人工智能

---

① 何海翔：党性原则 人民导向 融合发展——习近平同志网络宣传思想工作论述研究，《中国广播电视学刊》，2016 年第 4 期，第 33-36 页．

② 陈力丹：《精神交往论：马克思恩格斯的传播观》，开明出版社，1993 年版，第 53 页．

③ 李良荣：《新闻学概论》，复旦大学出版社，2009 年版，第 18 页．

④ 杨保军：新媒介环境下新闻真实论视野中的几个新问题，《新闻记者》，2014 年第 10 期，第 33-41 页．

技术的本质只是一种基于数据量化而来的思考模式，它并未改变新闻是客观事实见之于主观报道这一逻辑关系。从“客观事实”而言，“新闻真实”是新闻的永恒命题，是人类永远逼近的“地平线”；而就“主观报道”而言，人不是抽象的“理性存在物”，总是处于特定的社会结构和文化脉络之中，总是与其特定的情感倾向和政治立场密切相关，人文精神永远是新闻的“灵魂”。在融媒体时代，记者要警惕被智能技术“物化”，始终牢记自身的初心使命。

二、 新闻之变：融媒体环境下新闻的哲学把握

融媒体虽将人类新闻传播的“单向度联系”改变为“交互性联系”，但并未改变世界普遍联系与人的本质的哲学根基，更未改变媒介建构社会关系的基本属性。简言之，只要新闻媒介的生产与传播模式尚未发生颠覆性变革，其与现实的关系就不可能颠倒过来，也就不可能改变马克思主义在新闻工作中的指导地位。但从量变角度而言，网络技术赋能给新闻事业带来了巨大变革，打破了传统的产业格局和传播模式。短视频新闻的异军突起，智能 5G+VR 的全景直播新闻常态化，从新闻内容生产、新闻网站建设到新闻内容呈现，都将会给用户带来更好的参与感和体验感①。这就要求我们以唯物辩证法的革命精神准确把握融媒体时代的技术变革和受众需求，推动内容生产与传播方式的创新。

（一）新闻样式在创新

在新闻领域，社会化媒体的兴起打破了传统新闻生产中生产与消费的二元对立和线性序列，也不断重塑着全新的新闻范式，新闻生产主体从人工到人工智能，新闻传受关系从单向度的线性传播到双向互动传播，新闻生产的机制从传统媒体的编辑分发到网络新闻的算法分发，新闻内容从整体到碎片，技术的迭代演进不断推动着媒介的变革。

1. 标题、头条和短视频

在传统媒体时代，专题、长视频具有语言精美、结构严谨情节连贯的叙事风格，呈现的是整体化思维模式。在信息爆炸、资讯多样化的年代，受众的信息获取也进入了速食时代，更活泼的文字、图片、视频和个性化推荐受到欢迎，用户偏爱的资讯形式为头条和标题，这类新闻样式舍弃掉新闻的一般信息，只保留新闻的核心要

① 于志勇，赵宇华：5G＋AI引领全球新闻传播路径，《中国广播电视学刊》，2021 年第 3 期，第 59-61 页．

素，具有简短有力、传播效率高的特点。央视新闻客户端的优秀短视频新闻《习近平看望快递小哥》反映了这一特性。2019 年春节前夕，习近平在结束北京前门东区看望慰问乘车返回途中，临时下车来到前门石头胡同的快递服务点看望仍在工作的快递小哥，摄像甚至都来不及调试设备，紧急中使用备用手机拍摄记录下了习近平总书记与快递小哥交流互动的温暖时刻。该碎片化的视频以原生态的纪实风格和极强的时效性推出，立刻成为网络“爆款”，被各大网站头条置顶推送，大量网友主动转发，刷屏朋友圈，当天全网点击量突破 2.9 亿。

2. 界面报道

创意互动界面是融合新闻语境下全新的新闻样式。如果说传统的图文结构一般沿着左图右史的编排逻辑，图像与文字之间呈现出一种互为补充叙事结构。那么融合新闻语境下的界面叙事强调的则是场景化，即用图、文、音频、动画等多媒体构建起一种让用户身临其境的场景，在场景体验中自然而然地传播新闻主题。《人民日报》客户端推出的优秀创意互动作品《复兴大道 70 号》，以超长画卷还原历史，通过丰富多元的场景变化与精细翔实的内容细节，描绘了新中国成立 70 年来的光辉岁月，记录了时代变革与社会发展的沧桑巨变。作品声效、动画、AI 换脸等多项互动，创造可沉浸、可参与的场景，让用户更自主、积极地体验新闻产品；除了场景化这一鲜明特点之外，界面叙事还融合了传统电视镜头的一镜到底，但不同于电视场景的单一空间，而是多个空间维度、场景维度的无缝衔接。笔者主创的手绘互动长图《“中国动力”的株洲表达》将代表新中国 70 年的科技成就浓缩在了丰富多元的场景变化中，以高铁、新能源汽车、风力发电、航空等多个不同维度的创景，通过设计引导元素和用户的滑动、长按、点击等互动参与，串联起运动路径上的场景元素，创设一种连续的融合新闻叙事时空。

3. 沉浸式新闻

我们正处在技术急剧变革的时代，新兴技术对各个行业的卷入度非常高，媒体也在技术逻辑下不断被重塑。近几年兴起的 VR 新闻，以虚拟现实等前沿科技实现对真实情境的完全模拟，从而令受众浸入新闻情境之中而感同身受。由此可见，受众接受新闻的方式也就摒弃了保持一定距离的观察与观望，转化为彻底身临其境的体验。如澎湃新闻推出的优秀作品《海拔四千米之上 | 极致体验 · 三江源国家公园重磅实景互动 H5》，使用了视频（普通拍摄 + 航拍 + 延时拍摄）、360 全景图片、定点 VR 视频、漫游 VR 视频等方式。在作品中，镜头组接不再有太多实质的意义，弱化成为一种纯粹的转场手段，取而代之的是 360 度全景图像构筑的高度仿真的新闻情境，带领用户置身其间，多形式、多维度地感受新闻内容。

“VR+ 新闻”模式改变了新闻的传播形态。在传统新闻视频中，用户一般根据作品的引导来观看、取舍，而 VR 新闻则突破了第三人称的叙事方式，以用户第一视角“阅读”新闻，甚至用户通过操纵设备可改变自身位置，主动获取其他信息。应该说，VR 新闻最大的特点就是打破了传统新闻第三人称的叙事方式，让用户以第一视角，突破空间的限制身临其境看新闻，真正实现了新闻从再现现场到体验现场的转变。

（二）新闻表达方式重塑

1. 新闻的用户视角

互联网格局下，新闻的个性化传播逐渐取代传统媒体的大众传播， 个性化的视角成为新闻触达民众的第一要义，甚至用户作为积极力量参与媒介内容的生产与消费。用户行为的参与性实践正在让传统的新闻越来越鲜活。“新湖南”客户端推出的优秀新媒体短视频《十八洞村龙金彪的 Vlog ｜脱贫之后》以极强的用户视角呈现出浓厚的个性化特征。这一新闻作品以十八洞村年轻村民龙金彪在脱贫后的故事为切入点，讲述十八洞村人脱贫后如何做到不返贫且致富奔小康的生动实践。短视频采取第一视角的方式，并且选择更有记录感的专业小机器，记录故事主角龙金彪在生活、干农活等场景和他当时的感受，拉近故事主角与受众距离。后期制作融合了手绘、动画等多种新媒体元素，让大主题的作品更显活泼有趣。

2. 新闻的交互性

交互性正在成为新媒体新闻的基本特征之一，并且开始向深度的定制交互、多维交互等延伸。用户可以上传定制内容，融入新闻场景中进行个性化的自我表达；也可以一人多维、多人多维多屏交流“阅读”新闻，更深刻体味新闻的价值和意义。“新重庆”客户端发布的优秀融合创新作品《2019 对话 1949：时代变了 初心未变》，作品改变了以往重大主题报道单一输出的模式，创新性通过“平行世界”“隔空对话”的沉浸式体验，让当下的小学生、职场女性、即将就业的青年，分别与革命志士上演一场“平行世界”的“隔空对话” ，进而构建起三个不同的完整故事场景。作品的形式和角度新颖，给受众强烈的冲击感和沉浸感。网友观看时既可选择单人模式，也可邀请其他人双机同步体验，交互性强，体验感好。在这里，“新闻意义的获取和阐释则主要通过用户的体验以及用户与情境之间的互动来完成”[①]。

---

① 常江：蒙太奇、可视化与虚拟现实：新闻生产的视觉逻辑变迁，《新闻大学》，2017 年第 2 期，第 55-61 页，第 178 页 .

3. 数据新闻可视化

互联网时代，海量的数据为新闻生产提供了丰富的数据基础。人们借助大数据技术，通过视觉的方式将海量的调研数据和鲜活的案例呈现给受众。在当前的新闻生产中，用数据图表补充或强调新闻内容已比比皆是，而直接将整理、归纳好的数据视频化，以一种新的新闻样式发布也不断涌现。人们在短视频中看到，无论是全球疫情数据变化图中中国感染人数从多到少的显著变化，还是全球主要国家科技型企业 30 年来的变化图表中中国数量位次的不断上升，这些生动形象的数据新闻给人以鲜明强烈的新闻感受，以简洁的形式阐释了重大主题。从根本而言，数据新闻的可视化是对新闻数据信息的重新领悟与二次表达。通过对数据进行多维度、立体化设计，加入声音、图像、动画等表现元素，将想要表现的数据信息与新闻信息进行逻辑划分、层级划分，使可视界面的语义传达清晰、畅通，让复杂的数字变得直观易懂，被受众迅速识别和成功认知。

（三）新闻传播要素在变化

在传统传播环境下，媒体是单向度大众传播模式，传者和受众的关系清晰明确，媒体负责生产内容，受众获取有限信息。当今新媒体传播不同于传统媒体的大众传播，呈现出一种个性化、裂变式的传播，传播的每一个环节都既充当着受众又充当着传者的角色。充分的互动过程，使新闻信息在传播的过程中不断增加新的信息和意义。因此在当下要做好新闻，除了内容之外，还要构建关系，即信息转发以及由此衍生出的虚拟人际关系，在受众的接受过程中，新闻在反馈、交互和议论中逐渐产生、二次发现新闻，再次进行传播，从而形成新闻。多元化的生产主体、社会化的生产形式、多样化的产品形态，共同构成了新媒体语境下的新闻。

三、变与不变：融媒体环境下新闻哲学把握对当代新闻工作的启迪

在融媒体时代，从“新闻不变”的哲学基础来看，要求新闻工作者始终用联系、发展的观点辩证分析新闻现象，充分认识到新旧媒体之间的传承关系、现实与虚拟之间的辩证关系以及线上与线下的互存关系，在时代精神和哲学内涵上深刻理解融媒体的历史使命。而从“新闻之变”的哲学把握来看，则要求广大新闻工作者意识到融媒体对传媒格局的重塑，进而积极进行自我改造，创新新闻观念，优化新闻生产流程，重塑主流媒体的主流气象。

（一）新闻不变：强化马克思主义新闻观的引领地位和记者的核心能力

从“新闻不变”的哲学基础来看，新闻媒体作为人类建立社会联系的中介，其核心价值在于内容生产，采访权、公信力、内容生产能力、新闻传播力、专业采编队伍等等，这些在互联网格局下仍然具有很强的价值。具体而言，新闻的“三个不变”必须坚持：①新闻指导思想不变。马克思主义新闻观既是中国新闻事业赋予的历史必然，也依然是融媒体时代中国新闻实践的行动指南。当代新闻工作者要在聆听时代声音，解决时代问题中，坚持和发展马克思主义新闻观，强化治网用网能力，构建风清气朗的网络空间，使其成为融媒体时代的最大理论增量和文化形态，从而牢牢掌握新闻舆论工作的领导权和话语权。②新闻基本原则不变。新闻的基本原则是逼近真相，真实客观、全面公正依然是指导当前新闻工作的价值根基。新闻基本要素在新技术赋能下，不会减弱，只会加强而更具现场感。③记者的基本能力不变。新旧媒体的传播渠道与表达方式看似对立，但新闻的属性和新闻的基本原则、基本要素是相同的。因此，对核心新闻事实的精准把控与提炼、高超的写作能力、语言表达能力和提问能力始终是衡量优秀记者的标准。新闻记者要成为具有“脚力”“笔力”“眼力”和“脑力”的“四力”记者，这“既是传统媒体转型的要求；也是新媒体时代的必然”[①]。

（二）新闻之变：优化主流媒体生产流程和创新新闻思维

马克思主义认为，精神交往是人类自由生命的体现。作为精神交往方式的新闻传播活动，就是人类生命自由实现的重要途径。融媒体为人类思维与感觉的完整体验创造了更为丰富的形式与渠道。随着新兴媒介技术的发展，当前新闻信息的供给结构发生变化。时至今日，传统媒体的新闻内容供给与话语体系已难满足用户日益丰富和多层次、个性化的信息需求。人们对于传统媒体的信息渠道依赖有所降低，社交网络已经超过传统媒体成为民众获取信息的第一渠道。另外民众在获取新闻的过程中开始对新闻传播有了在信息获知之上的更高要求，希望与传播主体之间形成情感沟通和价值互动。 所以在这种以技术逻辑为主导、以变化速度为特征的时代背景中，新闻的理念和架构面临着重建，内涵和外延不断被赋予新的要义。在“去中心化”的融媒体时代，主流媒体要因应时代挑战，优化新闻生产流程，积极作为，推动媒体融合发展。记者也要创新思维，树立用户思维、产品思维，强化“数字”

---

① 程艳峰：新媒体时代更需要增强“四力”，《新闻采编》，2020 年第 12 期，第 29-30 页 .

能力，将自身打造为全媒体型人才，以更好适应时代需求。

于中国新闻传播格局而言，所谓“百年未有之大变局”，主要是由两个历史变量推动而形成的：一是中国力量崛起推动了国际秩序与话语权格局的重塑。中国崛起是重塑世界更为深刻的历史变量，是居于主导性地位的历史变量。国际秩序格局重塑使传媒领域的意识形态斗争呈现出新的特点与发展态势。二是以互联网为代表的技术革命所推动的传播秩序与舆论权格局的重塑，互联网成为意识形态建设与斗争的主阵地。由前者言，“创新”需以“守正”为逻辑前提和指导方针，坚持四个自信，强化理论自觉与理论自信，旗帜鲜明地坚持马克思主义新闻观在融媒体建设中的引领地位；由后者言，“守正”需以“创新”为“落地”方式和实现路径，重塑新闻思维和传受关系，推进媒介深度融合，提升主流媒体的核心竞争力，永葆马克思主义的理论活力。在“守正”与“创新”的融合推进中，深刻理解融媒体时代新闻工作的历史逻辑、时代价值和展开方式，用技能武装自己，“努力创作推出更多的新时代史诗之作，为满足人民美好生活新期待，为建设社会主义文化强国，作出新的更大贡献”①。

（本论文为湖南省社会科学成果评审委员会重点课题《湖南现代化——报刊与湖南早期现代化（1897—1919）》（XSP19ZD1020）阶段性研究成果）

（作者单位：株洲市广播电视台）

① 魏党军：守正创新 砥砺奋进 坚决守牢网络意识形态阵地，《中国广播电视学刊》，2021年第3期，第14-16页，第6页.

2020—2021年度湖南省广播电视协会社科研究项目结题论文

把“品牌优势”拓展为“走出去强势”
——湖南广播电视“走出去”调研报告

张　严　王承英　舒　煜　易　维　秦　朗

为实施国家文化“走出去”战略，落实湖南省关于加快广播电视“走出去”步伐的指示精神，由局领导和局对外交流与合作处组成调研组，对省内多家广播电视和网络视听机构、动漫企业以及产业园区“走出去”情况进行调研，同时赴北京、上海、广西等省市开展专题调研。通过与省内外多管理部门、多推进主体的近距离、面对面接触、研讨，我们跳出湖南看湖南，进一步了解了湖南广播电视“走出去”的现状，清醒认识到了与兄弟省市之间的差距，也引发了一些思考和建议。

一、湖南广播电视“走出去”的现状及特点

近年来，我省积极落实国家广播电视总局“走出去”工程的决策部署，主动对接“一带一路”“金砖五国”“上合组织”等国家和地区市场，坚持政府部门引导、推动，充分发挥企业主体作用，取得了骄人业绩。主要表现为对外交流扎实开展，对外传播成果喜人，对外贸易不断增长。

（一）“走出去”发展态势强劲

湖南广播影视集团有限公司是湖南广电“走出去”的核心市场主体。2018 年集团营业收入 303 亿元，在 2019 年亚洲品牌 500 强中排名第 92 位，位居亚洲广播电视品牌第 2 位；在 2019 年“中国 500 最具价值品牌排行榜”中以 702.32 亿元的品牌价值位列第 68 位。雄厚的经济实力以及强有力的品牌优势，为其开拓海外市场、传播中国文化，奠定了良好的基础。现已形成“湖南卫视 + 芒果 TV + 国际频道”湖南广电外宣体系三大主平台。2018 年芒果 TV 推出国际版 APP，向全球用户传播中国文化，讲好中国故事。该平台目前覆盖 195 个国家和地区，拥有 1000 部节目共计 10 万小时的内容库存，已储备超过 8000 小时外语字幕库，语种多达 18 个，海外用户一直保持高速增长，季度增幅达 236%。芒果 TV 还在 Facebook、YouTube、Twitter 等平台运营多个官方账号，以扩大海外用户影响力。截止目前，YouTube 累计 86 亿次观看、560 万总订阅用户和 904 万次用户互动，在该平台华

语视频内容官方频道中排名第一。湖南国际频道成立10周年，通过长城平台、国广东方平台、澳门有线等多个平台在全球230个国家及地区落地，覆盖用户数超过1302万户。该频道还在逐步组建“湖南省外宣融媒体矩阵”和“全球快乐联盟全媒体矩阵”，前者集结微博、今日头条、凤凰新闻等国内多家新媒体平台，为中国文化的海外传播储备内容增量，后者现有美国SUNTV、澳大利亚天和电视台、加拿大国际电视台等15家国外媒体加入，进一步拓展延伸传播渠道。

湖南广电近两年海外输出情况

年度	影视文化产品输出总额（万美元）	输出地	全国内容产品输出总额（万美元）	全国占比
2017年	923.57	亚洲、北美洲、欧洲国家	10000	9.23%
2018年	1045.37	美国，欧洲、大洋洲及东南亚国家	11000	9.5%

湖南广电近两年海外落地形式及品类情况

单位	落地形式	落地品类分布	
国际频道	整频道落地	电视剧	18.75%
		纪录片	12.5%
		综艺	64.58%
		其他	4.16%
芒果TV	国际版APP	电视剧	15%
		纪录片	2.5%
		综艺	80%
		其他	2.5%

（二）“走出去”海外认可度提升

近年来，湖南推出了一系列国际化品牌节目，如《“四海同春”2019全球华侨华人春节大联欢》《“汉语桥”世界大学生中文比赛》《我的青春在丝路》等，促进了中外文化交流，向世界展现了中华文化魅力。湖南卫视着力打造的《歌手》节目，2017年将“进口小哥哥”迪玛希带入中国观众视线，也让哈萨克斯坦人民感受到中国文化的热烈；2018年，将在英美主流社会有举足轻重影响力的Jessie J请到节目当中，助其成为中英文化大使，出席英国首相访华的有关活动。湖南影视剧作品在海外传播的影响力也持续增强。芒果影视文化出品的《旋风少女2》《秋收起义》《远大前程》《金牌投资人》《大宋少年志》等电视剧分别在多个国际影视节展上获优秀电视剧奖。为配合习近平主席访问希腊，2019年11月11日，湖南广播电视台与希腊国家电视台在希腊签署了纪录片《相遇海上丝绸之路》合作意向书。这部纪录片将采用最新的拍摄技术与理念，穿越人类最古老的远洋航线，回望中希两个国度横跨 16 个世纪的精彩故事。近两年，“走出去”还有一大亮点就是综艺节目原创 IP 在国际市场受到青睐，获得高度认可，湖南广电内容扬帆出海走向世界。

湖南广电近两年原创 IP 海外推广情况

制作单位	输出节目	制作国家	制作单位	制作时间
湖南卫视	摇啊笑啊桥	美国 SmartDogMedia	北美地区国际版开发与发行合作	2018 年
湖南卫视	声临其境	英国 The Story Lab	海外国际版开发与发行合作	2019 年
湖南卫视	声入人心	美国 Vainglorious Production	北美及英国地区	2019 年
湖南卫视	嗨唱转起来	荷兰 Endemol Shine	共研合作模式国际发行	2019 年
芒果 TV	妻子的浪漫旅行	新加坡 Sky Vision Media	海外输出和联合共研合作	2019 年
芒果 TV	功夫学徒	美国 Discovery 探索频道	联合出品制作	2019 年

（三）“走出去”双效齐头并进

湖南广电在“走出去”过程中，以弘扬社会主义核心价值观为引领，讲好中国故事、传播好中国声音，产生了一定的社会效益和经济效益，得到中宣部、国家广电总局等上级部门的肯定和支持。湖南广电“走出去”的信心和决心将更加坚定，“走出去”的步伐将更快、更实、更远。

湖南广电近几年入选国家文化出口重点企业、重点项目情况

年度	国家文化出口重点企业	国家文化出口重点项目
2015—2016	1. 湖南芒果国际文化传播 2. 湖南金鹰卡通 3. 湖南蓝猫动漫传媒 4. 湖南山猫卡通	1. 芒果独播视频海外新媒体合作 2. 芒果国际台新加坡、泰国高清付费电视运营项目 3. “山猫吉咪”品牌文化产品对外出口
2017—2018	1. 湖南芒果国际文化传播 2. 湖南快乐阳光互动娱乐传媒 3. 湖南蓝猫动漫传媒 4. 湖南山猫吉咪传媒	原创动漫品牌“一带一路”沿线国家文化输出与运营
2019—2020	1. 湖南快乐阳光互动娱乐传媒 2. 湖南芒果国际文化传播 3. 芒果影视文化 4. 湖南金鹰卡通 5. 湖南山猫吉咪传媒 6. 湖南蓝猫动漫传媒	1. 芒果 TV 自建全球文化输出平台 2. “山猫吉咪”动漫品牌对外文化贸易扩大与升级

湖南广电近几年入选广电总局“丝绸之路影视桥工程”项目情况

年度	单位	项目	制作单位(万元)
2015 年	湖南视界金鹰传媒	土库曼斯坦影视合作及国家艺术周项目	300
	湖南芒果国际文化传播	芒果国际“智能媒资库”版权集成分发平台建设	
	湖南大映公益电影传媒	电影《吐鲁番普通熟了》	
2016 年	湖南快乐阳光互动娱乐传媒	芒果 TV“智能云媒资”海外新媒体内容分发平台建设	
	湖南视界金鹰传媒	中国东盟（金鹰）影视文化创意服务输出平台	
	湖南芒果中电网络科技	泰国、斯里兰卡、老挝、尼泊尔、印度尼西亚、不丹等六国影视文化合作及文化旅游项目	
2017 年	湖南快乐阳光互动娱乐传媒	芒果 TV 精选综艺节目哈萨克斯坦国家电视台播出推广项目	300
	湖南国际频道	“春节直播活动”丝绸之路国家全球直播项目	
2018 年	湖南快乐阳光互动娱乐传媒	我的青春在丝路	
	湖南山猫吉咪传媒	金刚山猫猫侠之丝路传奇一	
2019 年	湖南卫视频道	《中餐厅》第三季	
	湖南快乐阳光互动娱乐传媒	芒果 TV 国际融媒体传播项目	400

二、湖南广播电视“走出去”存在的问题和原因

湖南广电有“走出去”的自信与眼光，国际传播力不断加强，国际知名度不断提升，但仍面临一些问题，阻碍了海外发展的步伐。

（一）主要问题

1. 政府推动“走出去”的力度不够

无论是平台建设，还是项目输出，都需要大量的人力物力财力的投入，对于大多数单打独斗的企业而言，或望而却步或收效甚微。湖南目前尚无针对文化“走出去”的扶持政策，广电方面也没有具体的配套措施和实施办法，更没有专项的引导资金、奖励资金，不能有效降低企业“走出去”的风险，激发企业“走出去”的积极性。在调研中我们了解到，北京市局 2018 年设立了“提升广播影视业国际传播

力专项资金”，对广播影视“走出去”项目进行引导扶持。

2.“既叫好又叫座”的精品不多

企业因为对海外市场受众需求研究不够深入，在产品内容和表达形式上必定缺少针对国际市场的设计和策划，在国内“叫好”的作品，在国外不一定“叫座”，加之运作模式与国际接轨不够，导致“走出去”实效性不强。

3.“走出去”的平台、渠道不畅通

省内的各广播影视机构，特别是民营企业在“走出去”的过程中，没有充分利用芒果TV国际APP、湖南国际频道的外宣平台优势，传播、营销自己的产品。在借力国家级平台“走出去”的过程中，湖南没有形成合力，没有整合省内的优质节目，以整体形象展现湖湘文化的风采。另外，我省没有承办任何国家重点项目或活动，缺乏“走出去”的桥梁。而北京有“中非媒体合作论坛”“亚洲网络视听传播政策对话与合作成果发布活动”，上海有“上海电视节”，广西有“中国—东盟电视周”等国际性活动。

4. 节目译制成本过高

语言成为制约广播电视节目“走出去”的一大瓶颈和障碍，很多好作品因为缺乏高品质的译制走不出国门。而广播电视作品除了文字翻译以外，还需要运用配音这门语言艺术，需要处理好不同文化之间的差异，减少文化折扣。海外国家语种繁多，本土化译制成本居高不下，一些小语种的译制成本甚至高于海外发行能收回的成本，严重影响企业的海外宣传和批量节目的快速落地。广西近几年与东盟各国构建了多种形式的对外传播平台和合作机制，在小语种译配方面，成立了由东盟各国优秀媒体人组成的译制团队，译制周期短、本土化程度高、成本相对低，达到了海外输出的最佳效果。

5. 各类人才紧缺

人才，是决定传媒生死存亡的主要因素。长沙作为中部城市，对于人才的吸引力不如北上广深。企业要实现“走出去”，“一专多能”的媒体人才、国际化的高端互联网人才不可或缺，同时还需要大量国际商务、版权、运营、产品技术、法律事务和语言等方面的人才。人才资源的短缺严重影响海外业务的发展壮大。

（二）主要原因

1. 缺乏“走出去”的地缘、区位优势

北京、上海、广西、江苏、浙江等地，因为政治、经济、文化中心的优势或沿边沿海优势，广电“走出去”风生水起，湖南相形见绌。比如，广西依托中国—东盟博览会、中国—东盟商务与投资峰会大平台，大力实施“壮美广西·视听东盟”国际传播工程、中国—东盟广播影视产品译制工程，取得了较为显著的成果。

2. 相关主体的内生动力不足

把主要精力和心思放在广告创收上，放在保持湖南广电地方台国内第一方面，对开拓海外市场，参与全国广播电视、网络视听“走出去”大合唱的积极性不够。

3. 缺乏龙头带动

存在各自为政、遍地开花的情况，省级层面以及国家层面没有龙头带动。现有平台、渠道的承载能力、拓展能力、引领能力有限。

4. 对象国家和地区的准入制度严格

近几年，广播电视和网络视听无论是内容、模式输出，还是频道、剧场的落地都很难，主要是对象国家和地区意识形态的管控严格，同行业的排他性明显。

5. 发展的视野不宽、起点不高，没有走出去的规划设计和目标方向

马栏山视频文创产业园是省委省政府重点抓的全新项目，寄予了厚望。省广电局等部门积极作为，先后争取到了省部共建“中国(长沙)马栏山视频文创产业园”“中国新媒体大会”“中国（长沙）马栏山网络音乐创作基地”等多个平台或金字招牌。但该园区广播电视、网络视听“走出去”的内在动力不足，作为一个全新启动的园区，没有“走出去”的具体规划、项目设计和目标方向。

三、推动湖南广播电视“走出去”的建议

针对我省广播电视、网络视听“走出去”的现状及存在的问题，我们认为要制定积极的政策，采取有力的措施，固根基、扬优势、补短板、强弱项，重点突破、整体推进。

（一）提高政治站位，充分认识“走出去”的重要性

1. 从广电系统的政治担当来看

广电部门是政治机关。“走出去”是近年来党中央和习近平总书记反复强调的重要工作，是让国际社会全面真实感知中国、形成中国影响力、构建人类命运共同体最现实的政治，广电系统责无旁贷。

2. 从广电受众市场的格局来看

全国广电内容生产和播出均已形成充分竞争局面，不少传统媒体实力下行。要想总量突破、影响力突破，在巩固国内受众市场的同时，拓展海外市场特别是主流

国家和地区市场是最根本的选择。

3. 从全国广电走出去的现状来看

"走出去"是国家战略，但也是管理者和执行主体的痛点、难点，从中央到地方还缺乏很好的经验和做法。如果湖南广电"走出去"有成效、有亮点，创造出湖南方案、湖南路径、湖南经验，无疑对全国是一大贡献。

4. 从湖南广电在全国的位置及其优势来看

湖南广电已形成了强大的内容生产能力、有效传播能力和良好的创新发展生态，处于全国领先地位，形成了享誉全国乃至全球的"广电湘军"品牌。但论"走出去"的业绩，湖南大约排在第五以后，影视文化内容产品出口额全国占比不到 10%，二者极不相称。把品牌优势转化为"走出去"强势迫在眉睫。

（二）加强行政推动，大力实施扶持激励政策

1. 在省本级财政预算中设立专项扶持资金

一是扶持内容产品（反映当代中国优秀文化和价值观的电视剧、纪录片、综艺节目等）；二是扶持载体（在海外落地的湖南频道、湖南剧场、湖南时段、湖南专栏等）；三是扶持有突出贡献的组织机构和个人。

2. 在省委宣传部文化产业发展资金中开辟"走出去"专项资金

为配套国家扶持项目，每年从文化产业发展资金中列支 10% 用于奖励我省"走出去"的项目。

3. 将广电"走出去"工作纳入绩效考核范围

将此项工作作为省直有关管理部门和业务单位意识形态责任制考核内容，并每年开展一次表彰奖励活动。

（三）配合国家战略，突出"走出去"重点

1. 重点工程

紧扣国家广电总局工作思路，积极抓好丝绸之路影视桥工程、中国当代作品翻译工程、中非影视合作工程等的落实工作。

2. 重点内容

在主题上，讲好湖南改革发展、开放崛起、湖湘文化、文明风尚、自然生态和历史人物故事。在品类上，推动中外合拍，实现现实题材电视剧、网剧、纪录片中外合拍零的突破。

3. 重点目标

以芒果 TV 国际 APP 为主打，拓展“走出去”的覆盖面和影响力，重点对接“一带一路”“金砖五国”“上合组织”等国家和地区市场，同时积极拓展欧美等发达国家和地区市场。

4. 重点策略

实施输入国本土化策略，做到内容、技术标准、语言、营销方式、合作伙伴本土化，提高输入国家和地区受众的接受度，形成听觉和视觉依赖。

（四）推进平台建设，多渠道拓展“走出去”路径

1. 在长沙设立“全国广电走出去论坛”

由湖南省政府和国家广电总局联合举办，每年一次，主要内容包括：主旨演讲、信息发布、经验分享。发布全国广电“走出去”年度报告（白皮书），并以此为契机做好湖南广电“走出去”资源推介、马栏山视频产业园指数报告等。

2. 建立“芒果国际输出平台”

以芒果 TV 的巨大版权节目资源为依托，通过其已搭建的“走出去”渠道，汇聚全省乃至全国广播电视网络视听产品，做大承载量，使平台成为全国广电“走出去”的黄金通道，形成全国广电“走出去”品牌。

3. 建立“马栏山广电走出去内容定制工厂”

以马栏山视频产业园和马栏山广播电视电影网络试听节目版权交易中心为依托，通过 3 年努力使园区内容制作机构达到 200 多家，内容生产时长达到 1 万小时以上。

4. 积极参与海内外组织和机构的合作

一是组织参与法国戛纳电视节、上海电视节、四川电视节等节会活动，并适时举办湖南主题日活动。二是主动与上海，北京、广西等有地缘优势、平台和渠道优势的企业、机构合作，借船出海，互利共赢。

（五）完善工作机制，营造“走出去”的良好氛围

1. 加强全省广电“走出去”工作的统筹

省广电局要切实履行对全省广电“走出去”的组织、协调、指导和服务的职责，对“走出去”的信息收集、情况综合要及时准确，对“走出去”的工作调度要常态有效。力争将广电“走出去”写入十四五规划，制定出台全省广电“走出去”的推进办法。

2. 发挥好龙头带动作用

近几年我省广电“走出去”的成功案例、主要业绩都来自于湖南广播电视台，无疑湖南台是“走出去”的基础和支撑。因此，湖南台要有政治担当、大台担当，要加强领导，明确分管负责人、责任部门，要改变过去遍地开花、散兵作战局面，整合好内部资源，捏紧拳头，形成合力。

3. 积极开展“走出去”业务培训和交流

广电“走出去”有许多跨国跨文化表达的难题和障碍，对人才要求高，必须加大营销、译制、技术等方面人才的培养力度。每年选送30名以上从业人员到广电“走出去”做得好的省市以及“走出去”的对象国家和地区培训交流。

4. 加大对湖南广电“走出去”的宣传

充分利用省内传统媒体与新媒体资源，对“走出去”的方略、重点、业绩等及时宣传报道，提升品牌知名度，扩大影响力，展现湖南广电“走出去”的整体风貌。

（作者单位：湖南省广播电视局）

县级媒体融合创新社会治理模式与效果研究

罗正茂　方　山

县级媒体融合是当前媒体改革的时代命题和重大课题。经过 3 年多来的探索实践，县级融媒体中心建设在全国各地积累了一些有益经验，一些县（市）应势而谋、顺势而动，在创新实践中形成了独特的发展模式，取得了较好的效果。本文重点围绕县级媒体融合发展，特别是县级融媒体中心建设这个研究内容，从“县级媒体融合的时代背景分析”“县级媒体融合创新社会治理模式分析”“县级媒体融合创新社会治理效果实例分析”“县级媒体融合创新社会治理模式建议”四个方面进行深入阐释与剖析，并且根据当前发展情况提出建议。

一、县级媒体融合的时代背景分析

2018 年 8 月 21 日，习近平总书记指出：“要扎实抓好县级融媒体中心建设，更好引导群众、服务群众”，首次提出了“县级融媒体”这一概念。2018 年 9 月 20 日，中宣部对在全国范围内推进县级融媒体建设作出部署安排，要求 2020 年底基本实现全国覆盖。2019 年 1 月 15 日，中宣部、广电总局联合发布《县级融媒体中心建设规范》，广电总局发布《县级融媒体中心省级技术平台规范要求》。2019 年 1 月 15 日，中共中央政治局就全媒体时代和媒体融合发展举行第十二次集体学习，习近平总书记指出：“媒体融合发展不仅仅是新闻单位的事，要把我们掌握的社会思想文化公共资源、社会治理大数据、政策制定权的制度优势转化为巩固壮大主流思想舆论的综合优势”。2020 年 6 月 30 日，中央全面深化改革委员会第十四次会议通过的《关于加快推进媒体深度融合发展的意见》中，提出“要按照资源集约、结构合理、差异发展、协同高效的原则，完善中央媒体、省级媒体、市级媒体和县级融媒体中心四级融合发展布局”。2020 年 11 月 3 日发布的《中共中央关于制定国民经济和社会发展第十四个五年规划和二〇三五年远景目标的建议》中，进一步提出在未来五年，乃至更长远时间内，“推进媒体深度融合，实施全媒体传播工程，做强新型主流媒体，建强用好县级融媒体中心”。截至 2020 年底，全国已经基本实现了县级融媒体中心的全面覆盖。2022 年 2 月 22 日，中央一号文件《中

共中央 国务院关于做好2022年全面推进乡村振兴重点工作的意见》围绕农村精神文明建设和推进应急管理与乡村治理资源整合等问题，对县级融媒体中心提出了新要求：创新农村精神文明建设有效平台载体。依托新时代文明实践中心、县级融媒体中心等平台开展对象化分众化宣传教育，弘扬和践行社会主义核心价值观。互联网和移动媒体如果和原有的县级媒体相加相融，通过流程优化、平台再造，实现各种媒介资源、生产要素的有效整合，实现信息内容、技术应用、平台终端、管理手段的共融互通，催化融合质变，放大一体效能，中国将出现一批具有强大传播力、引导力、影响力的新型县级主流媒体。顶层发声频频，县级融媒体中心建设成为契合时代发展的必然要求。

网络应用迅猛发展，新兴媒体影响深远。中国互联网络信息中心（CNNIC）2022年2月25日发布的第49次《中国互联网络发展状况统计报告》显示，截至2021年12月，我国网民规模达10.32亿，互联网普及率达73.0%，网民手机上网比例达99.7%，平均每周上网时长达28.5个小时。新闻客户端和各类社交媒体已成为“第一信息源”。信息无处不在、无所不及、无人不用，舆论生态、媒体格局、传播方式深刻变化，社会组织运作、动员能力、工作方式、生活状态等也随之发生了空前变化。推进县级融媒体中心建设，是新时代治国理政新举措，具有政治、社会、经济、技术等多重背景。

（一）政治背景

随着脱贫攻坚任务的圆满完成，“十四五”规划的正式开启，实施乡村振兴战略成为新时代的重点任务，而作为基层的主流媒体，县级融媒体在乡村振兴中发挥的作用至关重要。县级融媒体中心不仅是宣传的主阵地，更是基层治理的关键点。首先，信息革命带来信息生产和传播方式的革命性转变，对宣传思想工作产生了日益重大的影响。蓬勃发展的互联网日益成为信息集散地、舆论策源地和思想交汇交锋主阵地，是党长期执政面临的最大变量。特别是移动互联网平台众多，内容庞杂，观点多样，存在政治导向偏差、偏离社会主义核心价值观等“杂音噪音”，挤占和消减主流媒体主流声音。其次，长期以来县级广播电视、报纸和新媒体总体呈现“小、弱、散”态势，没有形成有效合力，传播力影响力不强，主流思想和正确价值观的引领作用发挥不够充分，效果很难彰显。在党的组织结构和国家政权结构中，县一级处在承上启下的关键环节，党的政策上传下达需要打通新的重要通道，基层党组织建设需要搭建新的重要平台。启动和推进县级融媒体中心建设，有利于更好地统一思想、凝聚共识、维护稳定，也是提升国家治理能力建设在县一级落地落实的重要手段，具有重大的政治意义。

（二）经济背景

县级融媒体中心建设的提出，有其深刻的经济背景。经济效益和社会效益是媒体要始终坚持的“两个效益”，经济效益是社会效益的重要前提和保障。第一，推进县级融媒体中心建设，是县级媒体加入中国数字经济发展序列的必然选择。数字科技正重塑传统行业业务形态、制造流程、管理模式和发展理念，推动信息链、产业链、价值链深刻重构与变革。大力发展数字经济是贯彻落实“巩固、增强、提升、畅通”八字方针的重要举措。长期以来，虽然经历几轮体制机制改革，位处基层的县级媒体运营短板依然突出，造血功能不足甚至缺失，媒体产业功能发挥举步维艰，进而也影响宣传质量和社会效益的发挥。第二，推进县级融媒体中心建设，是为新旧动能转换创造条件的必然选择。曾几何时，报纸、广播、电视皆为“第一媒体”，时至今日，它们已经成为“传统媒体”，万物互联的“新兴媒体”逐渐抢占主流阵地，成为引领。传统媒体必须以融合思维、“互联网 +”思维进行重构式再造。县级媒体只有完成新旧动能的根本转换，方能赋予自身新的发展动能，才有希望“融”进未来，“融”出效益。第三，推进县级融媒体中心建设，是实施乡村振兴战略、抵抗新冠肺炎疫情负面影响的必然选择。目前我国已进入县域发展全面转型的新时期，县域经济是国家经济的重要组成部分，县及县级市的面积占据了我国国土面积的 90%，人口占据了全国人口的一半以上。激发县级融媒体中心造血能力是发展县域经济的重要一环，同时，县级融媒体市场目前是一片蓝海，从阿里巴巴的农村电商计划、快手和拼多多的下沉经验来看，互联网企业也在探索更接近基层的发展路径，对于县级融媒体也是如此，县域所拥有的人口资源和物质资源正是发展融媒体经济的优势所在。近年来，通过新媒体平台促进县域经济发展和地方产品销售蔚然成风，县级媒体整合重构新平台后参与其中，既能塑强自身，又能更好地助力县域经济发展。

（三）社会背景

习近平总书记指出：“在我们党的组织结构和国家政权结构中，县一级处在承上启下的关键环节，是发展经济、保障民生、维护稳定的重要基础”。在当前形势下，首先要解决如何把基层百姓所需所盼与党委政府积极作为对接起来，把服务延伸到基层、问题解决在基层，切实推动基层宣传思想工作强起来的问题；其次要解决如何提高基层党委政府组织用网治网水平，切实强化基层治理，巩固思想共识、稳定县域社会、安定县域民心，更有效更强力地夯实执政基础，强化执政资源的问题；然后要解决如何加快乡村振兴步伐，加强基层精神文明建设，推进县城农村移风易俗工作和不良社会风气治理的问题。解决这一系列复杂问题，构筑新型主流舆论阵地、综合服务平台和社区信息枢纽势在必行、迫在眉睫。县级融媒体中心建设，就是要强调服务群众，突出服务事项，不断开发适应群众日常生活需求的服务功能，满足基层群众对美好生活的向往和追求，就是要走好网上群众路线，密切党与人民群众血肉联系，发挥好引导群众、服务群众的作用。

（四）技术背景

中国互联网经过20多年的发展，充分证明了技术对于媒体的重要性。未来，技术仍将是互联网升级迭代的关键因素。2020年11月19日，中宣部副部长、国务院新闻办公室主任在中国新媒体大会上指出，随着5G技术的飞速发展，广电行业应当抓紧5G发展的契机，推动县级融媒体中心与广电行业的共赢发展。第一，大数据、人工智能等新技术带来人工智能新时代，媒体也进入了智能媒体新时代。这就要求县级媒体在技术上既要利用好大数据、人工智能、云计算等技术，更要利用好5G、人工智能、VR、AR、MR和区块链等技术，打造具有较强技术实力的智媒体。第二，当前县级媒体严重缺乏新技术人才，自身无力完成技术重构，但有条件借助外力来解决。例如，以云服务方式构筑省级融媒体技术平台独立端口；与技术力量强的技术公司深度合作；借力技术领先、市场化程度高的省级专业技术平台对接和服务本区域内的县级媒体，完成技术规划、整合与重构等。同时，当前就业市场互联网技术人才资源丰富，这也是引进、培养新媒体人才、技术人才和各类复合人才的有利条件。

二、县级媒体融合创新社会治理模式分析

习近平总书记指出，要扎实抓好县级融媒体中心建设，更好引导群众、服务群众。各地县级融媒体中心始终围绕“引导群众、服务群众”这个着眼点和落脚点，积极探索“新闻+政务”“新闻+服务”等新模式，不断提升社会治理的针对性和实效性。

（一）打造权威畅通的信息发布平台

信息的末梢传递是县级媒体的重点工作之一，县级融媒体中心通过资源整合，打造信息发布平台，使县域信息服务的“最后一公里”更加畅通。

第一，县级融媒体中心统一了发布渠道，将原先散落在机关各部门、各乡镇的公共信息集中起来，解决了“碎片化”，提升了权威性，节省了群众检索信息的时间和精力。第二，县级融媒体中心坚持移动优先，多以官方 APP、微信公众号等形式为主进行信息发布，辅以电视和农村广播，实现了信息从源头到受众的无损直达，最大限度保证了信息的准确性和时效性。在面对重大公共事件时，信息的快速准确传递尤为重要。新冠肺炎疫情发生以来，各县级融媒体中心开设专题，实时发布本地区疫情信息和抗疫动态，在稳民心、聚民力等方面发挥了重要作用，有力助推了本地区党和政府的抗疫行动。第三，县级融媒体中心注重营造“地方感”，保持地域性，通过“本地人写，写本地事，给本地人看”，不断强化地域文化和乡土亲情纽带，使发布的信息、数据更具贴近性，更容易被当地群众接受。

（二）打造便捷高效的政务服务平台

县级媒体发挥近地区位优势，通过政府服务资源的整合，打通县域内各职能部门之间的区隔，连接各个政务信息孤岛，聚力打造平台型、入口型产品，面向基层用户提供一站式、移动化、场景化的政务服务，提升政府透明度，为智慧治理奠定基础。同时，利用融媒体中心的信息汇集和互动功能，了解政府施政和政策落实情况，既做到信息公开，又能问政于民，吸引更多群众参与政治决策，实现县域社会治理的“多利益攸关方”共同参与，更好地联系了政府和群众。打造移动政务新媒体平台“新闻 + 政务”是新时代传媒发展的必由之路，通过服务集聚用户，是舆论引导的现实基础，也是治国理政的创新需求。

（三）打造富有特色的区域商务平台

县级融媒体除了融合政务服务、公共服务外，“+ 商务”也已初见成效。县级融媒体中心借助综合性信息平台优势，主动连接农户、连接企业、连接政府机构，推进区域内农产品、商品、劳务的流通，助力乡村振兴，推动当地经济发展。另外，通过县级媒体联盟，以“跨区域、跨产业”合作等形式，进一步延伸“+ 商务”的传播广度。例如，在疫情倒逼形势下，县级融媒体中心看到了大平台对接大市场的发展机遇。通过“媒体 + 电商”深度融合搭建的全媒体传播矩阵，各县级融媒体中心打造了特色电商销售平台，成功引导用户变客户、读者变消费者。县级融媒体中心根据实际情况积极探索形成的“+ 商务”模式，实现了县级媒体的多元化发展，有效提升自身经营能力的同时，更取得良好的经济效益和社会效益。

随着云计算、大数据、物联网等新兴技术的日趋成熟和广泛应用，县级媒体融合将不断进阶升级，汇聚强大的信息采集、分析、应用能力。未来县级媒体融合平台不仅是内容生产者、信息传播者，更可能成为新时代社会治理的综合专业信息化平台，形成“一个平台、多方汇集、共同推进”的社会治理模式，从而不断提高社会治理信息化水平。

三、县级媒体融合创新社会治理效果实例分析

涉及郡县治，天下安。县级融媒体建设不仅是一项涉及信息传播的媒体工程，更是基层治理、党务公开、产业转型等系列工作的融合工程。下面着重分析浙江省长兴县、安吉县和湖南省浏阳市、桃江县 4 个典型案例。

（一）县级融媒体建设的“长兴实践”

2011 年 4 月，长兴传媒集团由湖州长兴广播电视台、湖州长兴宣传信息中心、中共长兴县委报道组、“中国长兴”政府门户网站（新闻版块）组建而成，集团整合了县域内广播电视、报业等优质媒体资源，打破了先前各自为政的县域宣传格局。集团党委会按照经营、管理同行并轨的原则，下设董事会、编委会、经委会，分别承担重大决策、新闻制作、经营创收职能，从三条主线全面操持集团运行，实行绩效管理，制定“媒体融合发展”量化评估标准，推行“积分制考核办法”。长兴传媒集团积极创新用人机制，实行全员竞聘上岗，按需设岗，打破原有人员身份的限制，实行五档薪酬体系为主体，多种激励措施并行的用人机制。“一人一岗一薪”不仅解决了集团成立之初人员身份复杂难以管理的问题，而且还最大限度地激发了员工的积极性，工作热情高涨。

1. 信息：切实履行党和政府“喉舌”的职责

长兴传媒集团集成了广播、电视、报纸、杂志、网站、新媒体等当前所有的信息媒介于一体，实现了全媒体立体宣发矩阵一体化。内容制作上“采、编、审、播”全程扁平化，重塑了新闻生产概念，实现了一次采写、智慧切片、全程扁平、多元分发、效果追溯、数据入库的现代化媒体工作方法，实现了融媒体最大生产力的输出。集团围绕中心、服务大局，切实履行党和政府喉舌的职责，巩固县域宣传舆论主阵地。围绕党委政府中心工作，集团精心筹划多个时政民生类的主题报道，向受众宣传解读党和政府的最新方针政策；投身公益，引领导向，集团整合之前电视、报刊、广播等类似的公益节目，集中优质资源，成立公益基金，组织开展各类公益宣传；做好社会舆论监督，制作问政节目，开通线上社区版块，直击百姓身边难点热点问题，

为民解忧。搭建短视频创作队伍，长兴县融媒体中心组建了由长兴拍客团和掌心爆料团两支群众内容生产队伍，推动 UGC 和 PGC 的相辅相成，UGC 提供素材，融媒体中心提供资金保障。使得在常住人口仅有 65 万人的长兴，掌心长兴的粉丝量却超过了 176 万人。创新融媒体直播，针对新媒体碎片化、离散化的传播趋势，集团媒体直播由“时间轴”的被动传播转向“事件轴”的主动传播，根据社会热点开展各类主题直播。长兴县建设“融媒眼”平台，整合采编发流程，实现县域统一宣传对接“蓝媒号”，构建全新县级融媒体生态系统。新闻内容生产多元化，采取移动优先、互联为主的融媒体内容生产方式，除了广播电视的长视频之外，积极试水中视（音）频、短视（音）频，制作出 H5、微电影、网络广播、VR 剧等类型的节目，丰富了融媒体节目形态。

2. 政务：基层治理的网上平台

长兴传媒集团打造综合融媒体线上政务大厅，与线下跑政务大厅相比，办事更方便、效率更高。本着“最多跑一次”变为“一次都不用跑的”的服务理念，集团推出“长兴政务通”，接入政务类应用上千项，社保、公积金、煤气、电费等各类民生服务均能通过 APP 查询办理，大大地提升了县域民生便利指数。集团也统一整理了县、乡、村三级政务消息的发布管理及监督。目前，各级各类政务部门均在移动平台上开设了“掌心号”，能够及时发布各类最新政务信息，打破了之前各类政务应用账号繁多、信息发布无序等问题，实现了基层社区的网上治理。集团也着力打造“信息化数字社区”，涵盖了医疗卫生、儿童教育、物品采购等 60 余项重点民生服务领域，实现了社区的网络网格化管理。2021 年，掌心长兴 APP 设置了小微权力“监督一点通”模块，以清单信息的形式将权力运行的制度和过程具体化，群众可以通过“监督一点通”版块在线反映问题，从优从快解决群众的烦心事、忧心事。同时，掌心长兴 APP 和浙江政务服务平台推出的“浙里办”APP 进行了有效打通，设置了“直通浙里办”的链接入口，可以直通浙里办的 250 多项服务，向居民提供了户籍证明、社保查询、最低生活保障办理等服务。

3. 商务：力推“媒体 +”创业路径

长兴传媒集团整体营收连年增加，2020 年全年营收达 2.6 亿元，在出色业绩的背后是其“以市场为导向、以服务为基础”的创业理念。在传统媒体广告不景气的大背景下，以服务为基础，主动出击，研究每个客户的需求，量身定制服务方案，附以全媒体的投送矩阵，牢牢稳住了广告营收。集团利用自身信息平台优势，力推“媒体 +”创业路径。“媒体 + 活动”旨在为客户设计线下线上相结合、传统媒体新媒体相融合的深度立体广告，从活动策划、会场布置、广告宣推、矩阵投放等，全部独立完成，县域内活动效果上佳，营收喜人。“媒体＋产业”则是每年固定举办与民生息息相关的会展来创收。譬如家装、汽车、房地产、教育等行业，主动承办活动进行惠民服务，一头连着百姓，一头连着供应商，最终带来“三赢”的局面。2020年3月，长兴传媒集团打造了《帮扶在行动》《云帮扶》等战疫助农特别节目，通过线上认购为滞销的农产品提供销路，销售总额达230万元。

（二）县级融媒体建设的“安吉模式”

2014年，浙江省安吉县整合资源，组建安吉新闻集团，实行事业单位企业化管理。在县级融媒体建设中，安吉县积极探索“媒体＋互联网”为引领的智慧信息产业发展，实施全域智慧旅游、乡镇综合治理、田园智慧鲁家、智慧社区等“城市大脑”项目。2020年安吉新闻集团营收2.9亿元，其中智慧信息产业占比超70%。安吉新闻集团将优势资源与旗下广播电视媒体进行深度融合，建立了“两微一抖”主流新媒体平台。同时，自主研发爱安吉APP，成为县域范围内老百姓喜欢看、喜欢用、离不开的融媒体移动终端，为大数据跨平台、跨网络智慧城乡应用服务提供解决方案，实现了主流新闻舆论、先进文化引领，多样便民服务、媒体产业发展的媒体良性互动格局，县级融媒体综合优势不断巩固壮大和持续释放。

1. 信息：多媒介全方位新闻资讯平台

爱安吉APP的新闻资讯页面，包括“看电视”“听广播”“读报纸”“悦视频”“观直播”“瞰安吉”等功能模块，可以实时收听收看安吉广播电视台各个频道的直播以及阅读《安吉新闻》。新闻实行50条次以上的24小时滚动播出；借助直播系统，实时推送县域内各类大型活动，每年直播达到150场以上。广播直播一改以往我播你听的形式，把主持人播音间实况直播引入移动端，实现与听众的交流、打赏等互动功能。同时，用户可以绑定微信账号来进行内容分享转发微信的“圈”“群”。2021年，客户端下载次数超100万，注册用户20.8万，日均活跃度25%以上。安吉新闻集团努力加大爱安吉APP的用户粘性，大力研究便民模块应用，设置了安吉天气、文明超市、安吉美食、看安吉、扫码借车、预约挂号、安吉房产、智慧5189000等20个服务版块，覆盖用户的日常出行、娱乐、旅游、美食等需求，2020年累计提供各类服务2383次。安吉县已经形成了以爱安吉APP和安吉微信公众号为主的传播渠道，两者用户总量达35万，用户活跃度达34.5%。

2. 政务：便民利民惠民的政务平台

安吉县依托融媒体建设，重视用户体验，形成生态圈。为了加快实现省市乡村数字化、智慧乡村及“三治融合”“五位一体”社会治理体系建设的部署，安吉县依托大数据和地理信息技术，基于城市大脑平台支撑，构建数字乡村信息管理平台，实时掌握乡村生产、生活、生态变化态势，以“生态圈”形式促进融媒体发展。在引导群众与服务群众过程当中，结合县域规划发展，把媒体融合方案纳入到整个智慧城市建设体系当中，县级融媒体中心与县域发展形成一个生态体系。在平台搭建上，安吉新闻集团重视用户体验，在移动优先的基础上，进行资源整合，不断地整合包括智慧城市、政务服务、民生服务在内的应用，以应用来促进新闻资讯传播，同时以资讯来反哺应用发展，形成一个良性生态循环体系。安吉广播电视台推出“村务清”“云工益”及应急广播、数字乡村等10项政务服务应用，聚焦“三务”信息、工会业务、医疗互助、民生服务等多项群众需求。爱安吉APP中涵盖了便民服务、政务公开、消费维权等与百姓息息相关的功能模块，在疫情期间更是承担起了防疫数据分析、在线问诊、传播疫情防控最新消息的第一责任。安吉新闻集团综合运用多项技术，结合百姓需求，积极拓展媒体平台延展服务，真正做到便民、利民、惠民。

3. 商务：产业转型升级的商务平台

安吉县先后投入3000万元用于研发和运行爱安吉APP，并且依托用户量，稳步实现经营创收。爱安吉APP植入云豆子资金管理系统，年线上销售资金超6500万元，涵盖了餐饮、零售商超等小额消费领域共500家。安吉县自主研发的全国共建共享的“游视界网”平台，构建了全国各地形象宣传、旅游推介、精准扶贫等为一体的线上线下体系。2020年初，爱安吉APP推出“两山智选”版块和直播带货应用，助力县域内各类营销活动。2020年上架产品563种，开展助产助农直播67场，累计销售额达1200余万元，场场直播人气沸腾。爱安吉APP借助直播系统，实时推送县域内的各项大型活动，每年直播达150场以上。此外，爱安吉APP“云公益”平台专设了“对口帮扶”栏目，开启了线上选购通道帮助对口支援地区完成农产品销售，2021年中秋节期间，全县有1.8万多人参与活动，为对口四川省金川县销售农产品558万元。安吉县依托媒体融合发展，不断拓展智慧化项目，加大自身造血功能，在探索“媒体+互联网”发展模式的融合发展进程中，打造覆盖全国的共建共享融媒体平台，连续6年营收增长10%以上，实现了互通共赢。

（三）县级融媒体建设的“浏阳样板”

2013年，浏阳市以“一报一台”为主体，开始布局全媒体建设。2018年，浏阳被中宣部确定为湖南省首家、全国首批县级融媒体中心建设试点县市。2019年3月，浏阳市融媒体中心正式设立。目前，浏阳市融媒体中心和浏阳广播电视集团有限公司合署办公，设中心（集团）办公室、政工人事部、财务部、纪检监察室、融媒管理调度部、技术安全部、机关党委、村村响办公室。截至2021年12月31日，有干部员工779人。近年来，中心紧扣“主流舆论阵地、综合服务平台、社区信息枢纽”的县级融媒体中心建设功能定位，深入推进广播电视媒体和新兴媒体融合发展，营收稳步增长，服务地方社会治理能力显著增强，其主要经验有以下几个方面。

1. 信息：发挥宣传主阵地作用

在推进融媒体建设过程中，浏阳融媒体中心始终将正确的政治导向放在首位，并从矩阵搭建、流程再造、内容创新等方面，推进构建全媒体内容生态，肩负起“举旗帜、聚民心、育新人、兴文化、展形象”的职责使命，为经济社会发展营造了良好舆论氛围。立体化的传播矩阵。整合《浏阳日报》、浏阳人民广播电台、浏阳电视台的传统媒体资源，并陆续搭建起掌上浏阳、浏阳网、浏阳发布、微浏阳、浏阳995等新媒体平台，已经形成“一端一网三微两抖”立体化的传播矩阵。截至目前，掌上浏阳APP注册用户达53万，点击量7.5亿人次，单日最高访问量1240万；“微浏阳”微信公众号总用户数达25万；“浏阳电视台”抖音号粉丝数262.3万、“浏阳日报”抖音号粉丝数超171万。2018年，浏阳融媒体中心推动建立“湘鄂赣手机直播联盟”“全国原创节目交流中心”“中国供销频道节目制作中心”等区域性和全国性合作平台，覆盖1亿以上人口，极大地提升了信息的传播力和影响力。协同化的工作机制。浏阳市融媒体中心设立“指挥调度室”，对“一报两台一网一端三微”实施采编发集中调度以及“新湖南”等4个上级媒体浏阳频道的融媒调度，实现了内容的“一体策划、一次采集、多种生成、多元传播、全天滚动、全媒覆盖”，内容生产能力极大提升。2020年抗击新冠肺炎疫情期间，掌上浏阳APP成为全市应急发布平台，全天候滚动发布防疫新闻。同时，广播、电视、报纸、网站、户外屏、村村响等媒体综合发力。抗疫期间，掌上浏阳APP共滚动发布信息6120条，防控疫情新闻的总点击量超过4500万；55个融媒作品总阅读量达10万+，相关抖音作品累计点击量超8000万次，为坚决打赢疫情阻击战凝聚了信心和力量。浏阳市融媒体中心建立了湘鄂赣城市广播联盟、中国市县电视台原创节目交流中心等区域性、全国性组织和平台，吸引了全国342家电视台加盟，通过主动协同其他区域资源，以横向合作实现共建共享共赢。高品质的内容。近年来，浏阳市融媒体中心加强内容创新，融合短视频、视频直播、H5、图文海报等多种表现类型，推出了一系列融媒作品，引发了较好的社会反响。例如，“浏阳日报”抖音号发布的《“贴纸”竟是新型毒品，一沾皮肤就上瘾》短视频，发布12小时全网播放量突破1.4亿次，提升了主题宣传的传播效果，为禁毒宣传提供了鲜活的传播示范。

2. 党务：开创党建宣传新路径

浏阳市融媒体中心打造的社会综合治理平台“党建 + 微网格”，集社区信息枢纽、服务基层党建等功能于一体。打开“党建 + 微网格”平台，里面既有基层党员的优秀事迹展示，也有基层党建的经验推广。同时，每个微网格由一名党员担任微网格长，负责联系 20 户居民，市民可以通过手机直接向网格长反映诉求，进行诉求追踪，对网格长进行工作评价等，实现市、镇、村、支部、微网格长五级输入和办理，能将全市矛盾纠纷全部纳入，操作简便。截至 2021 年底，平台已对浏阳市 6 万多名党员建立了 3.2 万个微网格，以“政策法规宣传员、民情信息收集员、和谐稳定促进员、推动发展引领员”为口号，截至 2021 年 3 月，矛盾纠纷化解成功率达 95.97%，推动了基层党建与社会治理同频共振。

3. 政务：搭建联系群众的桥梁

浏阳市融媒体中心以掌上浏阳 APP 为主阵地，推出了市直部门、街道乡镇等版块，实现政务信息发布的透明化、权威性，政府服务的互动性、便捷性。信息传播的桥梁。全市各乡镇（街道）、市直部门的 132 个微信公众号停更后，政务信息统一归口“掌上浏阳”发布。截至 2021 年底，“掌上浏阳”APP 总点击量 7.5 亿次，短视频总播放量 30 亿次。同时，中心建立“融媒体数据中心”，整合内部媒资、对接政府信息、收集行业数据，发布环保、交通、教育、医疗、扶贫等多个领域的大数据分析报告，助力政府科学决策。畅通民意的渠道。在掌上浏阳 APP 设置“掌上政务”等版块，办理相关事务 9 万多件。县级融媒体中心成为党和人民的“喉舌”，真正起到反映民意、推动解决民生问题的桥梁作用。浏阳市政府督查室要求各单位在 3 个工作日内进行回复，每年受理市民咨询、建议、投诉 6000 余条，99% 以上得到政府相关部门答复，成为政府与群众沟通交流的重要纽带。便民服务的窗口。浏阳市融媒体中心按照长沙市统一部署，在掌上政务版块中链接“我的长沙”综合服务平台，截至 2021 年 11 月已累计上线 1452 项政务服务，微信小程序也已上线 626 项政务服务和 135 项公共服务，用户量超 275 万，累计访问量超 6500 万人次。同时，还打造了 18 个“智慧城市”政务项目及“智慧停车”等生活服务类项目。市民登录掌上浏阳还可以完成燃气费、电费、水费、话费的缴纳，可以进行公积金、社保、违章情况等查询，有效打通了服务群众的“最后一公里”。

4. 商务：多元化的营收模式

从收入来源来看，除开地方财政的支持，浏阳市融媒体中心还通过新兴项目开发和产业链条延伸，来提升各项经营性收入。“媒体 +”的经济模式。中心运用“媒体 +”的思维，充分对接教育、医疗等方面。例如，在“媒体 + 教育”方面，整合全国优质教育资源，推出丰富多样的视频课程，通过公益课和付费课两种形式，进行线上课程培训。同时，在线下创办艺术培训中心，有效实现线上线下教育资源、受众流量的双向引流，每年培养小主持 1000 多名和小记者 8000 多名。新经济赋能商业价值。2018 年掌上浏阳牵头成立的湘赣鄂手机直播联盟平台，集纳了 75 家成员台，联合直播域内大型活动。截至 2021 年，湘赣边乡村振兴示范区 24 县市全部加盟。2019 年，浏阳市融媒体中心负责“第十四届中国（浏阳）国际花炮文化节”的宣传策划活动，传播总量超 4700 万人次，组织了 2 场直播活动，创作了爆款短视频 9 则，点击量达 2500 万人次。微浏阳公众号陆续推出《今日，我就想有个浏阳朋友！》《今日，浏阳朋友带你去看烟花的“奇幻之旅”》等原创作品，点击量均超 10 万。同时，开发“羊淘商城”平台，让群众实现“云买菜”“云购物”，入驻商家 80 多家，上线产品 400 余种，用户量达 2 万。在疫情期间，商城通过线上专场活动、直播带货等形式，拓展产品销售渠道，吸引消费者参与，为当地经济社会发展注入强大动能。“羊淘商城”精准对接“供”“需”市场，商业模式输出至广东深圳、山西孝义、湖北通城、湖南永州等地，助力推动“乡村振兴”“湘赣合作”。2019 年，浏阳市融媒体中心经营收入达 1.94 亿元，同比增长 4.8%，保持了稳步发展的良好势头。2020 年，中心上半年完成经营收入 8854 万元，媒体收入比去年同期增长 6.31%。

（四）县级融媒体建设的“桃江路径”

2019 年，桃江县正式启动融媒体改革，投入资金 1225 万元，建成了集策、编、审、发、存、评、播等于一体的 2542 平方米全媒体办公区，桃江县融媒体中心在全市率先挂牌成立，构建起覆盖广播、电视、网站、微信公众号、微博、掌上桃江客户端、农村广播网、桃江广电抖音、桃江新闻网（红网桃江站）、微信社群系统、舆情监测系统多元传播矩阵。

1. 信息：强化传播能力，夯实主流舆论阵地

桃江县融媒体中心发挥名主持、名记者、名编辑效应，紧紧围绕引导群众、服务群众，精心打造等品牌栏目。中心以本地新闻传播为基础，以本地生活资讯、消费购物、人际交流一体化服务为重点，进一步改善栏目设置、优化风格、充实内容，实现了内容的“快、新、多、活”和生产的“无缝对接”，成为了具有鲜明地域特色的地方性媒体。疫情期间，桃江县融媒体中心利用全媒体平台为打赢疫情防控阻击战提供有力支持，邀请桃江本地“网红”打造了《主播说防控》《华哥“抗”疫记》等短视频 90 余个，通过视频号、抖音号发布，总浏览量超 2000 万。2021 年，红网益阳推出的《桃江：小区党支部筑牢疫情防控“最后一米”》《桃江：万名网格员筑牢疫情防护墙》等一则则桃江战“疫”的报道，先后被中国网、中国新闻网、湖南卫视新闻联播、益阳日报等中央省市级媒体采用，唱响主旋律，打好主动仗，进一步提升了桃江的知名度。桃江县融媒体中心采用视频直播、创意 H5、视频、抖音等方式，打造立体多维的新闻阅读体验，相继推出了多个传播广、效果好的高质量融媒产品。同时，根据内容主题、受众需求等特点，有针对性地制定推送方案，构建起“新媒体首发、全媒体跟进、融媒体传播”的立体传播格局。疫情防控期间，桃江县融媒体中心多渠道宣传防疫举措，截至 2020 年 1 月底，发布稿件 694 条，相关知识短视频单条浏览量超 13.6 万次，抖音总浏览量达 40 万次。

2. 党务：发挥媒体作用助推党务工作

桃江县融媒体中心通过掌上桃江 APP 打造了桃江党建内容版块，该版块定位为“党员干部教育的新平台，服务党员群众的新载体”，以“宣传党建成果，传递桃江声音，服务党员群众，凝聚党心民心”为目标，努力形成“大党建、大宣传、大教育”的局面，实现党员干部教育全覆盖。桃江党建版块目前包括学习路上、党规党纪、党史博览、人文素养、农村科技等内容，搭建起了党建学习平台，使得党的宣传思想推广到乡、镇、村，打通了上下层级的党务信息的沟通渠道，党员足不出户就可以观看视频，接受学习教育，充分发挥了党媒在基层党务工作中的好助手、好帮手作用。

3. 政务：着力资源整合，构筑政务信息枢纽

赋能基层治理，搭建综合服务平台。桃江县融媒体中心坚持引导服务相结合的原则，践行“媒体 +”理念，推动新闻业务与生活服务、特色产业、智慧城市建设融合发展，探索以新闻宣传和政务服务为主干、多元经营为补充的发展模式，实现干部群众了解新闻资讯一网通晓、办理政务事项一网通办，努力打造主流舆论阵地、综合服务平台、社区信息枢纽。“媒体 + 政务”方面。掌上桃江连接政务服务平台，联通文化、教育、交通、公安、环保等部门，整合群众爆料、业务查询等功能，为群众提供权威信息发布、业务在线办理、问题线索投诉、热点难点答疑等服务，让“信息多跑路、群众少跑路”。掌上桃江 APP 目前已完成掌上政务的入驻，下载安装人数近 9 万；桃江县公众信息网改版后的网站建设持续进行，正不断完善。“媒体 + 服务”方面。“掌上桃江”客户端聚合多方资源，打造一站式生活服务平台，为全县用户提供水电煤气费代缴、快递查询、公积金查询、车票预订、酒店预订等本地生活服务。同时，桃江县融媒体中心依托指挥中心现有技术能力，力求通过大数据分析，对平台用户进行精准画像，出台各类指数，并进行分析，为县域经济社会发展提供参考依据，担当起媒体智库作用。首先构建舆情分析指数。借助融媒体“中央厨房”指挥系统的技术力量，与县委网信办的舆情监测系统密切配合，建立舆情分析预警系统，对境内新闻、论坛、报刊、微博、微信公众号等多方信源进行数据抓取，并通过统计分析，构建起负面舆情分析指数，对负面舆情趋势予以预警，科学指导镇街、县直单位和企业应对舆情。其次构建县域传播指数。通过县、镇、村（社区）三级平台体系建设，打造基层信息交互平台，收集基层声音；完善上级媒体推稿渠道，定期向学习强国、红网等10余家媒体单位推送优质稿件。一方面，基层的信息和声音能上得来；另一方面，上层的政策和精神又能在第一时间到达最基层，真正打通引导群众、服务群众的“最后一公里”。

4. 商务：发挥渠道优势，促进地方经济发展

桃江县融媒体中心发挥信息、渠道优势，联合企业、商家开展“媒体＋房产”“媒体＋团购”“媒体＋农业”“媒体＋就业”等活动，受到广泛关注，真正实现了引导群众、服务群众的融媒体功能。2020年，得知牛田镇小桃村贫困户的黄桃滞销，融媒体中心充分发挥县级融媒体“全媒调度、全网传输、全域覆盖”的优势，将直播间开到桃园，开展直播带货，扩宽农副产品网销渠道。两小时的直播，线上销售黄桃10680斤，销售额83333元。线下火力不减，直播后一周内，桃园近4万斤黄桃已全部售罄。8月29日，县融媒体中心把直播间开进修山镇莲盆嘴村葡萄园，2个小时直播近3万网友参与，共销售葡萄128000余元，解决了基地葡萄的销售问题，保障了贫困户收入。经营创收稳中有升。2019年，桃江县融媒体中心一共创收620万。其中，新媒体部创收10万元，仅为传统媒体创收额的1.6%。2020年，新媒体部在“坚持正确导向、打造品牌力量”的前提下，开展了各项创收营销创新活动。新的管理体制、新的内部管理考核、更切合市场发展的规章制度和业务管理流程，加强了客户服务跟踪对接，落实跟踪责任，拓展多元广告支撑，搜寻新的广告创收增长点，在客户数量和收入质量上实现了新的突破，自我造血功能逐步提高。截至8月底，中心共创收453万，其中，新媒体部创收30万元，同比去年上升63%，为传统媒体创收额的7.1%，为今后新媒体产业的发展注入新的活力。

四、县级媒体融合创新社会治理模式建议

（一）内部机制改革

任何一次改革的成功，表面呈现为物理层面的整合，而内部机制实质上是化学

层面的融合。县级媒体融合的内部机制改革，主要体现在三个层面。其一，本地党委政府按照《县级融媒体中心建设规范》实现县级融媒体中心宏面架构层面的设计。例如，将本地的电视台、报刊、网站、两微一端等新媒体账号、信息中心等新闻资源都打包整合，对县级融媒体中心的整体投入水平处于合理区间，县级融媒体中心与省级技术平台的关系科学合理等。其二，融媒体中心内部的机制改革。在内部机构设计层面，应建立与融媒体相适应的机构设置，例如长兴县融媒体中心在党委会领导下，设董事会、编委会、经委会，实行绩效管理，构建形成权责利相适应的领导体系。浏阳市融媒体中心在内部也设立了融媒体采编中心、融媒体运营中心。在采编业务层面，优化采编流程，如长兴县融媒体中心在2011年设立全媒体采访部、2012年搭建全媒体新闻集成本台，2016年升级融媒体平台，2017年优化为融媒体中心，实现“一次采集、多种产品、多媒体传播”模式。其三，基于绩效为基础的企业化管理模式。融媒体中心虽然是在党委领导下的直属事业单位，但是在单位内部必须实行企业化管理，在薪酬分配机制层面，绩效要充分体现员工的新媒体素养，真正实现能者有位、多劳多得。同时，针对短期项目、品牌工作室的动态激励规则也是十分重要的，如新华社和湖北广电长江云推出的“揭榜挂帅”机制，面向全社、全台征集内容创意，一方面促进了跨部门的协同合作，另一方面也给予了员工获得感。

（二）加强人才的培养和使用

在所有的资源中，人才是第一资源，是事业发展的第一动力和最大变量。当前县级融媒体中心普遍反映存在优秀人才流失严重，现有员工的新媒体素养不够，技术人才缺失等严重的问题，而新增加的编制也成了部分“关系户”紧盯的对象。因此，笔者提出5个建议：一是配好配强“一把手”。当年广电湘军的领军者魏文彬同志也是在湖南这个资源相对落后的省份，通过激活内部机制，打出了在全国广电行业领先的一片新天地，而集团此后的接班人欧阳常林、吕焕斌、张华立都是一线成长起来的“将帅之才”。县级融媒体中心是一个新的机构，当地党委政府应配强班子，特别是配强一把手。二是严把人员“进出关”。新进人员应是事业需要的紧缺人才，应坚持严格的考核机制，确保人员素质关。三是激活现有人才队伍。当前，县级融媒体中心存在着行政编、事业编、台聘、合同工等混编混岗现象，且真正的核心骨干多为无编人才，内部体制机制不顺，这就需要打破原有的身份、职务限制，核心一线部门的人员，应充分体现年轻化、专业化、能力化导向，是一场内部用人机制的深刻改革。在此建议借鉴“广电湘军”和“出版湘军”在事业发展过程中的两个成功案例。例如，“广电湘军”通过组建“湖南经视”，“出版湘军”通过组建“潇湘晨报”,实行与原有集团相对独立的全新的体制和机制,最后实现了事业的大发展，通过“增量竞争”的成果，杜绝了“存量竞争”的恶果。县级融媒体中心应建立全新的用人机制，真正实现“好钢用在刀刃上”，关键岗位留给“关键人物”。四是加强内部培训。在媒体“百年未有之大变局”的今天，提升人才的新媒体素质是所有媒体的当务之急，而对于县级融媒体中心而言，尤其重要。要在学中干、干中学，要将培训纳入工作全程，如桃江县融媒体中心就每月开展“融媒讲堂”，通过外请专家讲授、内部员工的分享等，提升员工的整体素质。五是打造传播志愿人才队伍。当前已是“人人都有麦克风”的时代,有效整合专业人员和业余人员的信息创造力量，如封面新闻运营的UGC视频生产模式“青蕉拍客”，通过与用户线上线下齐互动，提升活跃度，扩充内容量，目前已拥有了1万名拍客，年产视频万余条。

（三）本地党委政府的强力支持

组织架构、财政投入、配强班子，这些都是支持的应有之义，但除此之外，对中心的功能定位也是关键的支持。根据对国内现有十几家较为成功的县级融媒体中心的研究，大部分在立体宣传矩阵的建立、商务变现方面有较为成功的经验，但普遍在政务版块的功能应用方面乏善可陈，虽有像长兴县融媒体中心平台已接入1000多项政务服务这样的成绩案例,但大部分还不成功。以浏阳的“掌上浏阳”为例，在政务版块方面为每一个政府职能部门和每一个乡镇、街道、社区都设立了链接，但都只是信息的发布通道，没有实现政务功能的真正应用。当然，政务功能的应用实现涉及的部门多、领域复杂，但当地政府应该站在“智慧城市”“县域治理”的高度，高度重视此项工作，通过认真的调查研究，将县级融媒体中心作为县级治理体系和治理能力的重要方面，一方面将成熟的政务功能版块，如医保社保、公安的便民服务系统等，及时链接到平台上；另一方面，将一些本地化的数据平台，如乡村振兴的有关数据平台，社会化的视频系统后台管理等，渐次交给中心承办，毕竟本地化、行业化的政务、信息、商务等功能是可以实现相互融合的，这样会对当地的智能化治理提供很好的平台，实现服务本地百姓的“最后一公里”，甚至“最后一百米”，这也是中央推进县级融媒体中心建设的重要目的。

（四）实现省级技术平台与县级融媒体中心的功能互动

按照《县级融媒体中心建设规范》，“省级技术平台为县级融媒体中心媒体服务、党建服务、政务服务、公共服务、增值服务等业务开展提供技术支撑、运营维护的省级云平台”，通过对湖北、浙江、湖南等省级云平台现状的研究，发现在以下方面需加强。一是省级技术平台的多元功能发挥。省级技术平台一方面为县级融媒体提供技术支持，同时也应在内容的定制、策划、部分服务功能的省市县一体化融合等方面进行加强，发挥好“内容导师”的作用和功能。二是处理好省县的动态利益关系。如湖南的“新湖南云”“红网云”为省级技术平台，而新湖南和红网两个平台多年以前就在县级设立分频道或分站。而分频道和县级融媒体中心实际上存在着功能的重叠和利益的冲突，这就需要做好功能定位，处理好两者关系，作出科学选择和平衡。三是统筹整合省级技术平台。湖南的省级技术平台“新湖南云”属于湖南日报报业集团，“红网云”属于红网新媒体集团，而在省级技术平台方面，湖南广电集团未加入，这对我省县级融媒体中心的未来发展而言，存在着一定的隐患。首先，大量的县级融媒体中心以当地的广电为主体，省级广电集团不参加，存在着上下业务未打通的问题；其次，布局县级融媒体中心对我省广电集团未来产业的本地化、垂直化、行业化发展意义重大，特别是芒果超媒下一步布局电子商务板块，更需要县级融媒体的协作；再次，媒体平台的生态化也是未来发展的大趋势，如字节跳动公司就拥有今日头条、懂车帝、抖音、火山小视频、西瓜视频等，业务涉及社交、资讯、短视频产业链（打赏、带货、流量分成等）、互联网教育、汽车等多方位。基于我省的现状，建议对省级技术平台进行适时改革，对现有的双平台技术平台进行整合，由湖南日报报业集团、湖南广电集团、红网新媒体集团共同出资打造统一的省级技术平台。好处在于一方面符合国家的《县级融媒体中心建设规范》；另一方面，为适应未来媒体生态化发展大趋势做好提前布局，为未来省级层面的媒体集团大融合提供可能性方案和战略布局。四是做好 5G 时代的全新布局。当前势头正猛的 5G 时代，对媒体的业态、功能和生态带来的影响不可估量，如湖南广电上线了 5G 智慧电台项目，助力县级融媒体中心完成内容制作、平台建设、技术支持等方面的优化改善，构建 5G 技术下全新广播事业产业链。而省级技术平台则应顺应 5G 趋势，作出新的布局和尝试。

（五）聚焦内容本地化、行业化两个关键环节

实事求是地讲，随着 BAT、TMD 等强势互联网平台的崛起，一二三线等大城市的各细分行业基本上已经被各大互联网平台“跑马圈地”，竞争趋于白热化，而县乡村层面，因为地域的分散，强势互联网平台的业务介入相对不充分。县级融媒体中心一定要发挥本地化的优势，在内容的精耕细作上做文章，在垂直细分行业和领域加大布局力度，将内容的导流与政务功能的落地、商务的变现相结合，全面参

与本地智慧化治理，在水电燃气缴费、文教卫、游购娱、乡村振兴等广泛领域精耕细作，通过媒体整合、媒体融合，最终走向媒体数合，实现“圈一块地、种一季粮、精耕细作、秋收冬藏”的目标，从而实现县级媒体在互联网时代的逆袭。

（作者单位：湖南省广播电视局）

广播电视监评业务研究
——环环相扣　环环尽责　环环出彩　认真办好监评简报

李　静

广播电视监评工作作为广电行政主管部门落实意识形态责任制的关键平台和重要抓手，是监评活动的重要组成部分，它与党委宣传部的阅评工作、党委网信部门的舆情监测工作相辅相成，通过发现问题、总结经验，为正确引导广播电视媒体舆论导向起到了重要作用。多年来，湖南省广播电视局（以下简称省局）大力推动市州监管机构的建设，有针对性地推进对市县两级的广播电视监评工作。早在2013年，省局就相继下发了《关于建立健全市州广播电视监听监看机构的通知》（湘广宣字【2013】12号）和《关于进一步建立健全市州广播电视监管中心的通知》（湘广字【2013】48号），要求“各市州文广新局必须建立健全广播电视监听监看机构，进一步搞好收听收看工作，完善广播电视宣传监督管理机制”。2018年，湖南省政府办公厅发文（湘政办发【2018】73号），明确提出要建立健全全省、市州广播电视监管机制，实施分级负责、分级监管的体制机制。近年来，在省局的一再督促和与市州局的协同努力下，各市州监管机构的设置和职能逐步到位，至2022年4月，全省14个市州中，除娄底、怀化、郴州外，11个市州局已建立监管机构，其中一部分已经开始开展具体的监评工作，定期编发监评刊物，在压实广播电视属地管理责任上发挥了有效作用。然而，无论从人员、经验、还是经费上，大部分市州监管机构仍处在起步阶段。如何克服人财物的不足，从容易操作的层面入手，尽早地把广播电视监评工作开展起来，办好一份监评简报，为市州局提供有效的行政执法依据和管理参考，需要一套简便易行、行之有效的业务操作模式。套用这套模式，将为市州监管机构节省赴省局跟班学习的时间和精力，大大提高市州监管机构的监评工作效率。如何开展广播电视监评工作、认真办好一份监评简报，可从五个方面来规范。

一、提高政治站位，充分认识广播电视监评工作在不同时期的工作任务

广播电视监评工作是动态发展的。省局的监评工作一直走在全国前列，从20

年来的发展历程看，体现了广电行政主管部门在不同发展阶段准确把握时代使命的顺势作为。

21 世纪初的湖南广电，正经历集团化的改革，在局台合一的背景下，局（台）一手抓产业发展、一手抓监督管理，发展迅猛。随着广播电视频道增多、节目内容越来越丰富，《快乐大本营》《超级女声》《快乐男声》等现象级娱乐节目爆款频出，形成全国性影响，管理难度进一步加大，管理形式亟须创新。此时，由广电行政部门主导开展监评工作成为进一步加强舆论导向管理的必然要求和客观需要。2003 年，省局以落实广电总局《关于迅速建立健全广播电视宣传监督管理机制的通知》文件精神为契机，正式增设监听监看中心为内设机构，聘请了一批从媒体和宣传管理部门退休的行业内专家担任监评员，定期编发监评刊物，通过评导向、评质量、评效果、评技巧、评作风，肯定媒体成绩，总结创新经验，发现导向问题，提出改进意见。2009 年前后，广电领域开展文化体制改革。湖南广电于 2010 年初实现局台分家、管办分离，广播电视台的发展活力增强，广播电视内容进一步繁荣发展，广电行政主管部门在舆论引导、宣传管理上的职能突显，监评工作作为广播电视宣传管理的必要环节和重要抓手，越来越显示出它的重要性和紧迫性。此时，省局监听监看中心独立为局直属事业单位，并进一步充实监评员队伍，在原有的由业内退休专家组成的监评员基础上，发展了数十名来自社会各界的特约监评员。秉承“净化美化荧屏声屏，减少扼杀蝉鸣鸦噪”的宗旨，在监评中既栽花、更挑刺，为上级宣传管理部门了解广电媒体的宣传动态，制定工作决策提供了有效依据。党的十八大以来，以习近平总书记为核心的党中央高度重视意识形态工作，指出“意识形态工作是党的一项极端重要的工作”。习近平总书记在全国宣传思想工作会议、文艺工作座谈会、网络安全和信息化工作座谈会、党的新闻舆论工作座谈会等重要会议上，对意识形态工作做了一系列重要论述。省局监评工作以习近平总书记的重要讲话为遵循，紧紧围绕中心、服务大局，成为省局落实意识形态工作责任制，确保全省广播电视意识形态主阵地可管可控，切实维护意识形态安全的重要环节和有力抓手。特别是近几年来，逢庆祝改革开放 40 周年、庆祝新中国成立 70 周年、新冠肺炎疫情防控、决战脱贫攻坚决胜全面小康、庆祝中国共产党成立 100 周年、迎接党的二十大，监评简报作为监评工作的主要成果，在引导全年主题主线宣传形成声势，确保上级宣传管理部门政令畅通，开展文娱领域综合治理等方面均发挥了重要作用。

二、围绕主题主线，有针对性地开展监评简报的组稿

监评简报是广播电视监评工作成果的主要载体。组稿是办一份监评简报的基础性工作。俗话说“巧妇难为无米之炊”，要发挥监评简报的效能，监评稿件就是“米”。监评工作的主要职责，一是发现问题，匡扶导向；二是总结亮点，肯定创新。编辑在组稿时应围绕这两个主要职责，以日常收听收看的内容实际为基础，结合不同时期的宣传要求、时事热点、重要节点来开展。同时，对简报阅读者的阅读习惯和关注点，也需要有一定的认知。

（一）准确把握上级宣传管理要求

一是要深入贯彻落实习近平新时代中国特色社会主义思想，将习近平总书记对党的新闻舆论工作的重要论述和指示贯穿工作全流程。组稿时要坚持正确舆论导向，坚持团结稳定鼓劲、正面宣传为主的基本方针。二是要熟悉政策，紧扣时代脉搏，围绕主题主线、重大节点的策划与播出开展组稿。三是要注重问题导向。在组稿过程中，对于舆论导向有偏差、存在负面倾向的节目要及时大胆发声；对重要节点、重要频道、重要时段的播出内容要重点反映。

（二）全面掌握节目动态

一是“规定动作”到位。根据年初的全省广播电视工作会议精神，关注贯穿全年的主题主线，在不同的节点予以重点反映。二是“自选动作”出彩。日常工作中，要及时查看当地广播电视媒体的节目表，提前了解主频道主频率在新闻报道和文艺节目方面的特色策划，安排监评员予以关注，争取及时反映、综合反映，以此不断总结当地广播电视媒体的好经验、好做法，形成的监评稿件要往上级监评简报等刊物进行推送推荐。通过为精品节目生产鼓与呼，不断引导当地广播电视媒体发挥主流媒体的引领作用。三是对热点话题有态度。主动关注广播电视媒体涉及当地突发新闻和热点话题的报道，对照宣传管理文件要求开展及时评议。

（三）注重举一反三

监评简报是广电系统内部刊物，除了为精品力作鼓与呼，更重要的作用是从专业出发，及时发现并指出媒体播出中存在的政治导向、价值导向、审美导向的问题，为广电行政主管部门的领导决策提供参考，为调控管理提供依据，最终确保正确的宣传导向。实际上，广播电视播出内容中的很多问题都是反复出现的。要组织监评

员将重点放在发现倾向性、苗头性、典型性的问题上，并将日常发现的问题累积起来，在及时反映的同时，还可隔段时间做一次回顾。特别是在重要宣传节点的前夕，适当组织问题提示和预警的监评稿件，将有助于发挥监评工作的效能。

（四）抓住关键要点

监评简报不同于其他刊物，简报的主要供稿者是监评员，对监评员水平能力和收听收看爱好的清晰了解是做好组稿工作关键点。一是前期沟通很重要。必须将相关宣传管理文件精神及时传达给监评员，保持与监评员信息的对称性。在监评稿件的组织上，要了解他们的收听收看爱好，尽量将合适的人安排到合适的节目上。同时，把对稿件的要求、需要反映的角度提出来，听取监评员的意见想法，对有异议的地方要提前沟通、准确引导。二是信息对称事半功倍。一期节目从“生产”到“落地”，经过了前期的“千锤百炼”，要尊重节目制作部门的劳动成果，多收集并关注节目前期立意定位和创作等多方面情况，要求监评员在对节目心中有底的情况下再据实收听收看，做到监评工作“有的放矢”。三是收听收看是开展组稿的基础。组稿编辑和监评员必须同时参与对节目的收听收看，只有对播出的节目内容有更加直观的感受，对节目播出后的效果反响有一定的了解，才有客观评价的底气。形成的监评稿件也才能给人以虚怀若谷，要言不烦，点到为止的感受。

三、不断提升“三力”，与时俱进做好广播电视监评稿件写作

监评员是具体开展广播电视监评工作的核心力量。当编辑提出监评稿件的邀约，充分沟通后，监评员发挥水平的时候到了！广播电视监评员主要是由政治过硬、有较强专业功底、积累了多年的新闻工作经验，又有闲暇时间的宣传战线的退休老专家组成的，也有来自社会各界、能写会评、对广播电视事业怀有热忱的干部群众。做好广播电视监评，关键是要加强学习、与时俱进，熟悉新时期党的路线、方针、政策和业务主管部门的有关规定，特别是要认真扎实学好习近平新时代中国特色社会主义思想。与一线新闻工作者相比，监评员主要通过收听和收看完成工作，未用到“脚力”，但不断提高自身的眼力、脑力与笔力却是必不可少的，其“三力”水平的高低，直接影响到监评工作的成效。广播电视监评中的“眼力、脑力、笔力”，主要是指：发现媒体宣传亮点、成功经验、创新特点及存在问题的敏锐眼光；透过媒体宣传进行本质挖掘与理性评析的深入思考；对媒体宣传进行归纳、提炼、总结的成稿写作。提升监评“三力”可以从以下三方面着手。

（一）提升眼力

监评员要以敏锐而独到的眼光在同题宣传中，找出媒体宣传的亮点、特点，以及成功经验与创新之处，尤其要善于发现问题、提出问题，当好媒体宣传的“预警机”“啄木鸟”，净化音频视频，促进广播电视行业健康发展；收听收看节目时要准确地对作品作出评价，能立马判断出作品的优劣、分析其原因，还要能够从同类节目的横向上，自身节目的纵向上进行对比。尽可能地从主题、结构、制作等多方面找出提升或改进意见。对所分配收听收看的节目要尽可能做到一期不漏、一条不漏，甚至一个镜头也不漏。要用速记的形式做好记录，对值得“点赞”的和认为有“毛病”的要做出标记，事后再重新回看并加以确认。

（二）提升脑力

要接通天线与地线，以建设意识、理性思维开展监评，在发现问题、提出问题的基础上，对问题进行深入评析，并提出解决建议，给人以启迪与思考，以推进问题解决，促进节目创新，多出精品力作。广播电视节目具有认知、教育、娱乐、审美四大功能。在收听收看节目的时候，应当根据这四大功能的要求，结合现实生活，着重分析节目主题宣扬的精神层面，并要涉及作品的创作理念和产生背景。为此，一方面做到明确地掌握中宣部的文件精神、国家广电总局出台的一系列行业规章和对不同类型节目的规范要求；另一方面，要注意坚持时时刻刻学习领会党和政府在不同时期不同阶段的指导思想和大政方针。将二者有机地结合起来，作为评价作品的标准。回看的内容（节目或报道）可分为初看中认为“好的”和有“毛病”的两类。这里首先有一个鉴别真伪的问题。总的原则是按“去伪存真、去粗取精、由此及彼、由表及里”的思维方法进行审视。如果节目（报道）是“真好”，就要多看几遍（若是系列报道，一般要看5集以上），找出它的亮点、闪光点特别是创新点，为下阶段写表扬稿提供材料。如果是真有毛病，则要对毛病进行区分：若是鸡毛蒜皮的小毛病，一般不宜单独写稿，应等此类毛病多次出现后，再集中写一篇，以期引起媒体的重视。若是小毛病隐藏着原则性错误，则决不轻易放过，否则就是失职。

（三）提升笔力

就是要笔下有千钧，既要有政策自信和能力自信，更要“拿笔小心”，真正做到善观媒体、善学媒体、善待媒体、善评媒体。监评稿件的观点阐述要有条理性和逻辑性。对节目的成功和创新亮点应给予足够的肯定，但用词不能夸大、溢美。对低俗、庸俗、媚俗和过度娱乐化等问题的出现应严肃指出、严格把关，用语要中肯、得体，让媒体易于理解、乐意接受。写监评稿件要把握政治站位，注重大局意识、全局意识。说节目（报道）好，就要指出对全局工作有什么促进、推动作用；说节目（报道）某些方面不好，则要指出这些失误客观上会对全局工作造成什么影响和危害。话不在多，但要说在点子上，讲在要害处。

当今，媒体发展一日千里，新技术、新业态层出不穷，仅凭监评员的老底子、老经验，已经不能完全跟上媒体发展的步伐，更难实现监评的到点到位。要体现监评的思想性和建设性，就要提升监评“三力”，其根本一点，就是要求监评员不断提升自己的学习能力，以新思想、新观念、新文化、新经验、新技能不断滋养和丰富自己，做到与时俱进。

四、全面了解考量，在提升监评简报质量上编辑大有可为

监评简报的编辑，与普通刊物的编辑有共通之处、也有较大区别。共通之处在于，同样要对稿件进行选择、修改，对内容、文字严格把关，坚持正确的舆论导向，杜绝差错，并按照稿件重要性排序、分类。区别在于，监评的基础是收听收看，编辑不能只看文稿，也要看节目，从播出的实际出发给出中肯的判定，尤其是对批评性的稿件，必须反复核实。很多时候，编辑会在针对性看节目的过程中发现新的问题或者挖掘出新的亮点，对稿件进行补充完善。有时候会把多篇主题相近但播出媒体不同的稿件合并起来，形成一篇全新的稿件。监评简报编辑有四个需要注意的地方。

（一）标题应仔细推敲，要有头条意识

标题是一篇稿件内容的浓缩和概括，是稿件的“门脸”。监评简报的主要阅读对象是党委宣传部和广电行政主管部门的领导，他们工作繁忙、收到的各类信息材料多，监评简报要从各种材料中脱颖而出，被关注、被阅读，标题起到了关键作用。阅读对象会根据标题来初步判断一篇稿件的重要性，再决定是否继续阅读。一个好标题，一下子就能抓住读者的眼球；标题不好，不仅难以引起读者的注意，还可能会让一篇本来不错的稿件被忽略掉。因此，修改监评稿件一定要在标题上下功夫，要认真推敲。怎样才能算是好标题呢？从监评工作的性质来看，至少它应能很好地概括稿件事实，简洁醒目，若能有些文采当然就更好了。如，一篇监评稿件的原标题是《为湖南卫视 <湖南新闻联播> 抗疫系列评论点赞》，“为……点赞”虽然

把主要新闻事实讲出来了，但对主题的概括比较浅，缺乏高度，语气也相对较软。编辑将标题改为《湖南卫视抗疫系列评论掷地有声》，句子短而有力，精炼地阐明了节目的主题和影响力。又如，2017年12月，某一期监评简报在编辑过程中收到各类监评稿件20余篇，最终编辑选择《电视文艺节目应致力于为人民提供精神指引》作为刊物头条，这篇监评文章由习近平总书记2017年11月21日给乌兰牧骑的回信谈起，强调湖南卫视要推出更多能给人民以精神指引的作品，而不是过多的娱乐，具有现实指导意义，这样的头条选择就大大增强了当期监评简报的分量。

（二）全面斟酌考量，注意素材的取舍

监评简报编辑过程中，会不断收到各类稿件，因为监评简报编发有时间要求，还需要给三审预留时间，留给编辑的工作时间并不多，要在有限的时间内从一批监评稿件中寻找并抓住重点，才能增强监评简报的针对性。对于一些反映多个频道的同一报道主题的合并性稿件，素材来自不同的监评员，对素材用或不用，要根据监评稿件的具体情况来考量、取舍，而不能一股脑堆砌到稿件中去。有的素材用到稿件中，不仅起不到积极的作用，反而可能对稿件整体产生消极影响，这样的素材应当删除。有的素材缺乏，就需要及时联系监评员补充。此二者，都是监评简报编辑修改稿件时应当注意的。

（三）清晰叙述事实，做到事准确可信

编辑监评简报，必须对监评员的每一条稿件高度负责，做到事实准确，这既是为了保证对广播电视播出内容的评议公正，也是为了维护监评简报的权威。如，2019年，某一期监评简报编辑时，监评员发来《蓝山县电视台违规播出境外电视节目》的稿件。因为是问题较为严重的批评稿件，编辑首先调取当天的节目，仔细核看多遍。经核实，节目确实存在问题，但监评稿件中对节目内容的表述不完整，导致多处表达前后矛盾，且没有明确指出节目内容存在的具体问题，也没有指明具体违反的相关法规条款。对此，编辑对稿件进行了较大修改，不仅根据核实的情况补充了节目违规事实，也查找到相关政策法规，明确指出了节目违反的相关规定，确保了事实和法规的准确性，做到了有理有据的判定。这样的监评文章刊登后，媒体才会服气，相关行政管理处室也才能掌握行政执法的权威依据。

（四）精炼文字表达，避免稿件冗长

从监评稿件上看，存在水平参差不齐的情况。有些稿件标题写得可以，但转入

正文叙述部分就问题比较多了。删掉可有可无的文字，使稿件更加简洁精炼，是修改监评稿件的一个重要内容。稿件不精炼的主要原因，一是叙述过程太详尽。其实，有的过程需要交代一下，有的则不需要交代，即使需要交代，也应尽量简短。如，宣传报道一个人或者一个单位，要聚焦其某一个方面，而不可能面面俱到。二是语言表达欠简洁。有的表达本可以用短句子，却用了冗长的句子，甚至连续几十个字中间不断句；有的稿件中还有一些“车轱辘”话，前后多次重复地讲。精简文字有一些技巧可以遵循。一是反复读。如果有的词省略后，也不影响语句通顺的话，就可以直接删掉。二是少用副词。写文章，有时候需要加些修饰用的副词，以更好的表达语气、体现情感倾向，但监评稿件重在中肯平实，少用为好。三是换语句顺序。从改稿过程看，有些稿件之所以啰嗦冗长，语句顺序颠三倒四是个重要原因。最简洁的应该是谁、干了什么事、达到了什么效果。四是合并同类项。一段话中，反复提及两次以上的词语都可以尝试精简，前面提一遍就行了，在不影响整体表达情况下，后面可以略过。此外，修改稿件还有个小窍门，如果不是必须马上修改的稿件，可以先多熟悉一下内容，隔天再动手修改，这样跟稿件“小别”之后，更容易发现问题。

五、善于梳理总结，避免在监评简报的编辑中反复出现问题

总体上讲，广播电视监评是一个系统性工作，在组稿、写稿、编稿之后，还有一、二、三审，每一审对监评简报内容的修改调整，都体现了格局和水平，有时甚至是一个标题的改动，一个段落的删减、一个目录的重新组合，简报就有了完全不同感受的呈现。一篇监评文章收到了上级领导的批示，往往是环环相扣，环环尽职责，环环出彩的综合性成果。每一期监评简报既是传承，也体现了创新。因而，做监评工作，办好一期监评刊物，不能办过就过了，要及时梳理总结，不断积累，形成制度。

（一）要形成定期的编前会议制度

召开编前会议，可以既及时传达最新的宣传管理精神，又做到提前介入，有内容上的主次安排。同时，给变化预留空间。因为在实际业务操作中，媒体的播出情况往往是变化的，由于出刊频次的限制，某些既定的主题在临近出刊时可能已经失去时效性，或者在组稿、写稿的阶段，有更新的舆情热点出现了。这都需要有统筹的安排、对称的信息和灵活的调度。

（二）要雁过留痕，做好编辑日志

广播电视监评工作既有政策性要求，又是一门通过积累才能不断提高的业务。当前，部分市州局正着手筹备监评简报，建议能从一开始就设置一个监评日志，形式上既可以是一本手机的大笔记本，也可以是一个连续记录的电子文档，将每期监评简报中遇到的问题、找到的诀窍、要注意的要点记录下来，点滴积累，水滴石穿。如能从最开始就能有意识的注意到这一点，之后的工作开展，就能达到事半功倍的效果。

（三）可考虑建立评奖机制，进一步增强监评员的工作积极性

现实情况是，因为专业人员少、可选范围窄，多个市州局的监评员队伍组建困难，监评员的积极性也有差距。有时候，也存在只在意稿件是否被刊登，而不注重了解为什么没有被刊登的情况。所以，提高监评员的写稿积极性是保障市州广播电视监评工作能够持续开展的一个基础。因而，在当地政策与经费允许的前提下，市州监管中心可以考虑建立对监评稿件的定期评奖机制，即便一年一次，也将对保障积极性起到正面的促进作用。

（作者单位：湖南省广播电视局）

开门办台　淬炼英才
——湖南广电融媒体人才培养路径研究

黄子林　成　娟　黄学建　罗　昕　梁德平　陶诚超　王　滟　陈　涛

“融合发展关键在融为一体、合而为一”。要尽快从相“加”阶段迈向相“融”阶段，从“你是你、我是我”变成“你中有我、我中有你”，进而变成“你就是我、我就是你”，着力打造一批新型主流媒体。这是习近平总书记在党的新闻舆论工作座谈会上对煤体融合发展提出的要求。

2022 年 3 月的“湖南卫视与芒果 TV 深度融合推进会”上，谈及“为什么要推进深度融合”时，湖南广电的掌门人张华立表示：上有要求、下有需求，时势使然、使命所在。湖南广电的媒体深度融合如箭在弦上，一触即发。湖南卫视、芒果 TV 的领导层交叉任职，说明台网融合发展进入全面实施阶段。媒介的融合发展对传媒人才的从业素养提出了新的要求，进而，对人才培养提出了新的要求。人才培养是一个系统工程，人才培养模式（及其实践路径）是其中最复杂、最富于变化、最有活力的子系统。在媒介融合的现实语境中，研究人才培养模式及其路径是当务之急，虽然它可能是某种“艰难的挑战”（能够理解但不知道解决办法），甚至是“棘手的挑战”（复杂难明，还需要更多数据分析和观点归纳来寻找解决办法），但是“千里之行始于足下”，我们迎难而上，以本研究抛砖引玉。

2020 年 7 月—2022 年 5 月，课题组走访了湖南卫视、芒果 TV、电广传媒、湖南娱乐等媒体，又深度访谈了湖南卫视、湖南经视、潇影集团等单位的 20 多位人士（基本上是节目一线的，从新进员工到频道总监，从前期创意到后期制作；本研究侧重聚焦节目创作人才的培养）。与田野调查相结合，借助文献研究，课题组对传媒产业发展和融媒体传媒人才的需求现状进行了广泛的调研。基于搜集的数据和资料，我们力求总结传媒人才培养的问题与经验，思辨媒介融合背景下人才培养的理论和实践创新，探寻湖南广电融媒体人才培养的策略与路径。具体，本研究以融媒体人才培养（增补引进、使用）中的问题为主要目标，从经验梳理到学理分析，从实践探索到理论建构，系统研究媒介融合语境下湖南广电人才培养的策略及其路径。——在多学科的交叉论证中，述评其融媒体人才培养的现状，考察人才需求的结构变化和内涵变化；然后，结合传媒发展、媒介融合领域的研究成果，因应教育理念更新和范式变迁，探讨制度改革与策略创新，提供决策参考。

上篇：研究发现

湖南广电多次大刀阔斧改革、持续发展，芒果 TV 与湖南卫视网台合一、朝气蓬勃……这一切，显然得益于人才工作的卓有成效；这一切，都值得大书特书并且提炼、升华，并且宣扬、推广。

当前，传媒领域的改革进入攻坚阶段，媒体的经营理念与策略亟待刷新；由于媒体竞争白热化、媒体融合进程日新月异，湖南广电一直是多个平台猎聘人才的"重灾区"。就人才培养而言，传统模式受到了严峻挑战，模式创新成为社会热点、行业发展痛点和传媒教育改革的难点。社会环境、教育环境和行业环境的变化，倒逼传媒人才培养模式和策略、路径创新。反过来说，媒介融合给传媒人才培养带来巨大挑战的同时，也为创新带来历史性机遇。

"不创新毋宁死"，创新正是湖南广电的基因，是湖南广电挺立潮头的法宝。当前，抓好首要元素——人，激活事业、产业跨越性进展，是当务之急也是百年功业。

一、湖南广电遭遇总体性的发展瓶颈问题

近几年，随着政治、经济、文化、科学技术等媒介生态环境的剧烈变化，湖南广电遭遇总体性的发展瓶颈问题，以至于，富于忧患意识的管理者发出盛世危言——"到了'唱国际歌'的时候"。唯有居安思危，高瞻远瞩、深谋远虑，才能未雨绸缪，改弦易张、化危为机。

其一，电视作为"第一媒体"的地位受到质疑。数据显示，从 2017 年起，从视频总量到收视时长等，国内的网络媒体开始全面赶超传统电视；2021 年的广告营收业绩：互联网公司阿里巴巴 3163 亿元，高于同年全国广播电视行业的 3079 亿元。电视的权威性、公信力大体还是领先，使用率、美誉度等方面呢？显然缺乏足够的自信。

其二，媒介融合——对于广播电视这种"旧媒体"来说，更多的是"危"还是"机"？从技术进步的角度看，媒介融合意味着新媒体对"旧媒体"的攻城掠地；从制度进化的角度看，互联网对广播电视形成降维打击；……此外，广播电视必须兼顾更多的宣传教育任务和社会公益职责。那么，所谓媒介融合，会不会变成向下兼并？

其三，随着"统一大市场"建设的推进，区域竞争、省际竞争可能日益加剧。

那么，湖南广电今后能够集聚的政治、经济、文化资源，可否为它的超常规发展继续提供足够的支持呢？——假如不能，那就不进则退，湖南广电甚至将被重新定位为“第二梯队”。从优秀人才的流动来看，显然，“孔雀东南飞”居多，一线城市“回流”长沙者少。

其四，湖南广电的娱乐文化兴旺发达，湖南卫视“青春中国”的旗帜飘扬。然而，危机四伏、前途未卜。一方面，作为“旧媒体”，广播电视的文化内涵趋向保守主义，想要抗拒这一“地心引力”，谈何容易？世异时移，“电视主要是一种娱乐媒体”大概率需要重新定义。另一方面，移动互联网媒体的基因更“青春”，更适合娱乐，更具有交互性，更有用户黏性。

其五，“旧媒体”尤其是地面频道的未来在哪里？ 在经济下行、疫情影响、行业内卷、政策收紧的严冬之下，湖南广电的发展面临新的拐点：未来的发展既可能是向上延伸的起点，也可能是波动曲线的波峰，充满不确定性。对传统媒体尤其是地面电视频道来说，是管控成本、勒紧腰带过日子，还是大刀阔斧、做出必要的换血？相较过去，人才激励的阈值已被拉得很高，现阶段人力创意的激活、士气的提振就显得愈发困难。与此同时，优质人才不断从传统媒体“出逃”到互联网媒体，强者愈强、弱者愈弱，双方积累的差距进一步拉大，新媒体平台又将如何对传统电视媒体进行反哺？

二、什么是融媒体人才？重在培养还是使用、引进？

什么是融媒体？至今未有定论。谈论融媒体的时候，我们也许指的是多媒体、全媒体。进一步看，谈论融媒体人才的时候，都说要“复合型人才”，那么，它指的是具有创新精神和媒介融合意识（全媒体思维、媒介融合技能、新媒体素养）的节目创作“通才”呢？还是通晓管理、经营、创作事务的“全才”？抑或是全面需要？与此同时，亟待确认的是：我们的当务之急是内容创作还是运营管理，还是广告营销？当前，亟须培养的是哪一方面的人才？人们普遍认为媒介融合对传媒人才的培养形成挑战，但对媒介融合的全面性、深刻性和颠覆性认识不足，因此，现行的培养模式及其培养路径，难以满足需要“范式转换”的高度革新。一年又一年，湖南广电人在融媒体人才培养进程中历尽艰辛而硕果累累，然而，培养的目标和方式、路径尚未达成共识。时时、处处，条条、块块，各自表述、各行其是。

另外，怎样“使用”融媒体人才，也是一个问题。再者，当务之急到底是人才培养的问题，还是引进或者“拿来使用”的问题？培养人才为我所用，天经地义；

培养人才本身也是广电事业发展的应有之义，这是毫无疑问的。不过，过分强调自产自销、自给自足，是不是市场经济背景下的长久之计？无论是传统媒体人才培养亦或是融媒体人才培养，都具有一定的范式，湖南广电的优质人才就是通过过往所积累的培养路径锤炼，具备了一定标准化的能力，如技能常识、眼界思维、创新意识等等。人才培养的范式百花齐放，亦在不断更新迭代，但还要进一步聚焦，如何解放那些个性突出、潜力巨大的“幺蛾子”的生产力，不被所谓的标准所束缚？显然，我们要不拘一格、将跨界进行到底（目前还只是引进层面在专业跨界，在人才培养上如何跨界，真正打破思维束缚，需要进一步研讨）。

在严峻的形势面前，人才（领军人才）是否存在着断代危机？我们应该寄希望于人才培养的奇迹，还是外脑引进的应急？我们认为，湖南广电没有的人才应该坚定不移地引进，湖南广电已有的人才应该使其生长得更加野蛮。

三、“破与立”：新、旧人才培养体系的辩证关系

在传统媒体式微的当前，要推动融合发展，首当其冲的是新型人才的培养。然而，脱颖而出的新型人才，不是无源之水、无本之木。它是从传统培养体系中破土而出并且自我革新的，其间，有着紧密的新旧关联性。可以说，新型、传统两种人才的培养体系，有着明显的“破与立”的辩证统一关系，“破为破中立，立为立中破”。

首先是“破”，破困局，对传统人才培养模式进行创新。近年来，湖南广电除了加大对互联网IT人才的引进，还大力开展中高端人才猎聘工作；再就是，激活内部人才，将传统媒体人才转化为具有新媒体属性的IT人。整个马栏山的全媒体人才培养就是IT和TV人的基因重组和嫁接、转换、升级。这得益于台网之间、行业之间、芒果生态内外的人才流动。实操层面，湖南广电在制度层面有“1+1”合作机制、制片人制、工作室制，强调人才赋能、创新创优激励机制；人才开发培训层面，有“芒果青年说”“青年CEO俱乐部”“创新飙计划”“人才赛马会”“中庭夜话”等范式，开发、拓展品牌；人才生态系统创新方面，有“金芒果成长计划”“芒果人才小镇”等，加速人才转型升级。

其次是“立”，破而后立。一是进一步完善激励机制和容错机制：湖南广电继续坚持收入分配向业务带头人和业务骨干、新型人才和团队倾斜，建立公平合理的收入分配体系和长效激励机制；同时，直面创新风险，允许试错。二是建立内部人才市场：遵循人才发展的市场规律，鼓励内部人才的流动，打造开放包容的芒果人

才河，让人才在传统媒体和新媒体平台间真正自由地流动。湖南广电要让既有人才多维融通，向内容自觉、产品自觉、技术自觉与用户自觉转变。三是H型人才双通道管理：管理通道和业务通道并举，夯实复合型的新型人才基础，激活芒果人才生态,形成湖南广电未来的系统竞争力。四是特别重视年轻人才：继续做实做强“三十未满”湖南卫视飙计划，芒果TV和电广传媒青年人才工程等等，让年轻人永远有机会。

四、热切的希望：来自一线的声音

如前所述，课题组深度访谈了近10个单位的20多位员工。我们谈论的话题相当随机而宽泛，却也始终围绕着一个主题：对人才培养（引进、使用）工作的见、闻、感、想。受访者大都真诚、坦率地说出了一些看法和想法、意见和建议，包括一些深层次的思考。下面，节选几位基层员工的声音：

1.“领鲜计划”员工

C君：“频道总监很想听到一线的声音，发现年轻有创意的人才。”

L君：构建机制，体系化帮扶，积极挖潜，因此氛围很好——鼓励创意和人才脱颖而出。扁平化管理，透明、开放而且公平、平等。保障个人知识产权——“只要有创意点，就可以当总导演”，制片人会整合整个工作室的资源来提供保障，“制片人的工作就是做服务”。

W君：制片人推举新人“有执念”，似乎有“无数个口子”可以脱颖而出。不过，仍然希望上升通道多元化、更加明朗——真正做到“唯才是举”。

2.“金芒果成长计划”、芒果训练营员工

即使短期内难以产出一批领军人才，但也可以营造“不拘一格降人才”、人人争先的氛围，可以对相关同事产生激励作用。

Y-1君：新人有好创意就能当总导演——“极力保护人才的积极性和创意的原创性”。

Y-2君：得以随性而为、自由流动，上下级沟通顺畅。

X君：认同多元化的成长路径。建议：明确上升阶梯，细化、合理化评价的标准；希望：业务指导老师多多“传帮带”，组织上落实并完善“芒果导师制”“双向选择”等制度，有机会轮岗。

3. 芒果TV员工

H-1君：制片人（工作室/团队）负责制，相当于分田到户、分灶吃饭，人财物等赋权，空前调动了积极性、解放了生产力。不过，负责人被称为“老板”，有可能乾纲独断、予取予夺，上下级关系异化为人身依附关系。一旦开启“电视民工”模式，基层员工的权利（如薪酬福利制度、晋升制度）如何保障？——如何制衡制片人的绝对权力？另外，要警惕“山头主义”、以邻为壑。

H-2君：导播、摄像等一般性技术人员，门槛不高、不够专业，打价格战，缺乏上升通道；“获得感”缺失，坐看“上层人士狂欢”。后期是劳动密集型产业，打零工、小作坊，还有利益输送问题……如何可持续性发展？

K君：湖南广电的人情味特别浓，“最看重的还是人才本体——只要你创造，就给你机会”。工作室运行更加自主，机会更多，成长速度快，决策上档的流程可能非常迅速。建议：团队人员要有更新和淘汰；希望：多一些内容上的培训，内部业务交流（从卫视频道调任芒果TV期间，花了将近一年的时间，自费前往头部互联网企业“游学”，堪称“间隔年”）。

五、融媒体人才培养一直“在路上”

近年来，湖南广电人正在全力以赴地进行“人才结构优化”：

1. 从人才嫁接到集体进化

在媒体融合的前期，往往是缺什么就先补什么，让新的人才为我所用，让“传统人才”在新老交互中焕发新生。如加大人才培养和引进力度，快速补充软件工程、产品研发、数据运维等新媒体新技术人才，补齐专业人才短板；在内容、技术、资本、经营、管理等方面部署人才建设机制，不断优化全媒体人才结构；巩固创意类人才的团队优势，立足改造和提升现有人才队伍，以项目为引导，推动业务骨干向项目负责人、产品经理转型，努力实现湖南广电人的集体进化。

2. 从顶层设计到领军布局

对于传媒行业来说，人的主观能动性永远是抵御风险、适应市场甚至是创造利润的最好方式。所以，人是变量，也是增量，领军人才是变量和增量中最大的生产力。湖南广电战略布局长视频、短视频、音频、电影、内容电商、文旅+投资多个主力赛道，抗击媒体融合冲击韧性强；不同赛道领军人才的排兵布阵不拘一格但又“别有用心”，传统媒体新媒体跨赛道发力是常事，坚持以领军人才之“人变”推动媒体融合之“蜕变”，失之东隅亦能收之桑榆。以双平台为例，芒果TV和湖南卫视双平台领军人物从“交换”管理到“交叉”管理，融合深度愈加深刻。

3. 从单点突破到百花齐放

湖南卫视和芒果 TV 双平台持续的融合升级，打造了湖南广电媒体融合的新范式。但不只是双平台，融合之势，业态之融合、资源之融合、文化之融合、机制之融合、人才之融合正春风化雨，蔓延开来。如地面频道与上市公司之融合，融合已然全面来袭。新兴和传统、同业和异业的优化组合或将孵化新的动能、开拓全新的市场，人在其中，跨界、流动、转化、升级是必然之路。可见，人的融合与产业融合相辅相成，将在实践中不断迭代。

当前，在媒体融合过程中，仍面临的一些主要问题，正在破解或者探索破解中：大刀阔斧的媒体融合改革席卷而来，对湖南广电原有的组织形态、人才结构、文化生态等正在形成新的冲击和挑战，组织架构调整、运行机制变革、人才升级优化、文化重塑融合利在长远势在必行，短期内不免产生阵痛。作为市场化程度较高的事企业单位，如何充分与市场同频共振、同气相求，通过人才、业务、创意、技术等多维度的互动共享达到资源的最优配置，亦需要不断探索。

一切过往皆为序章。湖南广电的融媒体人才培养仍在不懈地探寻路向。“良好的开端是成功的一半”，这一伟大征程“正在路上”。相对应的，产学界的研究与思考也刚刚起步。

下篇：研究建议

基于上述研究发现，本课题组提出以下建议。

一、以人事工作为核心、以人才队伍建设为抓手

人是第一资源，人是第一生产力；更加重要的是：人不是手段，人是目的。以人为本、解放生产力是“电视湘军”拔地而起的制胜利器，也成为了湖南广电的优良传统。在这“大传播时代”，在这媒介融合的新时期，我们必须继往开来，“以人事工作为核心”、把人才建设放在首位，“以人才队伍建设为抓手”，创新性地统筹、规划、开展一切工作；真正做到：大力推进人才发展制度改革和政策创新，狠抓工作谋划和落实，大兴识才、爱才、敬才、用才之风，改革人才培养和使用机制。人才建设是“一把手工程”。各部门的主要负责人应当从创收、创作等日常工作中解脱出来，致力于顶层设计、完善制度、搭建平台、优化服务。“十年树木，百年树人”，人才建设不可能立竿见影，但是一旦出了问题，“病来如山倒”，而

且会发生连锁反应、不可收拾。

二、解放思想、自由讨论、集思广益

人事工作是关乎每位员工切身利益的“身份政治”，关乎过去、现在、未来。在现实生活中，却很少见到讨论和批评。也许因为，这需要别样的智慧和勇气，需要多一点理想主义。“若讨论（批评）不自由，则赞美无意义”，换句话说，“成绩不说跑不了，问题不说不得了”。过去，湖南广电的人事工作大胆创新，许多作为可谓劳苦功高；今后，人才队伍建设分外重要、任重道远，所以，我们更要全面、深入地总结经验、发现不足并探讨利弊得失。表彰成绩的同时，问题要说透，困难要想够。面对政治、经济、文化、科学技术的新变化和上下左右日益增长的新要求，融媒体人才队伍建设工作似乎徘徊在十字路口。一天天、一件件，老大难、新问题，不胜枚举。具体来看，各种各样让人头疼、心烦的大事小情——例如高管和骨干离职、顶尖人才引进乏力，例如节目创作人员同质化、平庸化，例如对新员工的“跟踪考察”和“既来之则安之”；还有，如何落实并完善各项制度，主动调研并回应各方面各阶层的需求。亟待讨论、解决的，还有相当数量的相对宏观、抽象的问题。举例来说。其一，明确责任主体，完善工作推进机制，打破各自为政的壁垒，实现“一盘棋”的运营管理。通过目标责任制、“双效”KPI 考核、薪酬分配机制等管理工具，促进深度融合战略目标分解落地。加强统筹集团各类培训，以培训赋能，为深度融合注入思想源泉。倡导建立深度融合成果共享机制，提升集团本部职能部门和二级单位的参与度，形成人人参与、人人支持、人人受益的多赢局面。其二，以企业管理制度为核心，形成集团通用的职务、职级并行轨道，解决深度融合中各平台间组织层级不对等的问题。畅通流动机制，让人才在深度融合中找到最适合的平台和岗位。其三，芒果体系多要素发力，多业态打造，多利益联结，凝聚一大批专业型人才，利用好两大上市公司平台、多个市场化主体平台，聚焦培养引领建设主流新媒体集团的全媒型、专家型人才。

三、开门办台，吸纳人才

一段时间以来，湖南广电是湖南传媒界乃至文化艺术界一枝独秀般的存在。于是，全省以及周边的人才，纷至沓来。然而，从全国的范围看，湖南省的政治经济文化地位并不显要。因此，吸纳全国甚至国外的人才（参与全国性、全球化竞争的必要条件）方面，并不占优势。相对应的，在湖南广电这样一个省级“企业文化特区”开展一流人才的培养工作，成功率可能不高？“性价比”可能低于引进和借用？所以，亟待进一步的改革、开放。可以考虑创立引进人才工程办，集约化经营。湖南广电的中枢机构坐落于马栏山，然而，它的魅力、它的辐射力简直无远弗届（“全球飙计划”就是意义超凡的尝试）。我们认为：湖南广电既是湖南的，也是全国的、世界的；要尽可能开门办台，走出去、引进来，湖南人与非湖南人（包括外国人）、广电人与非广电人，共同成长、权益共享。

四、创办“芒果学园”，打造“象牙塔”

忽视在职教育是国内传媒人才培养工作中的明显缺陷。目前，传媒从业者的职业教育主要包括上岗前的科班教育和上岗时的短暂培训。上岗后，系统地参加脱产、半脱产学习，往往只是一种个人化的偶发行为。（如前，芒果 TV 的 K 君）——日复一日，怎么可能了解、掌握汹涌而来的新观念新知识新技能？与之类似，工业流水线上的业务分工越来越“专”、越来越“细”，只是重复劳动、埋头苦干，接触不到新思想新观念、新领域新行当，怎么可能去发掘潜能、“脱胎换骨”？与之类似，“职场如战场”，谁敢“天马行空”“放飞自我”去实践各种奇思妙想？大家都认同“创意无限”“创意无价”，大家都认同“失败是成功之母”，但是，不言自明的是：创意失败当然也是有代价的。反过来说，唯一鼓励试错的地方，好像只剩下“象牙塔”。有了“象牙塔”，就可以安享“间隔年”，可以放养疯狂“横跳”的小飞侠。我们建议创办“芒果学园”（暂名），整合并升级现有的培训机构，打造湖南广电独有的“象牙塔”。参考英国“学徒制”的传媒人才在职培训形态，建构“前台后院”办学模式，从理论到实践，（弥补社会化教育的缺失）自主培育中高层次人才。例如：面向优质新进人员，集中力量“传帮带”，帮助他们快速成长；适应创意产业发展的要求，力求打通条块分割，培育一专多能的融媒体创意人才；建设人才“蓄水池”和“中转站”，助力引进人才“软着陆”、换岗人员的多元化发展，实现人才流通常态化并且提质、增效；完善中层的岗位培训、轮换和继续深造制度，打造高级“干训班”，提升管理人员、业务骨干的综合素养（政治意识、市场观念、文化底蕴），择机设立芒果研究院、博士后工作站等新型智库，大有作为。

五、提升节目的文化品位，夯实产品的文化基因

顾名思义，“文化力”是文化事业（产业）的核心竞争力，文化内涵是文化事业（例如媒体）的“本”和“源”。丰厚的文化内涵，是“有文化”媒体的立身之根本、发展之源泉；才华横溢的文化类节目与综艺节目一样，同样可以打造成湖南广电的名片。20 多年来，“电视湘军”创作的各类（包括艺术类）节目大都颇有亮点，可惜，相对于大众文化、通俗文化，精英文化、高雅文化类的并不见长，“娱乐强台”了，却有“一条腿长、一条腿短”之观感。与之对应的是，放眼荧屏，想要找出几位有“文化标签”的主持人诚非易事。这让人深感遗憾！对于媒体来说，节目主持人是门面，文化类节目是名片，它们正是核心竞争力之所在。今后，湖南广电应当进一步“补齐短板”，提升作为文化事业（产业）灵魂的文化力，进一步改善形象和口碑。提升文化产品的文化品位，可以通过增进文化类节目的创作来实现，当然也可以通过引入、激活文化因子来实现。对于后者，创作富有文化意味的纪录片和脱口秀，也许是“多快好省”的突破口。

（作者单位：湖南广播影视集团（台）有限公司）

直播电商的潜在风险和应对策略

李志华

一、直播电商行业的发展现状

直播电商作为互联网经济的代表之一，从2016年萌芽，到2018年快速发展，再到2020年疫情的出现与反弹、防疫战线拉长，呈现出爆发式增长的态势。随着互联网技术的成熟，直播电商不断地变“流量”为“销量”，成为人们热议的话题和热衷的生活消费方式，有力促进了经济内循环发展。

（一）用户规模

近年来，直播电商的用户规模呈现持续增长态势。第49次《中国互联网络发展状况统计报告》显示，截至2021年12月，我国网民规模10.32亿，其中电商直播用户规模达4.64亿，较2020年同期增长7579万，占网民整体的44.9%[①]。庞大的用户基础成为直播电商得以持续发展的重要基石。

iiMedia Research（艾媒咨询）数据显示，2020年中国37.5%直播电商用户在直播平台上平均每周购物1—4次，41.7%用户为5—8次，6.7%用户9—12次，3.3%用户13—16次，0.8%用户平均每周购物16次以上[②]。这意味着直播电商购物已经深入百姓生活，极大地影响了人们的生活方式和消费理念，推动经济的增长。

（二）市场规模

直播电商的市场交易额持续高速增长，据网经社旗下电商大数据库电数宝（DATA.100EC.CN）数据显示，2017—2020年，国内直播电商市场交易规模分别为：196.4亿元、1354.1亿元、4437.5亿元和12850亿元。预计2021年交易规模达到23500亿元，同比增长82.87%[③]。

---

① 中国互联网络信息中心．第49次《中国互联网络发展状况统计报告》[R].2022：46-47.

② 艾媒咨询.2020-2021年中国直播电商行业生态剖析及趋势预判[R].2021.

③ 莫岱青．直播电商或将迎“大变局”[J].计算机与网络，2022.1.12：4-5.

从平台而言，综合电商平台如天猫、淘宝、京东等，商业模式成熟、产业链完善；短视频平台如抖音、快手，凭借算法优势和用户活跃度形成平台内部电商闭环；与此同时，社交平台如小红书、B站、视频号等也积极布局直播电商。据2020年公开数据显示，整个直播电商的市场份额中，72%由淘宝直播、抖音直播、快手直播三家占据，形成了淘宝、快手、抖音三分天下，其他平台竞争激烈的市场格局。

高速发展中的直播电商产业链日益成熟，在产业链中负责运营的MCN机构业务极速拓展，市场规模持续增长。艾媒咨询数据表明，疫情带动线上经济，2021年MCN的市场规模已超过330亿元，预计2023年将超过500亿元。网经社“电数宝”数据显示，2021年共12家机构获得融资，总额超3亿元人民币。

（三）发展变化

1. 主体多元化

人民日报、央视新闻等主流媒体，鸿星尔克、韩束、格力、小米、美的等知名品牌，董明珠、梁建章、雷军等企业家，陈灿平、贺骄龙等基层干部，戚薇、刘涛、林依轮、曹颖、贾乃亮等明星艺人纷纷走进直播间带货，为直播生态带来了多元化的烟火气。尤其是2021年的“品牌自播元年”，抖音、快手大力扶持品牌商家入驻，国际大牌、新锐国货、中小商户们相互比拼，加速了自播渠道的布局。数据显示，淘宝直播、抖音直播形式中，店播及品牌自播的GMV占比呈现稳步上升的趋势。

2. 商品本土化

电商直播的积极影响体现在对本土商户产品的宣传方面。无论是知名品牌，还是地方特色产品，都通过直播电商渠道的加持获得了良好营销效果。尤其是伴随着农村信息工程的迅速推进，“农民直播”“农产品直播”“农村网红直播”等直播电商形式大大激活了广大农村的电子商务系统，拓宽了农民致富渠道，加速了乡村振兴进程，促进了地方经济发展。数据显示，2021年“双十一”期间，超过180家老字号开启直播，多个老字号直播间成交额突破百万元①。芒果MCN联合湖南卫视在2021年国庆打造的《稻花香里说丰年》国庆特别节目助农直播，50多位“星光达人”小屏直播组合，40多个直播间，话题热度超过5000万，全国企业认购总量达32万吨。

3. 运营规范化

直播行业过去5年呈现高利润高增长的发展状态，由于行业所处电商平台机制

① 王飞，刘伟东．广电相关行业发展现状及网络发展趋势[J]. 中国传媒科技，2022.5.15.

的复杂性，不乏有各种行业乱象存在。针对问题和风险，2021 年，《关于加强网络直播规范管理工作的指导意见》《网络直播营销管理办法（试行）》等政策相继发布。随着相关政策的陆续出台，直播电商监管体系将得到逐步完善。

二、直播电商行业的潜在风险

直播电商行业经过几年的快速发展，在逐步规范化的过程中，也残留着各式博流量、逐利益的内容，甚至出现藐视法律和道德底线的行为，一些主播和机构抱着侥幸心理打擦边球，行业乱象屡禁不止。

（一）主播专业化低，从业人员素质参差不齐

一个优秀的电商主播，必须在推荐产品领域扎根研究和长期沉淀，才能储备海量的专业知识，积累丰富的产品体验。目前并没有专门的从业人员资质认证制度及相应的规范约束，成为网络主播不受文化水平、从业经验、职业要求等的限制，使得职业准入门槛很低，形形色色的人涌入了直播电商行业，造成部分电商主播专业化水平低下、职业素质不高的现象。

一是道德素质不高，将个人利益放在首位，没有社会责任感。不可否认多数主播的出发点是真正为粉丝谋福利，将价廉物美、物超所值的商品通过直播的形式销售给广大粉丝，让更多的人获益；但也有主播选品不严，缺乏责任感，甚至明知产品有质量问题依然售卖，损害消费者利益。2020 年以来多位头部主播的“翻车”事件，频频暴露出直播电商背后潜在的风险。2020 年 11 月，辛巴承认直播间售卖了伪燕窝，召回全部产品；12 月，“交个朋友”微博承认罗永浩直播间售出假羊毛衫；2021 年 5 月，薇娅直播间售卖“山寨”古姿与 Supreme 联名风扇，陷入授权争议。

二是业务素质不高，专业知识欠缺，对直播间所售产品并没有深入了解，不能娴熟、流畅地讲出所要推广的特点，无法准确全面地向用户展示产品。在直播话术技巧方面，仅能使用一些描述性用语，面对消费者对商品的疑问无法做出专业性的解答。

（二）商品质量良莠不齐，用户维权难度高

在直播电商的新营销模式下，确实为我们带来了更丰富的商品种类和更优惠的产品价格，但产品质量问题屡见不鲜。有些非正规商家为了追逐利润，利用直播电商渠道进行非法盈利，三无产品、假冒商品充斥着直播市场，商品质量难以得到保

证。中消协发布的《2021 年网络消费领域消费者权益保护报告》指出，2021 年我国网络消费领域消费者权益保护工作取得重要进展，但侵害消费者合法权益的情形仍然不容忽视：部分商品和服务存在质量缺陷，不法网络交易经营者虚假宣传的表现更加多样化，等等。

此外，商品质量问题还包含售后服务。淘宝、快手、抖音等平台的直播带货确实火爆，但是部分电商只顾着扩大流量、提高销量，而没有配备相应的售后服务体系。同时，商家、平台、机构、主播之间的责任界定不明确、不清晰，出现售后问题时互相“踢皮球”，用户维权难度高，从而引发消费者的不满和抱怨。有数据表明，2021 年以“直播”为关键词的消费投诉案例超 7 万条，多数消费者无法维权成功。

（三）虚假宣传与数据造假

直播电商的不诚信问题，一方面表现在产品，卖假售劣无售后。为了压低价格、扩大销量，对商品的夸大式宣传，产品货不对板、质量差，甚至虚假宣传、售假。2021 年 8 月，千万粉丝抖音主播陈意礼直播间售出某品牌面膜 672 份，最终被抖音核查，商家售假事实确凿。这不仅仅是主播个人行为，还涉及背后的直播团队选品不严谨和虚假宣传。虚假宣传消耗了消费者对网红主播的信任，破坏主播自身长期积累的消费群，值得所有电商直播带货从业人员警醒和反思。

另一方面表现为数据造假。部分机构或主播通过“刷量”（购买虚假流量）、“刷单”（组织虚假交易）、夸大战报等操作，制造主播人气高、直播间流量高、货物销量高的虚假繁荣景象，借此吸引大量消费者围观，从而获得更高的“坑位费”与销售佣金。2020 年 6 月，全网有着 2000 多万粉丝的小沈阳在快手直播带货，某白酒产品成交 20 多单，遭遇退货 16 单。7 月，叶一茜淘宝直播售卖某品牌茶具，90 万观看量仅售出 2000 元产品。品牌商家为此质疑明星粉丝数据造假。2020 年 11 月，杨坤某场直播的某个商品当天销售 120 万元，但退款高达 110 多万元，被商家怀疑恶意刷单，最终报警维权。数据造假是欺诈商家、误导消费者的恶劣行为，无疑破坏了整个直播电商行业环境。

（四）税收流失严重

2021 年底，杭州市税务局稽查局先后查处了网络电商主播雪梨、林珊珊、薇娅涉嫌偷逃税问题，对于如何让直播电商走出野蛮生长时代这一命题，进行了积极有益的探索。根据《中国统计年鉴 2021》和艾瑞咨询整理计算，2020 年直播电商平台的个人所得税流失额约为 11 亿，明显可见存在着大量税收流失问题。

主播往往通过签署“阴阳合同”、与机构平台“合作”、设立多家个人独资公司等形式，达到偷逃税目的。2021 年 12 月 20 日杭州市税务局发布公告称，主播黄薇（薇娅）以隐匿个人实际收入、构造虚假业务转换收入性质等方式偷逃税款被行政处罚共计 13.41 亿元。合法合规是机构公司和主播个人税务筹划的底线，不能利用税制结构的漏洞，打着“合理避税”的幌子，干着偷税漏税的事情，违反法律法规。

（五）头部主播的垄断效应

直播流量 80% 集中在头部主播，理论上符合“二八法则”，形成强者恒强的马太效应。从行业的良性发展角度考量，头部主播对流量的垄断未必有益，它反映的是强大的资源集中甚至是过度集中的效应。通过流量的绝对优势获得的主权，头部主播甚至掌握了定价权。2021 年 11 月，某品牌在杭州银泰的线下柜台优惠活动，因价格低于某主播直播间而被叫停，让路于直播间的最低价。消费者质疑主播强势控价线下百货，并表达了对此事件的强烈不满。由此，平台和商家都意识到，“头部”主播能带来更多的流量和更高的销量，其实也是一把“双刃剑”。

在平台和主播的双重压力下，品牌商家必须最大限度地让出产品利润，才有可能入选到头部主播的选品池。对于直播电商行业来说，这并不是一个良性的、健康的商业生态模式。

三、直播电商行业的的应对策略

直播电商产业飞速发展，但涉及这方面的立法工作还处于相对薄弱的状态，需要建立行业规范制度，构建包括政府监管、行业自律、社会监督、主体自治等多方位的社会共治格局。

（一）加强政策规范，加大监管力度

2021 年以来，头部主播们纷纷陷入偷税漏税逃税等税收风波，针对电商直播行业的乱象，相关整治与监管措施相继出炉。业界专家认为，引导规范政策与激励扶持政策是并行不悖的，这样才能更深入地推动直播电商行业的有效、有序、高效运转。

从 2021 年 5 月至 2022 年 3 月，关于直播电商行业就相继出台 5 个规范办法。2022 年 3 月 30 日，《关于进一步规范网络直播营利行为促进行业健康发展的意见》

出台，从直播平台、直播行为、税收管理、协同共治四个方面对网络直播营利行为进行了规范。从政府发布的相关政策来看，对于直播电商的整治工作，着力点在于强化规范性引导，构建跨部门协同监管的长效机制，积极促进、鼓励支持机构和企业依法合规经营，促进直播电商行业在发展中规范，规范中发展。

当然，规范管理是一个综合治理体系，除了制定法律法规、制度规则，从产品的性价比到主播的专业度，从机构的高度自律到平台的严格监管，堵住每一个环节的漏洞和风险，直播电商行业才能获得良性的、健康的、长远的发展。

（二）提高平台准入门槛，设立平台监管规范

电商直播带货涉及电商平台、直播平台、主播、商家、MCN 机构等多个主体，其中平台监管为重要一环。《关于加强网络直播规范管理工作的指导意见》《关于进一步规范网络直播营利行为促进行业健康发展的意见》等文件均明确了平台的管理主体责任。在直播电商行业里，应进一步明确网络直播平台的主体责任清单，避免社交电商成为监管的空白地带。

2021 年 6 月北京海淀区法院审理的一起商标侵权案例，将抖音直播平台认定为电子商务平台，内容平台身份的转变，会使之承担更高的义务。直播平台的监管，可以从以下几个方面进行重点管理：

1. 加强对平台的监管，建立公开透明的平台规范

一方面，对于相关部门依法开展的监管工作，网络直播平台应积极配合提供必要的档案信息、文件资料、数据查询等，为执法调查、检查行为提供支持与协助。另一方面，应当设立网络举报平台，推行举报有奖机制，积极动员市民和网民对直播平台的监督。

2. 配合相关主管部门，推行直播账号实名认证、分级分类管理、信用黑名单等管理办法

网络直播的实时监控技术和实时录像功能，一是实时监管、内容可控、随时查处，二是供执法机构检查、抽查时取证。对于违规账号，则依法依规采取警示提醒、限期改正、限制功能等处置措施，严重违规者暂停账号使用、永久关闭账号、禁止重新注册。

3. 提高带货主播的准入门槛，健全直播平台的诚信评价机制

将虚假宣传、数据造假、售假售劣、欺诈消费者等等直播带货行为，纳入诚信考核体系。机构和主播出现违法犯规行为，进行经济处罚的同时，视情节严重性和发生频次，可将其列入黑名单，或取消从业资格。同时，监管部门加大对直播平台

的查处和处罚力度，凡发现对机构、主播的违法违规行为有瞒报谎报、姑息纵容、助纣为虐者，可考虑吊销平台的直播带货资质，提高违法违规成本，增强监管震慑力度。

4. 加强社会监督

设立网络举报平台，推行举报有奖机制，积极动员市民和网民对直播平台的监督。网络直播首页及直播间内的明显位置，应设置平台投诉和举报通道，以及“全国文化和旅游市场网上举报投诉处理系统”直达链接等，同时建议平台配备专职人员负责受理举报事宜，建立高效处理举报投诉问题的内部联动机制。

（三）强化行业自律，加强主播培训

随着近年来直播行业乱象越演越烈和网络主播队伍不断壮大，网络主播行业产业链正在形成。强化直播行业自律，加强主播专业培训，从严从实，标本兼治，营造风清气正的直播电商环境刻不容缓。

无论行业发展多快，网红直播经济必须走在规范化、专业化发展的轨道。2021年8月30日，文化和旅游部发布《网络表演经纪机构管理办法》，正式明确了平台、主播、经纪机构等各方关系及各自的责任与目标，规范行业健康发展迈出了重要的一步。

今年开始，各省市陆续有新业态新就业群体建立社会组织，如湖南长沙即将成立的“长沙市网络主播协会”，由芒果MCN、彩虹唐传媒、二咖传媒、门牙视频、宝宝秀文化传媒、湖南映客、湖南字节跳动、湖南虎牙等联合30多家平台及MCN机构主动发起行业自律行动，通过开展职业道德等教育培训，联合打造本土化、规模化产业集群，对本市网络主播所在行业持续、健康、有序发展负责。

从直播的发展来看，加快推进中小主播直播电商技能的培训，让更多的中小主播快速成长，与大主播形成良性平等的竞争关系是行业健康发展的重要一步棋。直播平台可以对中小主播适当进行流量倾斜，扶持新人直播打造一个生态丰富的直播电商社区；同时，严守“实名认证”和“持证上岗”两条网络主播职业准入的铁律，加大新晋主播职业准入门槛监管；最后，加强主播直播专业知识培训，直播公会、各MCN机构加强对产品本身了解，学习产品领域的专业知识和产品经验，使新人主播具备直播所需的知识、能力与职业素养。

网红经济是新业态，MCN机构是新产物，从监管部门到直播平台，从机构公司到网红主播，从供应链到消费链，整个直播生态的各个环节都需要在发展中不断完善。不断加强法律法规建设，加强行业自身建设，加强行业组织（MCN机构）

和网络主播的职业素质，促进直播电商的发展回归理性、日趋成熟，为国内经济的发展提供更多新活力。

（作者单位：湖南广播电视台娱乐频道）

工作室制度的演进及发展方向

王镜宇　梁德平

工作室制度被称为“目前一种最适合的体制内创业方式”。它作为一种人事制度重大创新，在传统广电发展面临危机的情况下应运而生，经过了三个发展阶段，在创新激励、社会效益及经济方面成效显著。工作室是如何演进的？发展方向在哪里？值得从业者思考。

一、产生背景

从行政管理体制下的科组长制，到逐步放权的制片人、独立制片人制，从拥有市场思维的产品经理，再到面向未来的工作室，我国节目生产制作在40多年的发展进程中，先后经历了5次变革①。这五次变革无不是围绕着人、财、物等资源管理权力的下放展开。工作室制度发轫于制片人制度，本质上也是打破约束生产力桎梏的尝试，是一种全链条的、更大程度的开放，是技术进步、行业发展、市场竞争、受众意识觉醒与传统媒体自身寻求突破的内外因相互作用的结果。

随着新媒体的迅猛发展，快手、抖音等短视频占据人们的业余生活，人工智能和算法的广泛运用颠覆了内容产品的生产分发，以云计算和大数据为内核的全媒体、智媒体时代重塑受众的信息消费习惯与行为。据《中国互联网发展报告（2021）》发布，截至2020年年底，我国网民规模为9.89亿，互联网普及率达到70.4%，移动互联网用户超16亿。社交媒体和自媒体遍地开花，收割观众注意力，对优秀人才产生强烈吸引力，传统媒体的传播力、影响力急剧下滑。媒体的竞争归根结底是人才的竞争。有一份关于传统媒体人才流失的调查显示，多数媒体人认为“发展空间有限是其供职媒体人才流失的主要原因”。而当前，部分媒体人面临“同工不同酬，同岗不同责”的窘境。归根结底，是传统媒体体制内外“身份”区别对待，用人“双轨制”所造成的。人才的流失直接导致内容创新的缺失，传统媒体内容生产出现同质化、单一化。人才创新活力的充分发挥，优质内容的持续生产，亟须一种

① 黄洪珍、林雪:《市场和体制双驱动: 电视综艺节目生产的观念与机制演变》,《现代传播》2019年第7期.

破局机制来保驾护航。

二、发展阶段

（一）2014—2017 年第一阶段，酝酿成型

工作室是德国建筑师和教育家瓦尔特·格罗皮斯 1919 年开创的一种实践教学形式，后衍化成一种管理模式，广泛应用于教育、互联网、文化创意以及影视动漫等行业。

21 世纪初，广电行业引入工作室制度。2000 年，天津人民广播电台成立“刘杰工作室”，成为最早的节目工作室。2013 年初，中央人民广播电台成立第一个主持人工作室“海阳工作室”。2014 年，东方卫视节目团队以独立制片人为核心，授予制片人用人、分配等更多权力，电视工作室的雏形初见端倪。2016、2017 年间，在电视行业，工作室制度酝酿成型①。2016 年，广东台先后成立了“黎婉仪财富管理工作室”等 5 个工作室，以事业合伙人为核心的工作室管理模式浮出水面。随后，黑龙江台、吉林台、贵州台、河南台的工作室先后挂牌。此阶段，工作室制度在广电行业内仍是摸索试水阶段，能否作为一种新的管理制度，肩负起广电革新的重任，许多台仍持观望态度。

（二）2018—2019 年第二阶段，遍地开花

自 2018 年 5 月份开始，随着湖南卫视对刘伟、沈欣、徐晴等 12 个工作室的审批通过，广电行业的工作室制度被推上了一个新的台阶。2018—2019 年间，上海、东南、安徽、河北台等陆续加入工作室制的大部队。2019 年 4 月，上海 SMG 纪录片中心相继成立“郭静工作室”等 13 个工作室。同月，深圳广电集团多个工作室授牌。安徽台、陕西台、山西台也成立多个工作室。安徽台把工作室作为融合创新的试验田，通过利润分成、评星激励、作品奖励、参评倾斜等进行人才激励。在电视行业工作室迅猛增加的同时，网络视听平台以敏锐的市场触觉，迅速调整节目制作生产模式，开始了工作室制度的探索，力图打造一条幕后生态链。2018 年，芒果 TV 成立了“何忧、单丹霞工作室”。2019 年，爱奇艺、腾讯也开设了不同品类的工作室。据粗略统计，两年间工作室新增 200 多个，在全国 9 个省、市全面铺开，且呈现品

① 任陇婵：《融媒与改革背景下的广电工作室制探究》，《视听界》2020 年第 1 期．

牌节目制作、融媒体、专业类、全品类等不同定位、不同风格的发展态势。

（三）2020年至今第三阶段，升级2.0版本

2019年7月，湖南卫视率先发布了2.0版工作室制度要点。

到2020年，工作室制度的建设开始走向下一阶段，较早试水工作室制度的广电平台陆续进入新的尝试。2020年3月，河北台对新成立的10家工作室进行授牌。7月，浙江卫视首批成立3个工作室，在运行机制、组织结构的细节上一直进行优化和升级。10月22日，广东台新设立11个工作室。12月8日，安徽台为新成立的29个工作室颁发证书，部署升级打造融媒体工作室2.0版工作。芒果TV从两个工作室发展到20个工作室和团队，另外还有39家战略合作工作室。芒果TV与湖南卫视双平台驱动，台网融合，为资源整合、人才流动打通了渠道。爱奇艺两年建立50个内部工作室的目标完成。此阶段，在完成初步制度搭建后，各台通过对生产机制、激励机制和分配机制的不断创新及完善，进一步增强工作室的内生动力，激活内容生产力和市场竞争力，工作室制度迈向更完善更纵深的方向。

三、特征分析

从头部示范到各级各地铺开，工作室制度以节目生产、项目运营、多元传播为手段，面向市场，对于激发创作能力、盘活各方资源起到了较为明显的作用。在推行过程中，各台根据自身情况建立了专门的管理方法，定位不同、风格不同，发展阶段不同，最后呈现的特征属性也不尽相同。

（一）高自主权扁平化管理

相对于制片人、独立制片人制度，工作室享有更加完善的自主权、话语权、管理权，可以按照自身的需求选人用人，管理层级少、指挥链条短，这种扁平化结构使其具备了较强的行动力、决策力，背靠中后台强大资源，确保工作室高效运行，使创意更快落地执行。如东方卫视四大品牌工作室享有平台充分保障的六大权利：创意自主权、项目竞标权、团队组建权、经费支配权、收益分享权、资源使用权。除此之外，独立制片人还可以享有个人品牌权。广东台工作室可以自主开展节目生产、项目运营和营销传播等活动，拥有自主立项的权利以及与之匹配的人事权、财权。

（二）人才创新激励机制

工作室制度本身是一种人才管理制度，是应人才吸引、内容创新需求产生的。因此，留住人才、鼓励创新成为工作室制度的鲜明特征，各地工作室频频出台响应激励机制。湖南卫视从情感联结以及收益等方面入手，推出“创新飙计划”，创建制作人联席会议机制，激励制作人牵头创新，并强化对头部人才的保护，头部创作者可以分享高比例创收红利，同时设定竞业禁止和竞业限制条款，从情感联结、荣誉感、成就感、归属感以及收益等方面入手，激发人才干事创业的激情。广东台也陆续推出工作室《奖励绩效发放办法》《实施业务拓展奖励指导意见》，鼓励内部创新创业，并采用“一室一策”，与工作室签订目标责任状，根据不同业务模式，约定不同的利润分享比例。

（三）完善的中台支持

工作室是优质内容生产的前台，凭借精简的机制和扁平化的组织结构，灵活快速地应对变幻莫测的市场。而这需要强大的中台后台作为配套支撑，从各台对工作室推行情况来看，对中后台的建设，亦是此次管理模式革新的重要部分。比如，广东台根据各工作室的不同需求，为其提供创业资金、办公场地、设备支持、技术保障，还设计了创业保护、退出保护两个保护机制以及一个激励机制。爱奇艺在推进工作室制度的基础上，集全司之力打造中台矩阵，将业务策略，商务、运营、宣推、制片、后期等等一系列中台部门进行优化整合，立足为前台工作室做好服务。湖南卫视打通总编室、节目制作中心、创新研发中心三大版块的资源，构建全新制作生态，并上线与工作室配套的“电子信息管理平台”，实现人、财、物管理更加规范化，资源匹配更加高效透明。

（四）直面台内考核与市场竞争双重压力

工作室有自主经营的权利，同时也要自负盈亏，以市场为目标，直面受众的考核，也接受台内考核，优胜劣汰。芒果TV工作室遵循“自己养活自己”的逻辑，工作室整套体系可以看作是“体制内的市场化”，以经营思维考虑目标、推算收入、核算成本，衡量标准不是KPI，而是自己制定目标、自己完成[①]。在业务范围上，工作室隶属节目制作中心，可以拿到中心预算，也可以接收其他中心的订单。湖南卫

① 林沛：《芒果TV盒子工作室何忧：以经营逻辑转化制度逻辑》，《中国广播影视》2020第8期．

视节目制作中心采取以工作体量、质量为考核标准，以时间为评价周期，对工作室实施动态管理，使量化考核更加明确。工作室不是终身制，能上能下，核心人员也可以动态调整，优胜劣汰。依据工作室考核制度，每年每个工作室必须要有一个创新类节目上档播出。东南卫视工作室则明确采用独立核算、自负盈亏的方式进行运作，不仅要承担承接项目时的每一分开支成本，连集团和频道的公摊成本也要负担。

四、功能呈现

作为生产关系的创新重组，工作室打破了原有机构、部门、编制、身份限制，使人才流动趋于良性，实现了内容、产品、运营、技术服务、项目活动等各专业岗位的协同合作、共赢互利，成为创造价值的全新组织单元。工作室为传统广电和网络视听行业发展注入了新的活力，最直观的成果是优质内容的产出和优秀人才的留存。同时，精细化、垂直化的内容生产模式，推动了媒体行业纵深发展，延长了传媒行业的产业链条。

（一）优秀人才聚集，优质内容产出

一方面，工作室相对自由的发展空间及大力度的激励机制，招募并留存了大量优秀人才；另一方面，面对内容产品生产与经营双重考验，工作室内部讲究生产经营全流程、一体化的团队协作，要求每个成员不仅要掌握全媒体制作技能，还需要熟悉线上线下运营思维，这就必然培养全面发展的复合型人才，从而保证了创新优质内容的产出。湖南卫视 12 个工作室吸引了 20 多个节目团队中超 50% 的导演，产出了近八成的自办节目和七成的创新方案，创造了九成多的营收，一批 35 岁以下的优秀青年人才担纲节目总导演，出品了《声临其境》《声入人心》《中餐厅》等爆款节目。芒果 TV 在人才管理上开通双通道，将制片人划分到专业通道发展，发展路径为执行制片人—制片人—资深制片人—首席制片人，给人才相对明确的晋升空间和操盘机会，加上激励奖励制度，对人才产生强烈的吸引力，夯实了内容生产根基。《乘风破浪的姐姐》《朋友请听好》等带有制作人鲜明风格的节目不断上线。爱奇艺工作室打造出《中国新说唱》《热血街舞团》等节目，在其助力下，爱奇艺 2020 年大幅减亏 33 亿。

（二）独立品牌建立，延长产业链条

工作室建立之后，精深化、垂直化的内容生产模式有利于打出品牌优势。芒果

TV 盒子工作室的《明星大侦探》推出了 6 季，培养了稳定的粉丝圈，开发出国内首档网综反哺卫视的兄弟篇节目《我是大侦探》，2018 年又推出新综艺《密室大逃脱》，凭借先行者的优势，以高门槛、不可复制性打造了节目的护城河。该工作室充分发挥“产品思维”，依托综艺内容衍生出“NZND 演唱会”、衍生综艺《名侦探学院》、衍生剧《头号嫌疑人》《目标人物》等产品，并开启了线下实景的开发探索，开设《明星大侦探》剧本杀门店，成为垂直品类领域的佼佼者。

（三）社会资源结合，凸显社会效益

工作室的推行有利于广电资源与社会资源的结合开发，使节目内容生产制作拥有更优的资源配置，在面对疫情防控、经济复苏等方面，展现出媒体的责任担当。浙江卫视“人文工作室”承接了许多政府、社会文化项目，聚合投资达到千万级别，为社会文化产品的创制传播提供了专业的技术支持和品牌背书。在疫情期间，多家广电媒体调动全方位资源，发挥各工作室协同作战优势，打通云视频、5G、AI 等融媒体技术与常规演播厅视音频技术系统，助力电视产业复苏。如湖南卫视通过嘉宾视频连线、Vlog 拍摄、弹幕互动等多种新形式进行“云录制”，在恢复《歌手》《声临其境》等常规节目制播的同时，开播《天天云时间》等系列新节目，以精彩的内容缓解了观众的恐慌情绪。

五、存在的问题及发展方向

工作室在媒体融合、技术飞跃的背景下，迎合市场需求产生，并逐步在传统广电媒体及网络视听平台推展开来，优越性逐渐显现，但待解决的问题依然存在。

（一）版权问题

无论是被称作“体制内的创业”还是“体制内的市场化”，即使拥有相对较高话语权、管理权，工作室对市场资源的使用仍受到一定的束缚，节目选择也不能随心所欲，更不能完全发挥制作人的自主权，激励方式也难与市场公司完全看齐，与此同时，工作室所创立的品牌产品，与所属平台也存在版权划分的问题。

（二）经营风险

从推行情况来，为保障工作室顺畅运行，各电视台、网络视听平台都投入了大量的资金、人力、制度成本，包括人员的奖励机制、退回机制，以及“你负责创新，

我负责买单”的容错机制，这无不要求工作室所属平台“财大气粗”。随着工作室数量的不断扩增，平台的压力与风险也不小。与此同时，工作室的发展很大程度上依赖于制作人的能力，已出现因经营问题被淘汰的工作室。

（三）持续创新能力不足

为实现经验和资源的延续与创意创新的联动触发，不少工作室在节目类型、场景布置、后期制作等方面逐渐形成自己的特色，但仍难逃“综 N 代”的突围困境。如何激励持续创新，不断破圈，对工作室来说仍是很大考验。如何破解这些问题，工作室制度的发展方向又在何处？2020 年 11 月 5 日，国家广播电视总局发布印发《〈国家广播电视总局关于推动新时代广播电视播出机构做强做优的意见〉的通知》（以下简称《意见》）。《意见》强调，要推进体制机制改革，释放事业产业发展活力。加快内部机制改革，规范建立内部创业平台，形成经营风险共担、经营利润共享的良性机制。探索对核心骨干的股权激励机制，允许关键岗位关键人才、做出突出贡献的人才在政策允许范围内获取相匹配的高薪酬回报，增强广播电视机构对优秀人才的吸引力。

可以说，工作室的步伐踩准了广播电视、网络视听行业的节奏，一批创意人才从工作室脱颖而出，享有与市场公司人才不相上下的高薪酬，其中的佼佼者走上领导岗位。从本质上讲，工作室制度是通过权力下放，吸纳人才，鼓励创新，推动优质内容生产，是通过权力、利益、声誉的赋予，使个人、团队的发展与平台的发展相统一，从而促进生产力的进一步解放。工作室作为市场孕育、平台推动的制度创新，进一步理顺了责、权、利三者的关系，给局部和行业带来勃勃生机，呈现广阔前景，同时面临诸多的挑战，需要在实践中进行迭代升级。而《意见》中提出的核心骨干的股权激励机制正切中题义，从这方面讲，股份制或将成为工作室制度未来的发展方向。

（作者单位：湖南广播电视协会、芒果 TV）

歌以咏史　打造党史题材剧新样态

——湖南卫视《百炼成钢》献礼建党百年

周　玲　李英培　高　燕

主旋律作品，已进入爆款刷屏的新时期。在庆祝建党百年主题创作上，湖南广播电视台积极践行主流媒体使命担当，以湖南卫视、芒果TV为主平台，推出《百炼成钢》《理想照耀中国》等16个重点项目，以精良制作、青春化表达，引导广大青年传承先辈精神，引发观众广泛共鸣。其中，电视剧《百炼成钢》于6月13日至7月12日在湖南卫视晚间黄金时段播出，同时在芒果TV、腾讯视频、爱奇艺等网络平台同步播出，创新运用各个历史时期具有代表性的革命歌曲，以音乐为媒串联百年党史，开启了“歌以咏史”的独特创作路径。《百炼成钢》推及全国观众规模1.86亿，收视23次排名全国第一，芒果TV播放量4.3亿，新浪微博相关话题阅读量约26亿。湖南台持续传递青春正能量，在观众特别是年轻人心中留下鲜活生动的建党百年影像志，全面奏响了庆祝建党百年主题“交响乐”。

一、以音乐为媒串联百年历程

近代革命历史剧《百炼成钢》由湖南省委宣传部、湖南广播电视台总出品，湖南卫视、芒果超媒、快乐阳光荣誉出品，金色光芒、芒果影视摄制出品，以1921年建党到2021年百年时间轴为叙事脉络，用45集体量回望百年风云激荡，全景式展现中国共产党的百年光辉历程。它既回顾中共一大、南昌起义、万里长征、抗美援朝等重大历史事件，也讲述了改革开放、扶贫攻坚等新时代重要内容，展现我党千锤百炼、淬火成钢的历史进程。

1.“歌以咏史”，结构上大胆创新

以音乐为媒，通过《国际歌》《七律·长征》《黄河大合唱》《没有共产党就没有新中国》《志愿军战歌》《歌唱祖国》《在希望的田野上》《年轻的朋友来相会》这8首耳熟能详的经典歌曲，契合重大历史节点，串联起8个时期的党史故事，是一部以版块式结构展开百年党史的“歌以咏史”剧。纵观全剧，这种以经典歌曲来划分版块的呈现方式，既让观众在熟悉旋律中随剧情而动，又有效对历史脉络进行梳理，使整个党史叙事结构清晰，是该剧在创作上最富有激情的创新点。

开篇《国际歌》版块感人至深。第一场戏，26岁的青年毛泽东在黑暗中划亮第一根火柴，点亮第一束光明，“自信人生二百年，会当水击三千里”，镜头扫过旧世界和新力量，从暗到明一镜到底，三分钟剧情一气呵成，却是意味深长。意气风发的瞿秋白，站在大雪纷飞的哈尔滨街头聆听俄文版《国际歌》，被激昂的旋律所感染，随后开始《国际歌》的翻译工作。而陈独秀之子陈延年、陈乔年兄弟也参与到翻译当中。“满腔的热血已经沸腾，要为真理而斗争”，这精神的力量如同一颗种子，种在了中国人的心里，在无数人心中燃烧起来。陈延年去上海重建党组织时被国民党抓捕遇害，他宁死不跪，唱着《国际歌》就义。几个月后，陈乔年也在哥哥遇害的地方被枪杀，临刑前唱起《国际歌》。

同样让人泪目的，还有李大钊英勇就义时的情景，他拖着脚镣从容走向绞刑架，当行刑到一半时，刑场外的张作霖表示如认罪可免去一死，李大钊誓死不屈，毅然唱起了《国际歌》，还告诉张作霖，“身可死，书不能烧，文化不可绝”，最终慷慨就义。《黄河在咆哮》版块以人民音乐家冼星海、光未然的创作经历，讲述中国共产党在抗日战争时期的英勇担当，彰显军民一心抗敌的强大决心；《没有共产党就没有新中国》版块用歌曲串联起解放战争时期的重大战役，讲述中国共产党解放全中国的故事；而《歌唱祖国》《为希望祝酒》《年轻的朋友来相会》等版块，也是独立策划与拍摄，借助歌曲的艺术感染力，呈现不同时期的精神风貌。

2. 跨越时空，实现历史与现实的对话

该剧在每个历史版块结尾处都精心设计了一个特别的情境段落，用蒙太奇手法让剧中人物走出来，与“声入人心”男团、“舞蹈风暴”选手、青年歌手及剧中角色跨时空合体，共同演绎经典歌曲，并融入电视综艺、舞台表演等元素，将党史与影视艺术相结合。如在《国际歌》中，“声入人心”男团就与毛泽东、周恩来、李大钊、瞿秋白等革命先辈同框齐唱，这种革命先辈与现代青年跨越时空的对话语境，赋予百年党史新的活力，达到历史人物与观众之间的同频共振，极大地增强了历史人物的艺术感染力和精神穿透力。

二、以青年视角诠释百年奋斗

党史题材剧如何赢得观众尤其年轻观众的认可，是该类题材破圈的关键。《百炼成钢》探索青春感、年轻化的表达语态，用青年视角诠释中国共产党的百年奋斗史，打造党史题材作品的全新样态。

1. 在演出阵容上，大量启用年轻演员

剧中主演王雷、夏德俊、陈晓、何晟铭、赵樱子等人，都是有实力的青年演员，他们对话红色青春，将厚重党史故事用富有感染力的方式表达，为全剧带来青春气质，让这部兼具情怀与创新的主旋律力作引起年轻观众共鸣。该剧出品人、总制片人何瑾表示，《百炼成钢》没有选择观众熟知的表演艺术家，而是发掘一批形神兼备的青年演员，“这么做是为了作品的形态更新，更能够贴近青年、影响青年”。同时，在诠释角色过程中，年轻演员注入自己对革命英雄的敬仰，同时也受到剧中人物力量的感召。拍摄期间，周恩来扮演者夏德俊就主动向剧组递交了入党申请书，而介绍人正是毛泽东的扮演者王雷。开播当日，剧组演员还集体发声“百炼成钢开练”，以此致敬英雄。

2. 在人物塑造上，呈现年轻英烈之大义

全剧中塑造的各类角色有上千位，从《国际歌》版块中的毛泽东、杨开慧、瞿秋白、陈延年、陈乔年，到《万里长征》版块中马胜、杜春风、云贵川、朱勇，《黄河在咆哮》版块中的冼星海、左权、彭雪枫，再到最后一个版块《年轻的朋友来相会》中牺牲在扶贫一线的 1800 名干部，大都是风华正茂的年轻人，他们以青春之我创建青春之国家的激情，将璀璨的生命托付给了党的事业。其中，《万里长征》版块中的少共国际师，是红军中最年轻的一支先锋力量，许多人都是十几岁的少年兵，为了革命理想他们一路追随部队血战湘江、四渡赤水、攻打腊子口，却最终长眠在了长征路上。他们视死如归，用青春热血诠释着信仰的力量，感动了无数观众。编剧王成刚认为，不仅要让年轻人了解百年党史，还要传递党史情感，“我们感动于先驱者的青春，然后去感动当下的青年”。

3. 在表现方式上，契合年轻人观剧习惯

全剧用 8 个历史版块串联起百年党史，剧情进展的同时，总有歌声萦绕耳边。岁月如歌，强烈的代入感让观众一同吟唱。8 个板块亦可独立成篇，观众无论从哪个版块进入，无需知道剧集前情便可无缝对接，随时了解某个历史时期的重大事件与人物故事，这也打破了主旋律题材剧与年轻观众之间的语境壁垒，符合当下年轻人用碎片化时间快节奏观剧的习惯，是电视艺术引领观众学习百年党史的一次成功尝试。

从《理想照耀中国》到《百炼成钢》，湖南台集中推出的系列主旋律影视剧佳作，力求用青春话语传递主流价值，以青年视角、年轻化语态构建建党百年宣传矩阵，以年轻人为核心对象从而影响社会大众，传播正能量，让主旋律作品深入人心。

三、用鲜活细节礼赞百年英雄

这是一部有温度、有深度、有情怀的影视剧作品。它采用故事化、细节化手法，把革命理想、信仰和个人情感有机融合，通过父子情、战友情、夫妻情在民族大义前的碰撞与最终抉择，呈现出革命先烈舍生取义的英雄气概，塑造了可歌可泣的百年英雄群像。全剧涉及人物多，人物出场时，都用字幕标注其姓名、年龄及职务，使观众快速了解相关历史背景，这也成为大跨度历史影视剧中的创作亮点。

片中叙述了多组爱情故事，他们在国家前途与民族大义面前，为了更多人未来的幸福，舍弃个人情感，炽热的家国情怀胜过了女儿之情。秋收起义后的第一个中秋节，在醴陵的毛泽东掰开月饼，想念起杨开慧做的五仁桂花月饼，而在长沙县板仓，杨开慧倚门对着圆月隔空对白，“润之啊，中秋了，你那里有月饼吃吗”，字字句句，是夫妻间的情深意长。杨开慧和儿子毛岸英被捕后，国民党利诱杨开慧只要登报与毛泽东脱离关系、脱离共产党便可不死，她毅然拒绝。得知杨开慧遇害的消息时，毛泽东悲痛万分，“开慧之死，我毛润之，百身莫赎啊”。革命烈士瞿秋白，曾为妻子杨之华写下“秋之白华”的浪漫词句，被执行死刑那天，在生命最后一刻，瞿秋白用手轻轻抚摸着胸前的纽扣，那是妻子亲手缝上去的。16 年后，杨之华来到丈夫遇害地，当她捡起泥土里那枚生锈的纽扣时，心如刀绞……还有丁来喜与春苗，冼星海与钱韵玲的爱情故事，同样催人泪下。他们生死与共，彼此成就，用青春与生命谱写出一曲曲荡气回肠的英雄之歌。

片中也呈现了浓浓的父子之情，为了革命理想，他们将这份血肉亲情埋藏在心里。抗美援朝战争中，毛岸英壮烈牺牲，得知儿子牺牲的消息，毛泽东强忍着内心的悲痛，“战争嘛，哪有不死人的。谁叫他是我毛泽东的儿子呢”，多年后，当毛泽东打开珍藏在柜子里毛岸英的衣物时，忍不住泪流满面。陈延年、陈乔年兄弟和父亲之间的关系一直比较紧张，陈延年从未叫过“父亲”，甚至写信都以“同志”相称；陈延年牺牲时，陈独秀万分悲痛地对周恩来说，“老大还没有结婚，老大还没有叫我一声爸爸”。陈乔年去上海之前，特地给父亲带来了安徽老家的月饼，陈独秀怕小儿子也遭遇意外，但知道阻止不了其决定。他告诉儿子，回来时要为他包老家的红豆粽子；陈乔年牺牲前，不禁想起了父亲的红豆粽子。

片中还呈现了生死与共的战友之情，他们携手与敌人拼死激战，结下了浓浓的情谊。16 岁的少共国际师画报主编马胜，用手绘本画出了长征路上的感人故事。新兵昝大力在战争中受到重伤，躺在土坡上，马胜流着泪给大力跳了一段红军的舞蹈，直到大力永远闭上了眼睛。过草地时，杜春风为了给伤员找野菜充饥，却永远沉入了雨后的泥沼之中。在攻占腊子口天险时，云贵川为换取同伴的胜利，毅然拿起手榴弹跳向敌军。马胜同样从悬崖英勇跳下，终于炸掉敌人的碉堡，时间却定格在了那期完成的画报上。为掩护部队转移，狼牙山五壮士跳下了悬崖；因弹尽粮绝，宁死不当俘虏的东北抗日联军 8 名女战士，选择了集体投江……全剧通过具象化的细节描述，鲜活的故事讲述，以小见大、以情动人呈现各个时期的英雄群像，彰显了不畏牺牲、大义凛然的爱国主义精神。

四、用百天拍百年还原真实历史

经百“炼”，终成“钢”。《百炼成钢》于 2021 年 4 月 8 日在湖南衡阳杀青，拍摄刚好历时 100 天。由于拍摄时间较短，剧组兵分多路，辗转浙江、湖南、宁夏、内蒙古等地，期间遭遇了极其罕见的沙尘暴，熬过零下十几度的冰雪天，统筹拍摄场景 1100 多个，制作各个历史时期的服装超过 1.2 万套，仅徽章就有 4000 多个，道具超过 3.8 万件；调度角色人物 900 多个，群演 2 万多人次。最终完成了“一百天，拍百年”这样一个几乎不可能完成的任务，开创了中国电视史上重大革命历史题材前所未有的先例[①]。

虽然拍摄体量大、跨度长、时间紧，但依然保证了作品的高品质。为还原真实历史，主创人员查阅大量史料，参考各类史书数百册，涉及真实历史人物 500 余人。对服装、道具、声音、文件、造型、特定场景等剧中上千处细节进行反复考证。在紧迫的时间压力下，剧组尽可能还原真实历史场景，从《国际歌》《新青年》到《共产党宣言》，从一张小字条到一份文件，从一块牌匾到一个个历史场景，都是根据历史资料仿制或者还原，尽力符合史实。为了几秒钟镜头，剧组常常对着一张原型图反复抠细节，要求道具与历史原物的高度还原；突围战场上，王震部队挖了老乡的洋芋煮给伤员，王震先是斥责战士，随后忍痛杀了自己的战马充饥，离开时他留下一张欠条，“三五九旅路过此地，把这家老乡洋芋吃光，革命胜利后加倍偿还”，而镜头中那张从左往右用钢笔书写的欠条，就是剧组参考革命纪念馆老物件，根据同时期、同类型历史资料仿制而成的；为了开场戏更精彩，剧组多次推翻重来，重新置景，组织上千人还原百年前的上海码头和候车大厅熙熙攘攘的场面，反复排练“一镜到底”；哪怕只有三五场戏，为了还原钱学森工作场景，片场真实搭建了一个装配好成套设备、观察卫星发射的半地下室[②]，而表演者郭晓东为了演好角色，

①②《湖南台通过高举党旗，“千锤百炼”打造＜百炼成钢＞＜理想照耀中国＞》，《传媒视听》2021.4.12.

常常要记诵大量专业术语；为发挥组歌版块的结构优势，剧组融合艺术元素设计情境段落，与顶级音乐人和一流综艺团队协同作战，运用春晚级多机位进行同步拍摄。可以说，整个创作过程，也是剧组各个环节反复推敲，一场接一场硬仗不断淬炼、打磨成精品的过程。

此外，《百炼成钢》还挖掘出一些鲜为人知的故事，如瞿秋白在哈尔滨街头与《国际歌》结缘，陈延年悄悄帮弟弟修改《国际歌》译词，斯诺为毛泽东拍摄头戴红星八角帽的照片、核弹元勋郭永怀在坠机前紧紧抱着公文包里的数据资料、西北姑娘出嫁要洗甜水澡等内容的呈现，使得剧情及人物形象更为丰富饱满。

五、融媒体传播扩大主流声势

长期以来，湖南台坚持做青年文化的引领者，传达青春态度与主流价值观，以多样态融合拉动创新，以融媒体传播扩大主流影响，取得良好效果。其中，《百炼成钢》通过电视、网络平台全媒体、多介质发酵、传播，破圈出界化反，打破受众年龄局限，在年轻人中圈粉无数，收视屡获全国榜首，网络关注度爆表，改编的同名漫画屡屡被催更。

1.23 次排名全国第一

中国广视索福瑞收视数据显示，《百炼成钢》在湖南卫视首播期间，推及全国观众规模 1.65 亿，全国网平均份额 3.04%，城市网平均份额 9.28%，23 次排名全国所有频道第一。因兼战争与情感传达特点，该剧突破圈层限制，从观众构成看，男女观众比重分别为 48%、52%，几乎各自占半；从年龄层看，该剧在各年龄层观众分布较均衡，其中“00 后”“90 后”“80 后”“70 后”观众比重均约 15%。尤其是该剧进入由年轻人占主流的社交媒体语境中，90 后观众（21—30 岁）全国网份额 5.11%，城市网份额 13.11%，均为所有年龄段份额最高，在双网均排名全国所有频道第一，高出排名第二的频道 40%，显示出该剧对年轻观众的强烈吸引力，打破了主旋律剧不受年轻人追捧的缺陷。

2. 数十个话题登上热搜榜

《百炼成钢》持续引起网络关注，在芒果 TV 播放量 4.3 亿，获新浪微博热搜 72 个，新浪微博相关话题阅读量约 26 亿，其中 # 张新成演的焦裕禄 # 阅读量 1.1 亿，# 百炼成钢太好哭了 # 阅读量达 6301 万。年轻观众纷纷在社交媒体点赞、讨论，网友奶牙称“太催泪了，这些热血沸腾的战士们都是在用自己的身躯守卫家园啊”；网友看过表示“奶奶看到人们走上街头庆祝胜利的时候哭了，说她经历过，那一刻很感慨”；网友看月亮说“好想帮马胜完成那期画报”。该剧登上抖音热搜榜7次，抖音主话题视频播放量破8.7亿。酷云直播关注度15天同时段第一。同时，《百炼成钢》同名漫画在腾讯漫画等多个平台上线，不少网友在线催更，表示用漫画形式重温剧情同样精彩，是难得的高品质作品。而剧组在微博、蜻蜓FM开设的“学党史”专栏，图文并茂传播党史知识受到年轻人喜爱，迅速登上热播榜。

3. 艺术内涵受到高度赞扬

该剧获得人民日报、新华社、光明日报、中青报、学习强国、湖南日报等央媒党媒广泛关注。新华社点评该剧“以党史为‘经’，以音乐作‘纬’，通过多首经典歌曲进行写意表现，以期全面呈现中国共产党百年精神谱系和辉煌历程”；《人民日报》刊登中国广播电视社会组织联合会副会长李京盛评论，“将百年历史所聚合成的精神力量熔铸于影视艺术的审美能量之中，使之两相交融，让百年党史焕发新的光彩”；同时，重点纸媒、全网门户、自媒体纷纷报道跟进，对《百炼成钢》创新表达方式、青春聚集属性、高端艺术品质等给予深入剖析和高度肯定。此外，多位行业专家、剧评人也从不同角度称赞该剧，认为该剧秉承广电湘军的创新思维，对党史主题剧的青春气质用心尝试，是一部以青年视角与审美切入的经典百年党史剧。

（作者单位：湖南广播影视集团（台）宣传管理部）

讲好建党百年中国故事的全新探索
——芒果TV百集人物纪录片《党的女儿》让时代主旋律紧扣年轻人心弦

陈征宇

2021 年，是中国共产党成立 100 周年。在湖南省委宣传部、湖南省广电局强有力的领导和指导下，湖南广电以高度的政治意识、自觉的责任担当、强大的资源投入、极致的艺术追求，全面奏响庆祝建党百年主题“交响乐”，包括湖南省庆祝中国共产党成立 100 周年文艺晚会《百年正青春》、电视剧《百炼成钢》《理想照耀中国》、微纪录片《百炼成钢——党史上的今天》《党的女儿》等 16 个重点项目。可以说，在庆祝建党百年的主题宣传中，无论在全国广电行业，还是在湖南省宣传文化系统，湖南广电都充当了先锋队、主力军、主平台的作用。其中，由芒果 TV 出品，全国妇联、新华社联合出品，湖南省委宣传部指导的百集人物短视频纪录片《党的女儿》，于 2021 年 6 月 28 日起在芒果 TV 播出，共计 100 集、每集 6 分钟左右，节目从 100 位女性党员的独特视角切入，通过真实记录、情景再现的表达方式，勾勒出细节更为丰富、情感更为细腻的百年党史；同时，保持了芒果出品年轻态、敢创新、时尚潮流的独特气质，成功将主流宣传与青年文化融为一体，成为芒果 TV 献礼建党百年的重要作品，为讲好建党百年的中国故事，做出了让时代主旋律紧扣年轻人心弦的全新探索。截至 2021 年 9 月 14 日，节目共上线 80 期，累计播放量超 1.6 亿，《党的女儿》微博话题累计超 8.6 亿。美兰德数据显示，《党的女儿》最高位居全网纪录片类传播综合指数榜单 TOP2，并持续在榜；登上各大平台热搜榜 22 次，持续登顶微博综艺榜纪录片榜单，排名微博综艺榜纪录片类 TOP1；获人民日报报纸和客户端、光明日报客户端、学习强国客户端等近 50 家权威媒体推荐，总报道超 100 频次。

一、用小切口展现大情怀

1921 年中国共产党成立后，女党员成为引领中国妇女解放、推动中国革命进程的先锋队伍，对促进妇女自我意识觉醒起到了重要作用。她们的故事，在革命、建设、改革开放和新时期等各个不同的历史阶段，都闪耀着不同的璀璨光辉。

《党的女儿》作为一部献礼建党百年的短视频精品力作，其出品方芒果 TV，在和指导单位、联合出品方全国妇联、新华社一同策划题材时发现，在众多庆祝建党 100 周年的主旋律作品中，却少有成系列化表现党史上女性人物的纪录片类型。于是，《党的女儿》将视角对准百年党史中平凡而伟大的女性人物，既有载入史册的革命者杨开慧、伍若兰、杨之华等人，也有英姿飒爽的女军人汪云、李凌超、陈薇等人，既有德艺双馨的艺术家常香玉、秦怡、李谷一等人，也有在基层岗位默默奉献的黄宝妹、韩利萍、黄文秀等人……通过对这些女党员精神状态和人生理想的积极展示，描绘出百年来与党同心同行的巾帼群像。观众也透过这些女党员的故事，从中学习到了鲜活生动的百年党史。

《党的女儿》每一集，都由一位与主人公相关的讲述人进行串讲，打破时空界限，带领观众重回历史现场，亲历动人故事。节目历时100天，跨越30个省区市完成拍摄，从策划、拍摄到后期制作，都力图用年轻化的心态解读英雄模范人物，将青春的态度、情感、理念融入其中，用更接近年轻人所喜欢的表达方式，奏响与时代潮流的共鸣。如何用平均 6 分钟的体量，将每期人物立体直观地呈现在观众面前？芒果 TV 通过与全国妇联、新华社的头脑风暴，最终采取“一句话概括人物特质、一个高光事件、一个动情时刻”这样“几个一”的架构，较为生动地勾勒出人物的人生重要节点。在短短 6 分钟时间里，每集故事都从小切口切入，将人物的高光片段集中展现，用青春视角、年轻语态讲述青年人能够感同身受的女性党员故事，拉近了党史与当代青年的内心距离，从而产生更强烈的共情，获得前进的智慧与力量。

二、用新形式激发大格局

从《党的女儿》开始，霸蛮的湖南纪录片人，硬是在诗意型、阐释型、观察型、参与型、反射型、表述行为型这 6 种经典纪录片之外，开拓出了纪录片的第七种风格类型——激发型纪录片。激发型纪录片最大的特色，就是“生命力饱满、精气神旺盛，具有极强的询唤力和感召力”，让观众有一种“始于打开格局、中于激发斗志、终于躬身入局”的作品与现实的交互①。这样的作品，会真正意义上激发观众。

《党的女儿》艺术总顾问，著名纪录片导演，高级记者，浙江传媒学院教授、北京电影学院硕士生导师梁碧波总结该作品的创作理念是：“以小篇幅、小切口、小细节，来展现大格局、大视野、大情怀”。可见，《党的女儿》以纪录片的新形式，

① 打开精神星空，你可以看看芒果 TV 的“激发型纪录片”．公众号“之媒”，2021.09.18.

建立起一个“打开视野、打开格局、打开梦想、打开行动”的激发观众的完整链条。

首先，它帮助观众打开了视野，让他们有机会见证100位中华巾帼在各行各业的建功立业。她们中有新中国第一位驻外女大使丁雪松、新中国第一位诺贝尔生理学或医学奖获得者屠呦呦、新中国第一位女将军李贞、新中国第一代舞蹈家陈爱莲、新中国高校第一位女校长谢希德、新中国第一位WTO上诉机构大法官张月姣、新中国第一代女搜救机长宋寅、第一位打破田径世界纪录的中国女运动员郑凤荣、世界第一位深入南极腹地考察的女科学家金庆民……观众们随着100个故事的讲述，打开了人生视野，见识了时代的广袤和现实的无限可能——那就是，这个时代给了中国年轻人最好实现自我的机会，不管身在哪个领域、不管身处哪条赛道、也不管从事哪个职业，只要肯奋斗肯奉献，都会有上升的空间。

其次，它帮助观众打开了格局。所谓格局，是从价值评判、取舍、决策的体系跳出小我，站在更高维度去看问题。如果说打开视野是“眼见”，那打开格局则是“心见”①。从100位“党的女儿”身上，观众看到了100种理想主义的样子、100种有格局的活法。中国共产党第一位女党员缪伯英，一直战斗在工人运动、妇女运动、学生运动第一线，她的格局不在家业而在国业，她号召大家顺着人类进化的趋势，努力向光明的路上走，把灯点亮照见前路，这是人生的大格局；“感动中国2018年度人物”王仕花，陪伴丈夫驻守我国黄海前哨开山岛32年，在丈夫因心梗去世后，选择继续坚守海岛，捍卫祖国的神圣领土，家国一体是情感的大格局；海尔集团原总裁杨绵绵，为维护产品品质怒砸76台不合格的冰箱，“只有砸得心痛，才能砸醒我们的质量意识”，不放过任何一台有缺陷的产品，让中国制造惊艳全球是职业的大格局。

芒果TV这类激发型纪录片正是通过打开视野、打开格局，从而达到帮助观众打开梦想、打开行动的目的。也只有让人真正意义上打开梦想的翅膀，才能有方向地去前行、有动力地去奋斗，真正做到知行合一，将激发出来的能量投入到现实人生中来。中央文史研究馆馆员、中国文联原副主席、著名文艺评论家仲呈祥评价《党的女儿》，实现了党领导文艺工作上的资源最佳配置，使得这部作品结构上凝练节制、言简意赅，真正做到了形神兼备、意境深远，是“知、情、意、行”相统一的纪录片，是对于内容制作的重要经验。湖南广电芒果TV在全国广电战线和网络战线都起到了引领作用②。

---

① 打开精神星空，你可以看看芒果TV的“激发型纪录片”. 公众号“之媒”，2021.09.18.

② 芒果TV纪录片获赞：以全新、全意、全情、全力的创作开辟主流宣传新视角. 公众号“芒果TV”，2021.09.17.

三、用潮传播引领年轻人

芒果 TV 是中国传统媒体与新媒体融合发展的独特样本，作为党媒国企，在各种内容创作中，一直坚持在价值观守正的前提下，追求艺术性的创新出奇。《党的女儿》总导演、芒果 TV 党委委员、副总裁杨喜卿说：守正，是对正确的政治方向、舆论导向和价值取向的一贯坚守；创新，则是对新时代下的内容题材与传播形式的大胆求索。芒果 TV 纪录片工作室自建立以来，本着守正创新的原则，充分展现平台作为主流新媒体秉承的社会使命和责任担当，每年创作了大量主流文化作品。在主旋律作品的年轻化创新表达方面，《党的女儿》能从众多献礼片中脱颖而出，还得益于节目组致力于用潮传播引领年轻人。

节目人物跨越百年，但采用打破年代顺序的方式排播，每集出场人物、表达形式各不相同，下一集是谁？故事怎么讲？像开盲盒一样，吊足了观众的胃口，让他们自然对每期节目充满期待。更重要的是，节目组有意识地结合当下社会热点，策划提炼相关话题应时应景，既助推了传播，又安利了纪录片本体。如 # 党的女儿 # 节目主话题登上微博热搜榜，并持续于热搜搜索页推荐。在节目将近 3 个月的播放周期里，几个时间节点都有人物冲上了热搜，比如，“七一”时的中国第一位女共产党员缪伯英，“八一”时的最美退役军人、英雄母亲王昌群，东京奥运会期间的郑凤荣孙女郑妮娜力等；再比如节目策划的话题 # 轮椅上宣誓的女党员文花枝 # 勇夺微博热搜上升榜和同城榜第 1 位，# 牺牲时年龄最小的党员刘胡兰 # 登上微博同城榜第 1 位，# 宋寅说搜救机长没有男女之分 # 登陆微博热搜上升榜第 4 位……各种不同节目话题纷纷出圈，让正能量作品收获大流量的同时，也充分显现出节目对年轻人有意识的引领。

此外，学习强国专栏上线《党的女儿》，并于首页推荐；《人民日报》客户端云课堂上线节目专题并在首页推荐。节目立意获中宣部、广电总局刊文表扬，《人民日报》等多家主流媒体点赞：中宣部新闻局第 390 期《新闻阅评》以《微纪录片〈党的女儿〉以女性群像诠释建党精神》为题，表扬节目深刻揭示了波澜壮阔的百年党史，不仅是中国女性从家庭生活走向广阔社会的历史，也是从思想觉醒走向个性解放的历史，更是个人命运与民族复兴紧密相连、实现人生追求和社会价值的历史。《人民日报》刊文《用新语态创作主旋律纪录片（新语·让好声音成为最强音）》点赞《党的女儿》把女性意识的觉醒和信仰的忠贞笃定作为叙事重点，把信仰之美、崇高之美和女性之美镌刻在时代丰碑之上。节目组还联动全国妇联、国内一流高校、知名企业等媒体矩阵，超460家蓝V及大号矩阵助推节目新媒体传播热度，覆盖用户超6亿；联动今日头条发起《党的女儿》头条征文活动，曝光量覆盖超4800万，产出超1300篇文章，话题#党的女儿是万能作文素材#登上微博热搜上升榜第3位。同时，节目主宣传片、海报覆盖全国18个城市含清华、南开、复旦等共计228所高校近400万师生群体，通过学校、老师、学生等教育群体的影响力扩圈传播，做到真正在青年群体中引领青年文化、传播时代主旋律，广大青年纷纷评价节目“既有趣又好看，树立了新时代青年党员的偶像标签”，表示节目里的主人公才是这个时代年轻人应该追的“星”。

如何运用短视频纪录片参与国家重大主题宣传？芒果TV此番充分发挥其制作和互联网传播优势，找准党史宣传教育中的不同切面，着力于细微处体现时代价值、以小切口诉说大情怀，通过百年党史中不同历史阶段的个体人物故事，运用多种创新渠道呈现内容，契合新媒体平台特点，在讲好建党百年中国故事上做出了全新的探索，为党史故事的讲述和主流宣传打开了新的思路，通过“短视频表现大主题”让时代主旋律紧扣年轻人心弦，真正做到了“为时代画像、为时代立传、为时代明德”。就当下传播特性而言，芒果TV纪录片在内容上小切口讲故事、在镜头设计上构思精巧灵动，符合年轻网生代的观看习惯，形成其独特的“有温暖、有力量、有深度”的叙述风格，成功开拓出主流宣传纪录片的新赛道，充分彰显了主流媒体的社会责任担当。

（作者单位：湖南广播影视集团（台）宣传管理部）

融媒体背景下电视节目长视频与新媒体短视频融合发展策略探析

麻　敏　陈征宇

第49次《中国互联网发展状况统计报告》相关数据显示:"截至2021年12月",我国互联网普及率达73.0%,网民总体规模超过10亿,其中网络视频用户规模达9.75亿,占网民整体的94.5%,网络视频用户中的短视频用户规模为9.34亿,较2020年12月增长6080万,占网民整体的90.5%"①。2014年,以移动互联网为基础的短视频开始兴起和发展起来,经过8年的发展,短视频的收视人群已经覆盖了全年龄层次,人们已经逐渐形成了移动端的收视习惯。短视频是传播方式的创新和转变,也是一次理念上的改革,成为网络行业特别是移动互联网的竞争手段和优势,对传统电视媒体产生了极大的冲击。

一、新媒体短视频的传播特征

短视频内容包罗万象,不管是美食探店、生活窍门、技能分享,还是幽默短剧、时尚潮流、社会热点等都可以找到相应的视频分享。短视频主题相对集中、独立,收看时间短,时长一般在数秒钟至几分钟之间,收看方式自由灵活,受众可以利用碎片化时间观看,因此受欢迎程度很高。

同时,短视频创作门槛低、参与性强、制作流程简单,没有特定的形式和技术指标要求,短短几年时间,短视频用户上网时间逐渐增长,短视频分布已经覆盖了全年龄层次人群,人们已经在移动端形成了短视频收视习惯。短视频的主要特征表现在:

(一)时长短、轻量化是观看重要特征

生活节奏快、工作强度高、时间碎片化是现代人的普遍特点,受众对于冗长且节奏缓慢的视频内容缺乏观看耐心。短视频时长通常较短,少则几秒钟、多的也才几分钟,视频轻量化的同时包含的信息量大,收看时间、方式也比较自由,用户不

① 李金宝,顾理平.短视频盛宴中的媒介变革与价值发现[J].传媒观察,2021(02):5-13.

受时间和地点限制，利用碎片化时间观看，改变了传统媒体需要固定时间收看的弊端。

（二）依托互联网，具有及时交互性特征

短视频依托于互联网存在，也将互联网及时性、交互性特征赋予了短视频。受众可以借助手机等移动终端，通过互联网快速获取短视频信息，在观看的同时，还可以通过弹幕、留言等方式对视频内容进行评价。受众不仅可以与短视频发布者互动留言，同样可以转发分享，成为短视频的传播者，实现受众和传播者之间的身份转变。

（三）信息含量大，满足各种群体需求

传统媒体时代，信息的发布依托于媒介机构，信息传播的内容有限。以电视台为例，一个电视台一天播出的上限是24小时，视频容量有限，受众能获取的信息数量也相对有限。短视频依托于互联网存在，存储量和存储时间不受限制，受众不仅有可能接触到海量信息，也可以搜索到很久以前的信息。从短视频的传播内容来看，专业电视媒体受到采编团队精力和人员限制，无法捕捉到社会各个角落的信息，而短视频制作、发布的便捷性，使得很多受众也成为了信息的制作者和发布者，短视频内容根据制作者性格、特长、爱好和关注领域的不同而不同，使得用户可以看到各个领域的视频内容和信息。

二、电视节目长视频与新媒体短视频融合发展策略探析

（一）短视频助力传统电视媒体重构现有媒介生态系统

2020年9月26日，中共中央办公厅、国务院办公厅印发《关于加快推进媒体深度融合发展的意见》，《意见》指出“要推动主力军全面挺进主战场，以互联网思维优化资源配置，把更多优质内容、先进技术、专业人才、项目资金向互联网主阵地汇集、向移动端倾斜，让分散在网下的力量尽快进军网上、深入网上，做大做强网络平台，占领新兴传播阵地”[①]。短视频作为最受欢迎的互联网产品形式，被传统电视媒体认为是打通大屏与小屏之间壁垒的有效途径，短视频已成为实现媒体

---

① 李鹏．电视节目短视频化的媒介融合传播策略[J]．新闻前哨，2022（01）：34-35.

融合的显性指标。

2019 年 11 月 20 日，中央广播电视总台基于 5G+4K/8K+AI 等新技术推出的综合性视听新媒体旗舰平台、中国首个国家级 5G 新媒体平台“央视频”正式上线，“央视频”的出现被认为是“总台加速进入互联网主阵地的战略性抉择”，是“中央广播电视总台媒体融合迈出的关键性步伐”①。

从 2021 年相关统计数据看，广电媒体在短视频平台（抖音、快手、央视频）传播规模稳定，已经形成具有规模的传播矩阵。截至 2021 年 6 月底，38 家省级以上广电机构，共有千万级粉丝量头部短视频账号 40 个；百万级粉丝量视频账号超 370 个，百万级以上粉丝账号数量较 2020 年同期增长 78%。目前，全国广电机构 1700 个短视频账号累计产出短视频内容超过 100 万条，发布在抖音、快手点赞数超 10 万的爆款内容近 2 万条，央视频播放量增长 12.6 亿。“央视新闻”在抖音、快手、央视频三平台均排名首位，“新闻联播”“四川观察”在抖音、快手平台分别排名第二、三位。“主播说联播”“玉渊潭天”在央视频平台表现更为突出。

在国家媒体融合相关政策推动下，传统广电媒体积极拓展互联网平台，将产业发展提升到媒体融合的战略层面给予推动，赋能主流媒体的产业升级。截至 2021 年，广电自有 APP 百万级下载量达到 100 余款，相较于 2020 年底下载量增加 11.4%，其中累计下载量过千万的自有 APP 产品 32 款，下载量过亿的 6 款。

（二）长视频短传播，实现优质内容资源整合

就视频内容而言，传统电视媒体在长视频领域的长期深耕，已经形成自己的品牌和定位，传统媒体长期以来积累的专业性、权威性特点，是其自身的品牌优势；而新媒体短视频正在成长完善阶段，新媒体从业者素质良莠不齐，视频质量也参差不齐，夸张事实夺人眼球的视频不在少数，传统媒体所具有的专业性、权威性的特点正好是新媒体短视频的短板。想方设法将长视频的优质内容拓展到短视频领域，将传统媒体的优势转化为新媒体的流量，提升大屏小屏资源整合的双重视频生产力，是广电媒体融合发展的必然选择。

近些年来，传统电视媒体在短视频风口顺应时代发展，陆续入驻短视频平台。中央广播电视总台《新闻联播》栏目 2019 年入驻抖音平台当天，粉丝数就名列抖音热点榜第一名，充分显示了老牌电视栏目的品牌号召力。截至 2022 年 4 月，湖南卫视《时光音乐会》《勇往直前的我们》《春天花会开》等 10 余档栏目在抖音

① 张娜．电视节目短视频化的媒介融合传播策略探究 [J]. 记者摇篮，2002（02）：74-75.

平台上开设视频号，湖南卫视抖音账号粉丝数达 2343 万，发布短视频作品 18667 条，获赞数达到 10 亿，其中《时光音乐会》栏目抖音账号发布 320 个短视频，粉丝数 296.5 万，播放量超过 11 亿。北京卫视知名栏目《养生堂》在抖音平台上共发布 2168 条短视频，点赞量达到 6520.4 万，拥有粉丝数高达 1620.1 万，其视频内容绝大部分是根据短视频传播特点，从长视频节目中截取出来，适用于在短视频平台传播的节目片段。河南广播电视台利用节目本身内容优势，运用短视频形式进行传播，也取得了不错的成绩，旗下的新媒体矩阵“河南都市频道”“河南公共频道”“河南广播电视台民生频道”“河南广播电视台小莉帮忙”“河南民生频道大参考”已形成传统电视媒体的新媒体品牌效应。

从媒体融合发展角度看，传统电视媒体通过符合短视频传播规律的二次加工和包装，助推频道本身及其品牌栏目等优质内容在短视频平台的二次传播。凭借其自身强大的专业制作能力以及绝对的内容优势，实现了在新媒体短视频领域的成功拓展。传统电视媒体将长视频内容拓展到短视频端，不仅是对短视频传播价值的肯定，也是对长视频传播路径的开拓。通过短视频端的再次分发，电视媒体的热播节目能够吸引短视频用户跨屏关注，实现小屏对大屏的导流和推广。同时，长视频短传播契合当下碎片化的信息接收形式，丰富了长视频节目的传播途径。

（三）传统电视媒体 MCN 机构改革初试

MCN（Multi—Channel Network，多频道网络）始于美国，是指对内容创作者进行集中管理、打造、营销的网络公司，其业务范围包含产品运营与营销、网络内容生产、电商、知识付费、经纪、版权、IP 授权等互联网相关业务。

中国 MCN 行业在 2017—2018 年进入爆发期，涌现了一大批 MCN 机构。根据《快手 MCN 发展报告》公布的数据显示，2018 年中国 MCN 机构数量为 5800 家，同比增长 241.2%；2019 年直播电商的迅速崛起为行业规模的增长提供了强劲动力，中国 MCN 机构超过 6500 家，MCN 行业市场规模达 168 亿元，同比增长 50.0%。根据 iiMedia Research（艾媒咨询）数据显示，中国 MCN 机构数量快速增长，2021 年中国 MCN 机构数量超 30000 家，预计 2022 年 MCN 机构数量超 40000 家，行业竞争愈发激烈[①]。

在行业快速发展的大背景下，传统广电媒体不约而同地将目光转向了 MCN 市

① 李爽，严雳．浅谈传统媒体在短视频赛道的挑战与运营模式探索 [J]. 西部广播电视，2021（10）：28-34.

场。2018 年，湖南娱乐频道旗下“湖南娱乐 MCN”（后更名为“芒果 MCN”）宣告成立，成为全国广电媒体首家成功转型的 MCN 机构。其充分利用广电系统的内部资源，进行工作室调整和直播间打造，成功打造出“蒋小姨”“丸糯本丸”“张丹丹的育儿经”“张之助竟然”“叨叨酱紫”“逆转时光酒吧”等诸多知名 IP。以“蒋小姨”为例，该账号以湖南娱乐频道主持人蒋林伶为主角，其短视频内容主要针对年轻用户群体打造轻剧情账号，围绕情感等青年人普遍关心的话题，推出了“小姨相亲记”“小姨每日被坑”等能在年轻群体中产生共鸣的系列短视频专题，深受年轻用户喜爱。两年多时间里，抖音粉丝数发展到 120.8 万，发布短视频 327 条，获得 1595.8 万点赞。除了内部孵化 IP 外，“芒果 MCN”还与具有知名度的名人、主持人及网红签约，打造出一批直播带货主播，将电商业务在一系列新媒体短视频平台全方位铺开。

与电视节目影响力巅峰期相比，短视频时代电视节目影响力风光不再，电视节目主持人和出镜记者也面临转型压力。与素人相比，有着丰富媒体经验的主持人、出镜记者不仅具备出色的业务能力，也拥有良好的群众基础，都有可能成为短视频平台上个性鲜明的 IP 和意见领袖。南京电视台融媒体中心 2019 年以江苏知名电视栏目《直播南京》主持人欧林冲为试点，成立了专门面向短视频平台的欧林冲工作室。“主持人林冲”在抖音平台上发布短视频作品 317 个，粉丝人数 43.4 万，获赞 595.9 万。对于电视媒体来说，具有公信力的主持人和出镜记者是电视台的独家资源，参照 MCN 机构的相关运作模式，这些独家资源可以产生更大的影响力，进一步提升电视媒体在短视频平台的用户粘性和关注度。

新旧媒体融合的时代背景下，不同媒介间的融合也必然伴随着“破”与“立”之间的拉锯，坚持优质内容生产，打造通俗化、年轻化的短视频产品，是传统媒体融合转型的重要方向。尽管已经取得了突破性发展，但面对短视频行业的迅猛发展态势，传统电视媒体的传播垄断优势已不再，借助短视频风口，将电视节目长视频与短视频发展融合，传统电视媒体必将迎来新的发展机遇。

（作者单位：湖南女子学院、湖南广播影视集团（台））

闯入瓷器店的怪兽
——网络语言的二重性

余长新

从20世纪90年代开始，随着互联网的兴起，本用于网络社交的网络语言渗入日常生活，这头“闯入瓷器店的怪兽”以其新奇的内涵、鲜活的形式、个性化的语态受到了年轻人的追捧，进而影响到更多的社会阶层。网络语一方面别开生面，给汉语带来生机活力，另一面则粗暴破坏汉语言的纯粹与优美，认清网络语言的二重性对于语文学习不无裨益。

一、另一个栖身之地

1969年10月29日，互联网在美国诞生。1994年，中国全功能接入互联网。经过20余年发展，网络由边缘而日益主流化已是不争事实。网络语言泥沙俱下，其中有金砂，也有糟粕，有的网络语粗俗不堪，如果任其泛滥，就会破坏汉语言文字的纯粹与优美。网络语汇自有其生存逻辑和传播路径，认识规律有助于作出价值判断。自2008年开始，《咬文嚼字》编辑部公布年度十大流行语，后有其他媒体和机构跟进。

网络语言是时代语言，寄托一代青年的喜悦和忧伤，贡献了他们的聪明才智。“90后”“00后”都是网络原住民，网络热词来自特定场景和梗，“内卷”“躺平”不过是网民的情绪出口，虽然这些声音并不那么主流，可能有些不敬甚至冒犯，但一定程度上反映摆脱传统桎梏，释放心灵自由，折射时代和社会的进步。《咬文嚼字》专栏作家徐默凡认为，流行语呈现两个特点：游戏化和极致化，以世俗娱乐的态度突破常规，试图消解崇高、庄重，成为现代人释放压力的表意手段，人们不屑于正儿八经地说话，把语言作为操弄的对象。在网民的戏谑中，词与义脱落、变异是常事，如果望文生义就易中圈套。“盘”原本属文玩术语，指手串通过摩擦捏压，让其包浆变色，更具光滑有质感。“盘他”成为2019年第一个网络热词，网民赋予它丰富的内涵，大致有三种语义：一是鼓励、加油，二是改造、教训，三是入手、接近。语义引申和泛化的“盘”确实能够为语言带来新颖别致的情趣[①]。这样的语

① 代宗艳．“盘他”，兼及“盘”的新用法[J]．咬文嚼字，2019（10）．

义又与各种名词发生新的耦合搭配，激发现代汉语的活力。语言植根于历史文化土壤，背景如影随形，网络语言如同一个轻浮浪子，轻而易举地摆脱束缚，迁移新大陆。

网络语又是亚文化的表征，去中心的因子深入骨髓。有的网络语言风趣幽默，感染力强，经过群体分享后成为流行语。有人乐此不疲，甚至走火入魔，《互联网速成指南》中有一条："把一些看似平常的词替换成互联网专有词汇，会让整个格调提升多个档次。总之，千万别说人话"。如果仅仅用于网络交流，范围有限，但从线上走向线下、从虚拟空间走入现实社会、从民间走向官方，甚至登上公共媒体，就像病毒传染。互联网时代，草根文化对精英文化形成碾压之势，以低俗化为表征的泛娱乐兴起，网络语推波助澜。学生群谈笑风生，如果拉老师进群，则气氛陡变，网络语是青年逃离规制、追求自由表达的需要，"语言是家园，当这个家园不再适合你，或不由你说了算，寻找另一个可以栖身之地便是极其自然的事"①。网民摆脱现实世界的等级森严、人际交往的繁文缛节，另筑新巢，怡然自得。网络语从社会价值来看可分为三类：正能量的网络语丰富语言的表现力，张扬青春个性，反映时代进步，成为鼎沸人声中的一股清流，如全国政协十三届一次会议新闻发言人王国庆答记者问时说我国经济发展稳中向好、好于预期，不仅"颜值"高，"气质"也相当好。"颜值"一词源于日语"颜面偏差值"，意思是指外形的价值，后拓展用于表示人或事物的容貌、外表。政协发言人的妙用拉近了与媒体的距离。"洪荒之力"来自傅园慧对电视剧《花千骨》台词的引用，展示年轻一代的拼搏精神。"打工人"消除职业偏见，体现平等职业观。支付宝官方微博的转发活动将中奖人命名为"锦鲤"。锦鲤是一种观赏金鱼，色彩艳丽，花纹多变，网友把运气好的人称为"锦鲤"，表达羡慕之情。中性的网络语无害，有些可用，如"解锁""躺枪""吃土""我想静静"等。负能量或易生歧义的网络语，则慎用或不用，不扩大传播空间，让其自生自灭。试举几例："撩妹"，意指引诱女性，获得女性青睐的行为，来源于客家话、粤语、赣语等南方方言。"屌丝"起源于李毅贴吧粉丝将自己称为DS（帝丝的缩写），多指出身卑微、相貌平凡的年轻男性，与之对应的则是高富帅。"屌丝"二字蕴含着无奈与自嘲的意味。"蓝瘦香菇"（难受想哭），来自网络场景，源于广西的壮语里面的发音没有翘舌音，没有送气音。2016年10月，广西南宁小哥失恋后录视频，"哭"的声母发音K在广西话里没有，只好用G代替。而在非广西人看来，"蓝瘦香菇"显得刻意、生硬。"不明觉厉"，意为虽然不明白

① 马中红．作为亚文化符号的网络语言，青年亚文化研究年度报告（2014）[M]．北京：清华大学出版社，2015.

对方在说什么，但好像很厉害的样子，用于表达菜鸟对高手的崇拜。类似的缩略语还有“城会玩”“小确幸”“累觉不爱”“人艰不拆”等，本着经济、效率的原则把几句话或几个词浓缩成一个词。谐音流行语也有不少，如“神马”“小公举”“涨姿势”“歪果仁”“雨女无瓜”等，破坏了语言文字的规范性，且易为中小学生效仿，遗害无穷。

网络语由网络自定义，大部分网来网去，小部分由主流媒体完成身份认证，官方援引然后出圈。网民既有表达的自由，也有言说的禁忌，另一栖身之地不是法外之地，法律和公序良俗是恪守的底线，“语不惊人死不休”，一些节目为了取悦受众爱用网络语，弹幕更是五花八门。其实，与时代同行，对网络语怀有热情无可厚非，但在使用上该有所沉淀，就像高速公路上开车，后车与前车之间应有个安全距离，跟得太紧容易造成追尾。

二、不可丧失对语言的敬畏心

新华社规定通稿中不应使用“哇噻”“妈的”等俚语、脏话、黑话等。如果在引语中不能不使用这类词语，均应用括号加注，表明其内涵。言为心声，言语粗俗的人，行为举止不会文明。如古斯塔夫·勒庞所言，人一到群体中，智商就下降，可以是非不分用智商换取归属感。他表现得身不由己，残暴而狂热①。网络的隐身功能使少部分蒙面客性情大变，他们不读书、不思考，缺乏推理能力，肆无忌惮地释放人性中的恶，似乎不用对自己的言行负责。日常生活中，他们可能是谦谦君子和窈窕淑女，顺从长辈、友善同事、维护伦常、遵守法纪，而在虚拟空间，脱离了社会主义核心价值观，发泄不满，撒野打滚，类似法国社会心理学家莫斯科维奇所说的群氓，利用法不责众的规则横冲直撞。两种角色反差极大，大到难以把生活中的张三与网络论坛中不讲规则的狗剩认作同一人，有人甚至走上违法犯罪之路。

网络语言最终要突破网络空间、进入社会终端，社会对网络语有接收和驳回的权力。作为表意抒情的符号，网络语扰乱了能指和所指的对应关系，打破约定俗成的设定，摧毁词与物之间的有机联系。网民重新编码，输入新的指定，享受破坏和入侵的快感，有的甚至连根拔起，懂的人会心一笑，懵的人如堕云雾。他们遵循一个原则：个体的表达快感和群体的幻象创造。从语言的社会生成来看，网络语言也可分为三类：一类是身体化语言，把简单粗暴发挥到极端，这类市井污言糙语表达

① 古斯塔夫·勒庞．乌合之众．大众心理研究［M］．冯克利，译，桂林：广西师范大学出版社，2015.

愤怒释放压力，与一贯庄重典雅的汉语言文化不相容，如“蛋疼”“逼格”等；二类是语言游戏，反叛传统，消解崇高，张扬个性，如“盘他”“喜大普奔”等；三类属语言翻耕，就是在语词中寻找替代物，换个说法，无甚新意，为赋新词强说愁，但个性化的新异表述广受追捧。正统人士以为“已有的词汇既然可以精确表达，就没有必要再造词汇徒增负担”，但网友并不认同，造生词是任野性驰骋的天地，根本不在乎他人的冷眼。如说自己运气好，老年人会说“我祖宗积了德”，年轻人则说“我上辈子拯救了银河系”，相同的意义表达，一个老套，一个“洋气”。对比一些新旧词汇，可看出流行语胜在新颖有趣，虽然不一定使用，但不得不惊讶于网友的脑洞大开，如单身狗：单身汉。虐狗：在单身汉前秀恩爱。撒狗粮：在公开场合秀恩爱。吐槽：有怨言。打酱油：无足轻重。跳槽：辞职。爽歪歪：痛快。圈粉：被人喜欢。劈腿：移情别恋。驴友：结伴出游的人。土豪：暴发户。熊孩子：顽皮孩子。种草：好物推荐。

时光的轮盘自有汰选功能，语词在其中翻转再生，网络语汇如一阵风来得快去得快，如前几年流行的“你妈喊你回家吃饭”无疾而终，承载社会价值、经受时间检验的网络语终究汇入汉语的海洋。《咬文嚼字》杂志创办人郝铭鉴认为网络语言是社会语言最活跃的领域，要积极拥抱新生潮流，同时警惕社会语文生态的粗鄙化，批评粗俗流行词“既无语言智慧，又无内容形式，只有语言使用者的任性”。让含义不良、表达粗俗的网络语上电视，不亚于发给通行证，检验检疫的程序省不得，应该把有害物种挡在门外。

有的网络语脱离网络语境后能在现实生成丰富的内涵，得到人们的响应，这是它们流行的社会基础。网络亚文化反抗主流文化，同时又摆脱不了被主流文化收编的命运，网络语言基本遵循网络—娱乐—经济—政治的传播路径，从市井登高，由小众出圈，越往后走越困难。网络语不是洪水猛兽，它来自最具活力的一群人，有广泛的民意基础，把一本正经化为轻松幽默，某种程度上扮演减压阀的作用，纾解社会冲突中的集体情绪，其负作用也凸显，如片面追求娱乐搞笑，消解了内容的严肃性，浮夸和攻击妨碍交流，影响了传情达意的准确性和汉语言的美感。网络语言是社会价值多元的体现，一味禁止与滥用网络语同样不可取，择其善者、弃其恶者成为明智的选择。近几年来，网络空间日益净化，网络语言格调上升，新句式、新语汇为语言嬗变注入活力，其中一部分经过沉淀后进入主流语汇。一些新词如“打卡”“点赞”被《现代汉语词典》《牛津词典》、第12版《新华字典》收录，说明这些词汇运用广泛并且发挥稳定。

笔者几个老乡建了个微信群。有一次，塑料制品厂老板老曾问聚会地点在哪？

熊医生回复：微信爬楼。50多岁的老曾发语音："爬楼太慢，我坐电梯上来"。"爬楼"属网络语，是看前面的帖子之意，不懂语义自然闹出笑话。如果因网络语天然的解构而避之唯恐不及，就会丧失与青年对话的能力。长辈只有持爱护包容之心，主动伸出手才能赢得年轻人的心。

网络语言是一场全民参与的语言实验，一轮击鼓传花的造句游戏，起于草根，更新迭代，拓宽语言边界，探索未知世界。民间俗语、俚语和外来词汇入汉语早已有之，极大地丰富了汉语的词库。网络语作为新生代语言，不能用过严的标准去要求，允许它边摸索边修正，同时对青年多点耐心，他们吐槽后大概率会回归常态。《读书》杂志创刊之后，经常收到著名语言学家吕叔湘寄来的正误表，1986年，他致信《读书》主编沈昌文，嘱咐杂志要坚守两条原则，其中一条是不拿10亿人的共同语言开玩笑，否则就会走上同人刊物的路子，强调语言书写和表达的规范。此话不幸言中，另辟新路的勇气固然可嘉，肢解语法和句式的方式却不可取，有的已经偏离轨道，丧失对语言的敬畏心，不断制造新的交流障碍。

荧屏不过方寸之地，但上通天下接地，是一个精选框，不能搞"捡到篮里都是菜"。作为大众传媒，电视有确认和示范作用，使用传播网络语言，隐含对其价值取向的认同。学生会反问：电视都播了，课堂和作文未必不能用？他们不一定了解这些词汇的来源和引申义，使用时单纯出于从众和好奇。要对网络语言天然的草根性、粗俗化持有一定的警惕，校园和社会共筑一道屏障，努力净化民族语言。

（作者单位：湖南广播电视台卫视频道）

广播电视提升新闻舆论“四力”的路径探析
——以长沙广电重大主题宣传为例

谢鸿鹤　周　峻　雷艳飞

习近平总书记在党的十九大报告中旗帜鲜明地指出：“坚持正确舆论导向，高度重视传播手段建设和创新，提高新闻舆论传播力、引导力、影响力、公信力”。全媒体时代的广播电视媒体，在新闻宣传工作中要以“传播力、引导力、影响力、公信力”为引领，全力打造“四全媒体”，深入践行“四力”，强化主题策划，创新传播方式，不断探索全媒体时代的深度融合路径。

一、全力打造“四全媒体”，为提升新闻舆论“四力”赋能

党的十八大以来，习近平总书记为推进媒体融合发展作出了系列重要论述。2019年1月，在中共中央政治局十二次集体学习的讲话中，习近平总书记首次明确提出了“全媒体”概念，并用“四全媒体”即全程媒体、全息媒体、全员媒体和全效媒体，进一步阐释“全媒体”的内涵。“四全媒体”深刻反映了媒体融合状态下媒体进化的状态和规律，从不同的维度概括了媒体的功能和作用。

1. 全程媒体拓宽了新闻宣传的时空维度

全流程跟踪、全链条播报、全角度切入。快速获取信息来源能力，准确获得新闻素材能力，持续引领受众能力，都是全媒体时代广播电视必备的能力。在新闻宣传中如何因势而谋，应势而动，顺势而为，加快内容创新步伐，科学引导网络舆论，提升网上传播能力，让主旋律报道释放强大正能量，是广播电视媒体面临的新挑战和新考验。2020年1月30日，长沙首例确诊的新冠肺炎患者在长沙市公共卫生救治中心（长沙市第一医院北院）出院，长沙广电记者深入确诊患者救治最前线，现场直播记者、深度报道记者同时参与采访，长沙市第一医院院长刘激扬被长沙广电新闻人的职业精神所感动，挤出时间接受专访。第二天早上8点03分，“长沙观察”推出文字加视频独家专访《对话刘激扬——长沙首例新型冠状病毒肺炎患者治愈出院的背后》，及时解答了群众极为关注的问题。报道引发强烈反响，得到了省市领导和广大受众的高度肯定。

2. 全息媒体拓宽了新闻宣传的技术维度

新兴技术是媒体融合的原动力。全媒体时代，互联网、人工智能、物联网等新技术轮番上阵。随着新兴技术的产生，新的宣传业态也随之出现。长沙广电在直播节目中正式启动人工智能 AI 手语翻译，虚拟主播闪亮登场。这也是人工智能 AI 手语翻译技术在全国城市广电直播新闻节目中的首次运用。2020 年 9 月 17 日，习近平总书记在马栏山视频文创产业园考察时，工作人员现场演示了这个项目，习总书记仔细询问"技术复不复杂？""能不能进行推广？"这档节目形态的产生就是科技赋能的最好印证。

3. 全员媒体拓宽了新闻宣传的社会维度

当人人都成为信息传播的发起者、参与者和反馈者后，随之而来也会产生一些新的问题，比如新闻的真实性。广播电视媒体一方面要"放低身价"，把自己置身于平等的媒体传播，但在特殊事件、特别新闻前，媒体又需要"显出身份"，那就是主流媒体的新闻舆论引导功能。2021 年 5 月 22 日，"杂交水稻之父"袁隆平院士在长沙逝世。长沙几乎成了一个媒体之城，所有人都在以各种方式发布各种消息悼念袁老。长沙广电各媒体及时跟进，开设专题集纳系列报道，推出了一系列感人肺腑的报道，有力有效引导舆论，充分传递了长沙人民对袁院士的深情爱戴以及传承院士精神的坚定决心，体现了主流媒体的使命担当。

4. 全效媒体拓宽了新闻宣传的生态维度

全效意味着媒体属性的扩展，从单纯的内容属性到社交属性，再到服务属性。对于新闻宣传而言，一方面要争取把内容做得更好，另一方面也要求从前期开始进行精准分析，针对人群进行精准内容分发和精准画像，衍生出针对特定人群的定制性新闻。长沙广电近年来与长沙市大数据中心进行战略合作，对全市各类人口进行分析，不仅提升了日常新闻宣传的推送效果，同时也派生出了网红节目《守护解放西》第一季、第二季，开发了服务老年人的《老爸老妈唱起来》等系列 IP 及相关节目和活动。

2020 年 6 月 30 日，中央全面深化改革委员会第十四次会议审议通过了《关于加快推进媒体深度融合发展的指导意见》等文件，强调推动媒体融合向纵深发展，要建立以内容建设为根本、先进技术为支撑、创新管理为保障的全媒体传播体系。广播电视媒体必须坚持以内容建设为根本，实现内容和技术的双驱动，才能真正提高新闻舆论传播力、引导力、影响力和公信力。

二、深入践行"四力"，为提升新闻舆论"四力"蓄能

2016 年 2 月 19 日，习近平总书记在党的新闻舆论工作座谈会上强调，好的新

闻报道，要靠好的作风文风来完成，靠好的脚力、眼力、脑力、笔力得来。新闻舆论工作者要转作风改文风，俯下身、沉下心，察实情、说实话、动真情，努力推出有思想、有温度、有品质的作品。我们要充分认识增强“四力”的重大意义，更好地担负起新形势下宣传思想工作的使命任务。

1. 有了“脚力”，新闻宣传就有了源泉

作为广播电视新闻工作者，“脚力”是根本，是首要前提。“好新闻是跑出来的”。脚下沾有多少泥土，心中就沉淀多少真情。全媒体时代的广播电视新闻工作者，一是脚步要勤，要深入群众、深入一线、深入现场开展新闻报道，真正让“在路上”成为常态。2020 年 8 月 7 日，长沙广电推出深度调查报道《高质量夜经济：长沙拉动经济增长的新引擎》。记者深入一线采撷鲜活素材，以采访实录的形式，真实生动展现了长沙暑期夜经济的火爆场景。夜宵打卡地东瓜山一个摊位烤肠一天能卖三四千根，友阿奥特莱斯一家专卖店月销千万，代驾司机 1 个月收入 1 万左右……这些来自记者对“吃住行游购娱”行业收入的一线调查，从不同侧面反映了长沙夜经济的状态，现场感强，细节真实，让受众有直观感受。二是脚步要快。自媒体快速发展，作为党的喉舌，更需要时刻冲刺奔跑在第一线，抢先报道第一手新闻，让党的声音第一时间传播出去，快速占领舆论高地。三是脚步要深。浅尝辄止是做不好新闻的，只有真正深入群众，深入一线，和群众交心，才能采集到第一手的好素材，好的记者一定要有打破砂锅问到底的耐心，要有踏石留印、抓铁留痕的毅力。

2. 锻炼“眼力”，新闻宣传就能发现真善美

在“眼力”上下功夫，就是要用敏锐的眼光，深入基层一线，在群众生产生活中找选题，努力练就一双“火眼金睛”。第一要有政治慧眼。新闻工作者要坚持党性原则，必须时刻把讲政治摆在首位，提高政治判断力、政治领悟力、政治执行力。第二要有理论法眼。新闻工作者要大力提高自身的马克思主义理论水平，特别是要深入学习中国特色社会主义理论体系及其最新成果，用习近平新时代中国特色社会主义思想武装头脑、指导实践、推动工作。第三要有观察锐眼。新闻工作者是时代风云的观察者，是新生事物的发现者，是事物发展趋势的判断者。拥有好“眼力”的新闻工作者善于从新闻事实中发现深层次的问题、作出清醒的判断，能够写出紧扣时代脉搏、反映社会发展方向的好作品。长沙广电去年以来推出的《这个春天，第一书记在忙啥？》《核心技术是怎样炼成的？》《踏遍青山——探访湘赣边》等大型策划报道，均是好眼力成就的好作品。

好“眼力”是新闻工作者基本的素养，敏锐的观察力可以提升新闻工作者的发现力和挖掘力，让人们能够在纷繁复杂的新闻素材中寻找到好问题、好故事、好观点。

3. 增强“脑力”，新闻宣传就有了灵魂

脑力是新闻工作者必备的职业修养。在新闻宣传中愿思考、能思考、善思考，从千丝万缕的新闻素材中提炼出好的点子、好的创意。一是要通过学习提高自己的“脑力”。新闻工作者要是“专家”，也要是“杂家”，要通过学习为自己的新闻工作“蓄能”。二是要提高独立思考能力来考验自己的“脑力”。在思考中练就自己透过现象看本质、廓清迷雾辨是非的本领。三是要在实践中提升自己的“脑力”。新闻工作者最忌“人云亦云”，要把实践作为增长才干的根本途径，坚持实事求是，要真正做到学以致用、用以促学、学用相长的境界。2020 年，受新冠肺炎疫情防控的影响，农村电商经济迎来了爆发式增长。农村电商能否成为带动农产品销售、助力脱贫攻坚的长效模式？存在哪些问题？ 2020 年 6 月 1 日，长沙广电推出深度调查报道《农村电商：带货，更是带“路”》。在这篇报道中，记者敢于直面问题进行独立思考，发现的问题具有代表性和前瞻性，为农村电商经济提出了可资借鉴的突围模式和推动高质量可持续发展的道路。

4. 用好“笔力”，新闻宣传就有了血肉

“笔力”是新闻工作者具备的基本能力。一是要坚持短实新。老百姓喜欢短小精悍而又实在的新闻报道，广播电视要反对假长空，多讲实话，少讲套话。二是要坚持多讲故事。要动情地讲，要用心地讲，讲人民的故事，既要有全景式呈现，又要有细节化展现，做到见人见事、见思想见精神。三是要创新话语表达方式，适应分众化传播趋势。要运用老百姓的语言、青年人的语态，采取群众喜闻乐见的形式让宣传工作更接地气、聚人气，更有情感，更温暖。2020 年 3 月 24 日至 4 月 27 日，长沙广电《总编辑调查》栏目推出开栏之作《这个春天，第一书记在忙啥？》。在报道宁乡市三仙坳村第一书记谢天涯为养蜂贫困户拍摄卖蜂蜜的抖音短视频时，记者这样写道：虽然只有短短几句话，因为有点紧张和操作不熟练，反复了好几次。这一细节，让受众感觉谢天涯真实而可敬。又比如，报道望城区三桥村第一书记郭铁，记者写道：行走在村里平坦洁净的水泥路上，金黄色的油菜花镶嵌在两侧的田野里，不时有一两群鸭子在水田里觅食嬉戏。阳春三月，一切都充满了生机！这样的风景描写，既是写实，又是脱贫攻坚大功告成后轻松喜悦心情的自然流露，情景交融，颇具艺术色彩。该系列报道既有报告文学的色彩，更像图文版的纪录片。

“四力”是相辅相成的，以脚力开阔眼力、以眼力丰富脑力、以脑力增强笔力。“脚力”和“眼力”发现美，“脑力”和“笔力”呈现美。当新闻工作者真正践行了“四力”，就一定会创作出有思想、有深度、有情感、有血肉的新闻作品，这样的新闻作品也一定是富有“传播力、引导力、影响力和公信力”的精品。

三、重视传播手段建设和创新，为提升新闻舆论“四力”释能

1. 传播内容上做大做强主题报道，让新闻宣传浓墨重彩

“内容决定品质，高度决定影响力”，这是广播电视已达成的共识。在做好日常宣传的同时，紧扣重大主题，策划组合式、集束性报道，形成阶段性报道热点和宣传强势，广播电视媒体就能在重要节点和重大主题时引导舆论，营造氛围，增强宣传效果。在策划重大主题报道时，一是要坚持“大”。主题要重大，策划要大气，规模要宏大。要体现大时代下的大情怀。2020年是全面建成小康社会的决胜之年、脱贫攻坚的决战之年，全国广电系统纷纷围绕这个主题，创作出了一批优秀的脱贫攻坚主题理论专题、电视剧、综艺节目、纪录片、公益广告等，唱响了决战决胜脱贫攻坚的昂扬旋律。二是要坚持“精”。策划要精细，内容要精耕，制作要精良，呈现要精致。2021年以来，围绕建党100周年这个重大主题，长沙广电各媒体推出系列组合拳，制作推出融媒体特别节目《踏遍青山——探访湘赣边》、广播剧《一大代表毛泽东》、融媒体视听节目《奋斗百年路　启航新征程·热血湘女》等。这些重大主题策划形式新，有看点，营造了浓厚的氛围。三是要坚持“深”。重大主题报道内容要深度挖掘，人物要深度展现，主题要深度解读。要充分运用广播电视各种题材来做文章。

2. 传播形式上运用各种表现手段，让新闻宣传出新出彩

广播电视在新闻宣传尤其是重大主题宣传时要破除传统表现手法，提高新闻宣传的感染力和引导力。一是要多讲故事。把新闻宣传故事化，多用叙述性语言，多挖掘细节，多展现人物情怀。长沙广电大型融媒体视听节目《奋斗百年路　启航新征程·热血湘女》，用讲故事的方式展现多情湘女的家国情怀，让她们真正有血有肉。在《热血湘女杨开慧》这集节目中，主持人手持泛黄的信件，深情念读信中的一字一句：“我要吻你一百遍，你的眼睛，你的嘴，你的脸颊，你的额，你的头，你是我的人，你是属于我的。”这是毛泽东同志从未收到过的缱绻家书。彼时战事紧急，时局凶险，通讯阻塞，丈夫音讯全无，志同道合的革命情结、苦难岁月的伉俪情深、艰苦斗争中的生死相伴，都在杨开慧信中的字里行间袒露无遗。随着主持人真挚的念读，大家看到了一个在钢筋铁骨之下细腻却又坚强的杨开慧。二是要多用沉浸式引领。沉浸式宣传是近年来流行的宣传形式，其最主要目的是让观众化身为新闻事件的“现场目击者”，而不仅仅是新闻的“观望者”。长沙广电今年成功策划和执行的《就认这个理——百年一课〈恰同学少年〉》将表现形式定位于“沉

浸式”，参与主体定位于青少年。节目以湖南第一师范大礼堂为场地，打造穿越概念，让百年前的进步青年和当代湖湘青年展开一场时空对话。节目一开篇，百年前青年和当代青年同屏朗诵《少年中国说》，中间以“青春之问”为牵引，百年前平均年龄 22 岁的青年群体发出的“青春之问”是他们不断探寻救国救民的需求，百年之后的“青春之问”又是什么，是习近平总书记 2020 年 9 月在岳麓书院的讲话“希望大家不负时代重托，不负青春韶华，勤奋学习，树立正确的世界观、人生观、价值观，走好人生道路，为实现第二个百年奋斗目标、实现中华民族伟大复兴的中国梦奉献自己的智慧和力量！”场景共融，激情共振，为这场党史课、思政课奠定了“超燃”的基调与氛围。三是要多用“轻语态”的话语体系。广播电视宣传忌讳八股化、教条化。在宣传中要多用群众语言，多用时尚元素。

3. 传播方式上深度融合，让新闻宣传出色出圈

好节目推广好，才算真的好。在传播上要坚持移动优先策略，实施媒体联动，推进深度融合，用“融媒爆款”理念进行引导和传播。一是要拓宽传播渠道，要充分利用各新媒体矩阵进行分发和转发，让一个产品通过多种传播途径实现“裂变”，实现“多平台”“多账号”“多形式”的传播格局。二是要把内容分发成多种产品形式，以适应各平台的宣传特点。长沙广电在《大江大河交响季》的首站锦绶堂传播中，以时下最流行、最易于传播、最受众尤其是青少年喜爱的短视频为载体，将相关内容进行分发，一天的短视频分发量就达到近百条。三是要在传播时进行“推广再策划”。不断制造话题进行引流和放大，让话题引导受众进行点击和点赞。长沙广电执行的《大江大河交响季》的话题定位为“送你一支浏阳河”，用一曲《浏阳河》唱响一条浏阳河，以红色经典激荡起“一身挂满音符的河”，引发全民关注，在微博、微信、公众号、视频号等网络端持续发酵。

当前，各广播电视媒体正在加快打造“四全媒体”，深入践行“四力”，其目的就是增强主流媒体的传播力、引导力、影响力、公信力。这“四力”中，传播力是根本，是媒体最基本的属性；引导力是职责，讲好新时代好故事，影响力是目的，让好的作品去感染人，感化人，公信力是媒体价值，是媒体担当的责任所在。这“四力”相辅相成，互相促进，“融为一体，合而为一”，才能担负起举旗帜、聚民心、育新人、兴文化、展形象的使命任务。

（作者单位：长沙市广播电视台（集团））

浅析短视频对传统媒体主流价值表达的推动
——以湖南经视为例

赵　静

5G 时代已至，短视频因其“短、平、快、互动性强”等媒介属性满足用户碎片化的阅读需求，已成为人们信息传播的重要方式。2022 年 2 月 25 日，中国互联网络信息中心（CNNIC）发布第 49 次《中国互联网络发展状况统计报告》。《报告》显示，截至 2021 年 12 月，我国网民规模达 10.32 亿，较 2020 年 12 月增长 4296 万，互联网普及率达 73.0%。《报告》还显示，使用手机上网的用户比例达 99.7%，短视频用户达 9.34 亿，占网民整体的 90%。短视频用户持续爆发式增长，带来各类信息的大爆炸，低俗、恶搞、虚假，以及泛娱乐化选题一度充斥下的各种乱象等，对社会舆论造成误导，给主流价值观的传播带来严峻挑战。越处于信息爆炸的风眼，越需要有公信力的媒体通过真实、客观、优质的内容，还原风清气正的互联网生态空间，这给在新媒体语境中努力寻求转型路径的传统媒体提供了创新发展的思路。

习近平总书记在第十九届中央政治局第十二次集体学习时强调，推动媒体融合发展就要做大做强主流舆论，巩固全党全人民团结奋斗的共同思想基础。那么，传统媒体如何适应分众化、差异化传播趋势、守正创新，巩固壮大主流思想舆论？借助短视频这一信息传播的新兴形态，如何推动主流价值观的表达？如何提升传统媒体在融媒时代的影响力和公信力？作为湖南本土最有影响力的地面频道，湖南经视积极探索，为融媒时代舆论宣传主阵地的传播实践提供了参考。

一、传统媒体短视频传播矩阵的构建

湖南经视自 1996 年开播迄今，始终坚持党管媒体，导向为魂，内容为王，精耕本土。2018 年始，全国电视尤其是地面频道出现发展拐点，单向传播、线性播出模式先天不足，互动交流缺乏，体制机制老化，营收模式单一，传统电视的弱势凸显。为改变现状，突破困境，湖南经视审时度势，调整战略，积极迎战这场媒体融合的大考，尝试从传统媒体向短视频领域迁移，即在稳定“大屏”（电视）的前提下，做强“小屏”（移动端）内容与产品，以短视频助力媒体融合，坚持多屏互动、矩阵传播，把频道 20 多年来累积的公信力、影响力、传播力与新媒体的精准推送、快捷传播、开放分享等特质深度融合。

1、全面布局，搭建全媒体资讯传播链

作为一家以新闻立台、有着 27 年深厚专业积累的电视媒体 ，湖南经视在选题策划、新闻挖掘、深度报道方面具有极强的竞争力。媒体融合转型过程中，在坐拥《经视新闻》《经视观察》《经视焦点》等 5 档权威新闻矩阵的基础上，湖南经视又成立专门的新媒体报道小组，构架起由抖音、快手、微博、微信等平台组成的短视频矩阵，充分发挥“中央厨房”策划、统筹、指挥、调度的枢纽作用，着力打造多样化、个性化、互动化的全媒体属性产品，通过记者采编联动、移动指挥调度、舆情实时监测等，实现新闻内容的“一次采集、多元生产、多渠道分发”。尤其当重大新闻事件发生，这条完整的全媒体资讯传播链使得采制的新闻快速覆盖全网，并借助社交媒体的力量实现更大范围的传播①。

如 2022 年全国两会期间，湖南经视充分借力“云技术”，打造出全方位多维度的融媒传播矩阵，在大屏播发的 120 条稿件，通过矩阵所辖的百余个端口进行短视频推送多达千余条，发稿数额翻 9 倍，“电视大屏 + 互联网小屏”的密切联动，场内场外的信息互补，让两会的精神快速、深入地传达到寻常百姓家，也将老百姓和网民的热议及时予以回应和反馈。

2、移动优先，实现多点矩阵传播

5G 技术的突飞猛进，网络生态也在不断变化。随着产品差异化程度越来越大，传统的以内容搬运的迁移型客户端已不能适应媒体的发展需求，传统媒体的短视频内容输出，需要更多的协同与创新。要使短视频的传播能更精准地到达用户，不断提升多点传播矩阵的内容策划。

在完成了全媒体资讯传播链的搭建后， 湖南经视又开始发力内容营销，进行垂类账号的运营尝试，先后与芒果 TV、字节跳动、腾讯、快手科技和阿里巴巴、京东等全国多家头部互联网平台展开合作，根据不同平台提供不同的内容，如在抖音、快手等全网数十家视频网络平台逐步打造了民生、健康、美食、教育、亲子等垂直领域短视频矩阵，通过不断提升多点传播矩阵的内容策划，让短视频的传播能更精准地到达用户，不仅创下全网总粉丝数量破亿，总播放量突破 50 亿的数据记录，还实现了从“主流媒体首发”到“新媒体首发”、从多渠道拓展到打造“自主可控平台”的转变。

目前，湖南经视的传播阵地，已经由原来单一的电视频道转变为大屏 + 小屏、线上 + 线下、主流平台 + 商业平台、芒果系 + 全网系、综合类账号 + 垂类账号等

① 陈杨 . 电视媒体融合的全新探索 [J]. 中国广播影视，2021（12）.

互联互通、有机融合的生态系统。其中，基于微信的 SaaS 平台“芒果 V 直播”粉丝超过 2.04 千万，访问量近 15.3 亿；从大屏新闻栏目衍生并重点打造的资讯类账号“大调查”始终坚持正确导向，关注民生热点，发表短视频作品 7800 余条，位列抖音全国媒体资讯号榜单前十，全网粉丝 1400 万，总播放量超过 10 亿，收获点赞 8000 万，该账号还多次获得“湖南省十佳消费维权好新闻”。

二、传统媒体短视频主流价值观的表达

1. 契合重大主题，彰显中国力量

“高举旗帜、引领导向，围绕中心、服务大局，团结人民、鼓舞士气，成风化人、凝心聚力，澄清谬误、明辨是非，联接中外、沟通世界”。习近平总书记在党的新闻舆论工作座谈会重要讲话中，用 48 个字精炼地概括提出了党的新闻舆论工作的职责和使命，为我们在新形势下做好新闻舆论工作提供了强大思想武器和根本目标导向[①]。

重大的新闻时政报道一直都是传统主流媒体的重要报道领域，而每年的全省、全国两会，更是时政报道的重中之重，既折射出国家发展的动向，也成为世界了解中国的观察点。近年来，湖南经视不断探索重大时政短视频的“新语态”，通过两会报道中的多重视角，引发民众对两会的关注，让宏大的“硬主题”实现“软着陆”，以更创新的方式发出新时代最强音，使主流媒体在互联网舆论场的传播力、引领力得到有力的提升。

面对 2020 年新冠肺炎疫情的严重冲击和艰巨繁重的国内改革发展稳定任务，湖南全省人民需上下同心，齐心奋斗，共克时艰，迎接“十四五”开局，成为 2021 湖南两会的重要议题。湖南经视推出的两会报道《奋斗新湖南》紧扣这一主题，抓住牛年特点，着力营造“牛气冲天”的舆论氛围，“双屏”作战，双线出击。以“政协人大开幕快讯”“政府工作报告”“两会零距离”“会声会语”等专栏为面，“代表委员厅长通道”等网络视频直播为“线”，拉开时空纵深脉络，全景式呈现两会的盛况；再以 300 余条碎片化短视频为“点”，从内容策划到视觉包装，紧扣“三牛精神”，通过生动鲜活的小切口，让民众“横观”两会精彩瞬间，混搭出不同以往的“两会表达”。如系列创意短视频《“牛”到家了》，记者别出心裁以“牛

① 张红艳，学习习近平“48 字”新闻舆论工作方针笔谈——举旗帜，走人间正道 [J]. 决策与信息，2016（7）：2.

年”为由头，走进湖南省各地名字里有“牛”的村庄，采访“牛人”“牛事”，记录“牛村”的精彩生活和真实故事，展现脱贫攻坚、乡村振兴的大美画卷，为两会报道赋予冲天牛气、弘扬奋斗精神。

《“制造天团”的牛年版图》，角标字体一改往日的传统生硬，引入牛角元素，字体卡通、色彩多元，让这一聚焦湖南省先进制造业领军企业、核心人物，全景展现湖南省制造业成就以及发展的主流报道，以潮流、可爱、酷炫的姿态出现，当这一幅幅 2021 年湖南制造业的“牛年版图”徐徐打开的同时，既有趣又震撼，现代化新湖南的未来可期不容置疑。这一系列的“牛气”表达，无不传递着奋斗昂扬的中国力量！

2. 聚焦典型人物，激发情感共振

以小见大是短视频叙事的核心逻辑。2021 年五一劳动节前夕，湖南经视推出“2021 湖湘工匠”年度人物颁奖礼，直播前期，通过系列短视频进行活动的宣传预热，以每集 1—2 分钟的体量，讲述高凤林、陈行行、王树军、邹彬等 10 位来自平凡岗位的工匠们苦练技能、刻苦奋斗、追求卓越的工匠故事，展现他们在平凡中坚守，擦亮爱岗敬业、劳动光荣价值原色的感人事迹，探寻工匠精神的时代价值，见微知著勾勒出大写的新时代中国人的伟岸形象。平常名不见经传的小人物、却满溢泥土芬芳的大情怀，在网络上激发了强烈的情感共振，单条视频短短两天播放量突破 1200 万，直播前夕“大国工匠到湖南”话题全网参与度突破 3.2 亿。网络直播在湖南经视矩阵账号“芒果 V 直播”播出，直播观看人数超过 1100 万。同时，新华社现场云、央视移动网、芒果云、新湖南、红网时刻、湖北广播电视台、广东广播电视台等国内 30 余家媒体受邀进行同步直播，全网直播观看量达到 8000 万，全网直播触达人群 1.5 亿。

3. 关注青年群体，抒写时代担当

时代的发展给了青年更多的机遇与挑战，一代代青年也为国家的发展注入血液与能量。推动短视频在社会主义核心价值观的引领，实现其与青年价值观的融合共生是满足青年日益增长的美好生活需要的必要之举，是短视频在全媒体时代持续健康发展的应有之义，也是传播社会主义核心价值观的因时之需①。

2021 年为迎接湖南省第 12 次党代会，湖南经视官方视频号推出系列短视频节目——《青春好样范》，把目光聚焦于扎根基层、奋斗在特殊行业、特殊岗位的青年党员或预备党员，勾勒出当代年轻人的先锋力量。有学农爱农、中国杂交水稻高

① 韩桥生，张文．网络短视频与青年价值观的融合共生[J]．当代青年研究，2020(2)．

产攻关领跑者之一的李建武；有曾获得花样游泳世界杯金牌的湖南省花样游泳队教练李晓璐；有长沙地铁夜间巡线员罗林波等，编导通过纪实的跟拍手法，记录下李建武在田间对每一串稻谷的观测、罗林波在地铁沿线对每一段铁轨的敲打、李晓璐在泳池边对每一位花季女孩的“严苛”，在属于他们的“人生秀场”上，生动形象地展示出别样的青春风采。《青春好样范》的青年人的表达，也与众不同。“一个人，一盏灯，我是孤独的夜行者，我用青春守护平安”，原来一位普通的地铁巡线员的青春范可以如此诗意。“学农爱农，青春无悔”，注定李建武的朴实无华从未改变。这一代青年人的青春范，充满阳光和诗意的美好。

在2022年3月3日举行的央视“感动中国2021年度人物”颁奖典礼上，“90后”湖南姑娘江梦南从双耳失聪到清华博士的故事感动中国。湖南经视记者第一时间分赴北京和郴州宜章，从不同的侧面深入了解江梦南的励志故事，挖掘到江梦南成长中的诸多细节，推出的系列短视频《青春无声有好“梦”》中，她与命运抗争的坚强，对梦想的拼搏和坚持，对社会感恩回馈无私付出等深深感染了广大青年学子，短视频网络播放量超千万，许多人纷纷留言，称“江梦南的事迹感人至深，江梦南的精神催人奋进”“要像江梦南一样自强不息，拼搏不止”“向这位了不起的中国青年致敬！”

以青年影响青年，以青年带动青年，《青春无声有好“梦”》的及时推出，实现了网络短视频与青年价值观的融合共生，而这，也正是湖南经视作为党媒的责任担当和必然使命。

4.传承传统文化，助力知识传播

随着用户规模的不断扩大，短视频逐渐成为社会文化的重要策源地。近年来，湖南经视新闻栏目和创作团队重点聚焦各大文化展览、非遗传承人的故事挖掘、公众非遗展示项目等内容，通过短视频传播，为传统文化的传承创新赋能。

例如，频道创制的“二十四节气”主题的系列动画短视频，由湖南经视公益卡通形象“芒果小超人”来串起大众儿时都背过的节气歌、古诗，配上清新的音乐，巧妙融合了美景、美食、人文、风俗和日常生活场景，让“二十四节气”以有趣的视觉形式呈现，15秒一条，清新简约却不简单。通过新媒体端广泛传播，让中华文化以更新、更时代感的方式被受众，尤其是青少年受众了解和认可。制作《芒果小超人二十四节气》短视频，是湖南经视业已持续四年的用心坚持。

湖南经视始终在文化性与公众性之间寻找最佳融合点，携手湘博，深耕湖南文旅IP“走！到博物馆去”，以匠人精神为文化“着新衣”。例如，2021年开年展“仙境有花开”——清代民国时期桃源刺绣展，经视出品的主宣短视频“刺绣篇”以唯美、抽象、写意的形态视角，呈现了“女红刺绣的多彩图案”和“针法绣技的精湛”。该短视频在登陆湖南经视两微一端、视频号、抖音号后，无数网友为湖湘地域人民的勤劳智慧与精神追求频频赞叹，为湖南迄今仍保存着浓烈地域特色的非遗文化感到傲娇。这两年，湖南经视为湘博策划制作宣推了近20场特展活动，为推动中华优秀传统文化实现创造性转化、创新性发展做出了大量有益的尝试。

5. 坚守公益初心，践行社会责任

公益广告具有传播社会主流价值、引领文明风尚的重要作用。不论社会舆论环境如何变化、传播手段如何更迭，公益广告涵养民族、国家、个人行有依归的核心价值取向初衷不能变①。

湖南经视始终坚守公益初心。2021年，频道创制了一批具有强烈时代气息和频道特色的精品，引发热烈反响：系列短视频《百年心声》获评国家广电总局第二季度优秀网络视听作品推选活动优秀短视频，公益广告《一粒米的期待》获得中国公益广告黄河奖年度类优秀奖，系列短视频《矮寨腔调》荣获中国公益广告黄河奖创作类三等奖。同时，还打造出公益广告精品IP——《花开益起行》，结合禁毒戒毒、疫情防控、光盘行动、低碳节能、明礼守信等主题进行不定期推送。不仅如此，湖南经视充分利用短视频来发挥社会环境监测功能，使得社会动员功能得以凸显。例如，2022年3月，长沙部分区域疫情形势突然严峻，为加强公众科学防疫意识，筑牢社会安全防线，积极配合精准防疫政策的实施，频道推出了真人实拍+三维动画相结合的系列短视频《花开益起行》之《防疫有一手　花开益起行》系列短视频，及时传递抗疫一线的信息，传递科学防疫方法、传递积极向上的生活态度，为长沙此轮疫情防控攻坚战的胜利起到了积极作用。

传统媒体转型的最终目标是打造新型的主流媒体。媒体融合重塑了短视频格局，为短视频注入了主流价值，注入了导向灵魂，短视频出离泛娱乐，成为传统主流媒体的新形态，并融入媒体体系，构成新的传播生态。正是在这样的语境下，湖南经视积极借力短视频寻求到更大发展空间路径的同时，又借助短视频的传播力有效推动了主流价值的表达，为传统电视媒体在融媒时代的影响力和公信力的提升，提供了有益的借鉴。今后还需不断创新视觉的呈现，构建短视频IP的内容生态闭环，实现短视频与主流媒体的双向赋能。

（作者单位：湖南广播电视台经视频道）

① 万灿红．融媒时代公益广告传播效果与价值实现[J]. 中国出版，2017（16）.

论播音主持个性化的审美创作路径

陈　竹

一、问题的提出

个性是艺术创作的生命。播音艺术属“口耳之学”，尤其注重个性化的声音塑造。个性化问题一直是播音业界和学界热点问题。早在 1955 年，原中央广播事业局局长梅益在中央人民广播电台播音业务学习会上就指出“我们播音要有个性”。20 世纪 50 年代末 60 年代初，曾出现过被誉为中国播音史上的“四大高峰”：齐越、夏青、林田、费寄平。他们的播音极具个性特点，充满时代感，被当时民众所喜爱，形成了各具特色的播音风格，标志着我国播音事业发展的一个高峰。如今，媒介发展日新月异，融媒时代、智媒时代已经到来，人们获取信息的方式越来越多，人们的观念越来越多元化，受众的审美需求越来越丰富。单一化、模式化的播音很难满足大众审美期待，终将被人工智能取代。不仅如此，网络新媒体、自媒体的出现，声音传播的门槛大大降低，人人都可以做一回“艺术家”。直面当下复杂变化的文化生态和新媒体乱象丛生的发展现实，作为播音艺术工作者，如何在这种变化中，继续发挥影响力，用代表先进文化的艺术作品推动文学艺术的健康发展，加快深化有声语言艺术理论研究迫在眉睫。

与有声语言创作实践新的发展变化相比，学界的理论研究显得较为滞后。在学界，有关播音个性化创作问题的提出和研究集中出现在 20 世纪 90 年代末和本世纪初。张颂教授认为有声语言表达的个性化就是“声如其人”，“有声语言表达的个性鲜明是天人合一精神在主体性层面的标志”（2009），从较为宏观的角度阐释了有声语言创作个性化内涵。许多学者对如何实现个性化做过探讨和研究，这些研究都无法避免地涉及创作主体的心理现象、心理活动。“抓个性，要有意境”、语感通悟“染上个人审美特色，带上个性发展的光环”（张颂，1994）；创作主体“独特的体验是独特的表现的内在依据”（姚喜双，2001）；“主体由于生理、心理上的差异”，在发声控制时“会有个人的偏好或习惯，形成自己的特点”（陈晓鸥，2007）；“个性展现也是一种能力”“吐字与气质有关系”（赵莉 2014）；“有了良好的心理状态，才会在话筒前、镜头前充分显现出个性特色”（齐芃，

1999）。然而，创作主体的独特体验与其独特表现如何实现统一？语感如何作用于有声语言个性化表现？吐字作为一种肌肉活动是如何与心理活动统一，共同作用于创作个性化的？个性化创作的良好心理状态如何描述？如何获得？播音创作具有其独特心理过程和机制，但鲜有人从艺术创作心理层面对有声语言创作个性化问题做更为历时性的、具体的研究。本文试图对播音创作中的审美投射心理进行初步的描述和阐释，以期从艺术创作共性心理特征中探索播音员话筒前个性化创作的心理路径。

二、审美投射理论及其价值

20 世纪 60 年代，英国艺术心理学家冈布里奇（E.H.Combrich）从历时性角度考察艺术家的创作，对艺术家们赋有个性的创作做了较有解释力的描述。他提出了著名的“预成图式”（schema）和“图式—修正”心理模式理论（1960），首次关注到艺术中的审美投射心理。童庆炳先生在冈氏的观点基础上认为，“在艺术创作中，艺术家自觉不自觉地运用了审美投射机制，以打通构思之路，并创作出奇妙的艺术世界”（1990）。①他认为，投射“是人的一种心理能力，是主体将自己的记忆、知识、期待所形成的心理定向，化为一种主观图式，外射到特定的客体上，使客体符合主观图式，从而产生幻觉的心理机能”②。他分析认为，正是投射心理使得人们能够对要欣赏的事物产生美的幻象。因此，审美投射与人的审美体验、审美欣赏有着密切联系。张晶教授则进一步专门从艺术创作的角度指出，审美投射并不只是一种幻觉，艺术创作中的审美构形与审美投射有着密切关系，“审美投射并不限于审美主体对于客体投射某种幻觉，而是在外在物色的触遇和刺激下所产生的创造性的审美知觉。审美主体再度将这种审美知觉投射给客体，从而以某一门类的特定的媒介感进行内在的构形，作品也就呼之欲出了”③。

审美投射理论的主要贡献在于强调创作主体主观审美之于客观对象的决定性，冈布里奇的“预成图式”便是一种主观图式，对图式的修正更是在艺术家的主观支配、

① 童庆炳．审美投射与艺术欣赏 [J]. 名作欣赏，1990（1）：6.

② 童庆炳．心理定向与美的幻觉：谈审美投射 [J]. 文史知识，1989（4）：87. 冈布里奇和童庆炳先生的研究都偏视觉艺术。本文探讨的是听觉艺术，但声音无论从物理层面还是听觉角度，无论从时间还是空间上都是可感的形式，可以记忆、联想、想象、幻想；朱光潜先生在《文艺心理学》中由“着色的听觉”（colour-hearing）而引出的法国象征派诗人的“感通说”（correspondance）”，认为“自然界中声色形象虽似各不相谋，其实是遥相呼应的，由视觉得来的印象往往可以和听觉得来的印象相感通。”因此，用“审美投射”这一概念来对有声语言艺术创作进行描述和分析应该不失严谨．

③ 张晶．论审美投射与审美构形 [J]. 社会科学辑刊，2016（3）：63.

制约之下。画家“倾向于去看他所画的东西，而不是画他所看见到的东西”[①]“‘感’由‘知’制约、支配，‘知’就是积淀在经验中的预成图式，传统的制约也就体现在这种图式的支配作用上”[②]。审美投射理论的另一个重要价值就是冈氏的“图式—修正”心理模式。“通过经验和学习获得的观念性预成图式产生特定的心理定向，形成知觉期待和预觉，寻求视觉世界中与图式相对等的刺激，根据纷繁的刺激对预觉和期待不断进行修正，直到初步肯定、证实这种预觉与期待”[③]。笔者认为，这种对图式的“修正”表面上看是对图式的修正，实则是对主体经验和学习获得的传统观念的突破，艺术创新便是在不断的“修正”中产生的。

三、播音中的审美投射机制：具有个性化特征的构形机制

在播音中，创作主体有意或无意存在审美投射心理活动。张颂教授曾对播音员在播音时“语感的预感”做过描述：“我们熟悉文本以后，文本中的字字句句已经清晰地反映在我们的脑海里。当开始朗读时，那第一句的内容和形式首先进入我们的眼帘，而正是此时，对这一句的预感便产生了。它指引我们运用气息声音，按照一定的语感，加以表达”[④]。张颂教授所指的这个“语感的预感”就是播音员有意无意进行审美投射时所形成的“预成图式”。我们以唐代诗人李白的《静夜思》为例，具体描述播音中的审美投射心理过程。

床前明月光，
疑是地上霜。
举头望明月，
低头思故乡。

李白的《静夜思》是一首妇孺皆知的唐代诗歌，通俗易懂、朗朗上口，但凡识字的人都能开口朗读。一般阅读者是通过视觉感知文字得以认知把握诗歌的内容和情感。然而，播音主体在理解、感知这首诗歌时其心理过程要复杂丰富得多。他们在阅读准备时，其“感”绝非视觉感知文字这么简单，而是凭借已有的播音经验在脑海里构建起来一个充满着声音的听觉世界，同时伴随着发声器官和身体语言的运

① E.H.Gombrich. Art and Illusion—A study in the psychology of pictorial representation[M].1977, 5th, Phaidon Press.
② 周彦．视觉艺术心理的历时性考察——冈布里奇《艺术与幻觉》的研究[J]．文艺研究，1987（1）：118.
③ 周彦．视觉艺术心理的历时性考察——冈布里奇《艺术与幻觉》的研究[J]．文艺研究，1987（1）：121.
④ 张颂．朗读美学[M]．北京：北京广播学院出版社，2002：114.

动，这个由声音构建起来的听觉世界便是播音员的“预成图式”，这个预成图式是凭借播音员已有的播音经验，它包括已往专业学习和训练积累的技巧、话筒前播音实践经验以及与《静夜思》这首诗相关的播音实践和知识储备等等。凭借这些已有的经验，播音员形成了声音预成图式并将之投射到《静夜思》的每一字、每一句甚至整篇。有可能某个播音员非常欣赏方明朗诵的《静夜思》，也有可能更倾向濮存昕的朗诵，这种倾向影响着主体预成图式的形成，于是这个播音员便在他脑海中形成了一种理想的声音预成图式，他将这个预成图式投射到眼前的《静夜思》上，于是播音员耳边就萦绕着“床前～明月～光，疑是～地上～霜。举头～望～明月，低头～思～故乡”的声音客体。播音员实际发出的声音形式往往不能完全匹配理想的预成图式，如果时间允许，播音员就会在话筒前反复进行声音创作，同时感知（监听）和修正每一次发出的声音客体，直到自己播送的《静夜思》完全匹配上理想的预成图式。只要学习过播音、有过播音经验的人都会承认自己曾经经历过以上描述的过程。

播音创作的审美投射心理步骤简单地概括可以分解为：声音形式的听觉期待—形成预成图式—图式投射—图式修正—图式匹配。主体在期待、修正和匹配中伴随着愉悦和快感。这显然不只是一个心理投射动作，而是有意无意地形成了一套完整的心理运行机制。在播音艺术创作中，主体构建的审美投射机制应该是有意识的、能动的，尤其图式修正、图式匹配的心理动作是在主体强烈的构形意识驱动下目的明确的心理行为，它是播音创作质量的关键因素。审美投射的“预成图式”强调创作主体主观审美之于客观对象的决定性，“图式—修正”心理实践凸显艺术家主观支配、制约能力，这些都表现出明显的个性化特征。我们仍以《静夜思》为例，按照审美投射基本步骤：创作主体感知、理解《静夜思》时先凭借自己个人的播音经验在脑海中形成《静夜思》声音预成图式并投射到作品上，然后以这一图式（声音幻象）为基础开始对《静夜思》进行审美感知，产生多种多样的声音图式，经过自己反复投射和修正，最终匹配和审美预觉一致的声音图式，一首《静夜思》的声音作品便呼之欲出了。孙道临、濮存昕、方明等艺术家都朗诵过《静夜思》，虽然同样表达望月思乡之情，语句内容也一模一样，但有声语言表现形式却各具特点，富有自己颇为独到的语言处理。我们认为这些艺术家播音经验丰富，具有极高的艺术修养和声音技艺。换句话说，那体现着强烈的主体精神、在丰富的经验积淀下的独特的“预成图式”和“修复—匹配”技能是决定孙道临、濮存昕、方明等艺术家创作之个性风格的关键。“艺术家的审美构形，往往与其心灵中投射给外物的图式或知觉样式直接相关。……如果说构形已经是主体在内心中的自觉结构，而审美投射则更多是出于多年艺术涵养之后的本能心理机制”[①]。然而，没有谁相信孙道临、方明、濮存昕等艺术家第一次朗诵《静夜思》就达到了高超的艺术水准。在审美投射中艺术家是如何实现自我突破的呢？这应该是探索播音创作个性化道路的关键问题。

审美投射既为主体提供可“感”的主观形式（幻象），又因为这种“感”是一种特殊的语感而具有了构建声音的依据。播音创作的审美投射是一种声音投射，这个过程的完成需要播音语感作为心理基础。我们试图从审美投射基础要素语感中去寻找个性化问题的答案。

四、审美投射基础要素：语感的问题

一般所指的语感（tongue sensibility）是对语言的心理感觉，体现主体对语言文字直接而迅速的感悟能力。播音语感主要指人对有声语言的感知。人类对有声语言的感知是复杂的，从感觉记忆类型上看，声音是具有物理属性的客观物质，人体发出的有声语言通过听觉外感被人感知并记忆，这是一种物理感知记忆；同时，有声语言依赖人体发声器官发出，通过发声者内感感知并调节，这是一种生理感知记忆；从功能上看，有声语言既表意又表情，人类对有声语言的感知既有认知记忆，又有情绪记忆；从听觉上看，这种感知既可以是单个音的形式记忆，又可以是语音片段记忆或是完整的语篇记忆。这便使语感具有了经验性、图式性特征。语感用以满足人类语言的感知、理解和审美等不同层次的需要。一般人在阅读时或者朗读时，那声音是由文字语言唤起的有声语言记忆，这种声音记忆主要是物理记忆，更多的是借助声响来感知、理解文字，属于认知、理解层面的心理活动。播音员的语感则是审美创作心理层面的，它的任务是审美构形，通过声音形式化来表达情意。“播音语感是播音员进行声音创作的特殊感觉，它使声音内化为一种感觉进入创作主体审美理解、感受、体验的创作心理活动过程，又使创作主体审美构形成为可能”[②]。

①情感触发——语感的情感内化构形能力（心理图式）—语感的情感外化构形能力（生理图式）—技术展现创作情感。

②技术训练—语感增强—情感构形能力增强—有声语言表情技术的提高。

苏珊·朗格认为，“一个艺术家表现的是情感，但并不是像一个大发牢骚的政治家或是像一个正在大哭或大笑的儿童所表现出来的情感。艺术家将那些在常人看

① 张晶．论审美投射与审美构形[J]．社会科学辑刊，2016（3）：62.

② 陈竹．基于艺术符号论的播音情感新探[J]．现代传播，2018（2）：164.

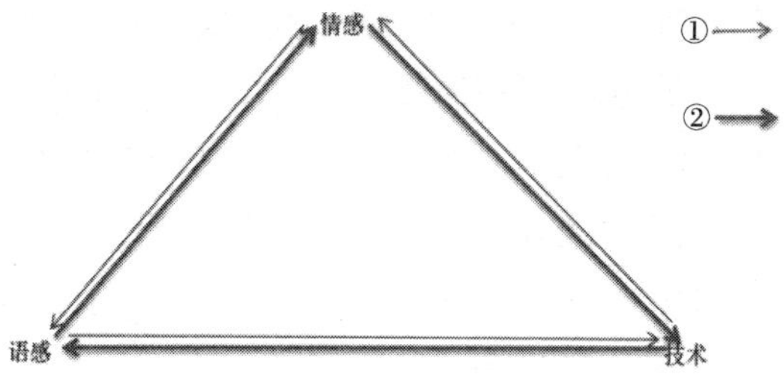

播音创作中情感、语感、技术关系图示

来混乱不整的和隐蔽的现实变化成了可见的形式，这就是将主观领域客观化的过程”[①]。在关系①中，由于语感的经验性、图式性，主体情感在脑海中得以结构化或形式化，播音语感的这一功能我们称其为播音员内化构形的心理技术。而这些声音化、形式化的声音心理图式都相应配合有发声器官的声音动作记忆（肌肉记忆），这使得播音语感具有明显的外化构形的生理技术性，语感的这种生理技术性直接作用于播音员实际发声表情的技能、技巧。专业播音员一般都要经过严格的发声训练，从而建立更为专业的语感，这种语感又进一步提升播音员的技术水平。在关系②中，播音员通过长期专业训练，其语言技能、技巧的提高与其语感能力增强是成正比的。专业训练使得播音主体强化了声音构形意识，其发声动作是在目的明确的心理行为指导下展开的，为了做到心理、生理、物理协调配合下表情达意，主体需要通过大量实践训练提高声音构形能力。而审美构形的必要心理动作就是审美投射。在播音审美投射心理的每一个环节步骤：声音形式的听觉期待、预成图式、声音投射、声音修正、图式匹配等都离不开播音语感。

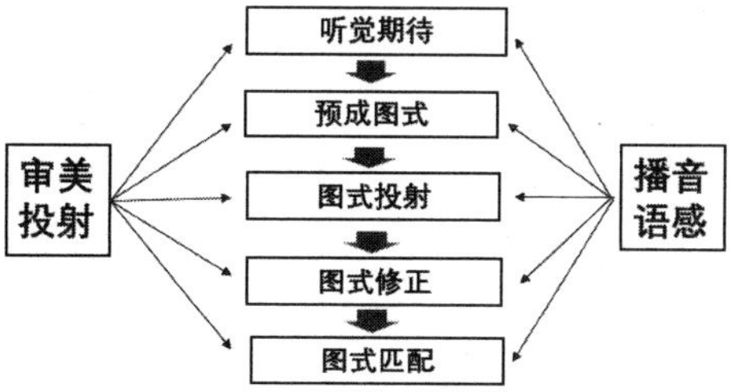

审美投射与播音语感关系图

“在艺术家头脑中生成并以之投射的内在图式，不会是抽象的或一般性的，而

① 苏珊·朗格．艺术问题[M]．滕守尧，朱疆源，译，北京 ：中国社会科学出版社，1983：25.

是以内在媒介感为其凭借的"[1]。这里提到的媒介感就是播音员的语感。播音语感具有"知"性和"感"性的特点。所谓播音语感的"知"性就是主观性、经验性。"每一种艺术在构造自己的最终创造物或作品时，都有自己独特的创造原则"[2]。播音创作属有声语言创作，播音员需要掌握"创作材料的结构运作方式"，即声音技巧和表达手段，如吐字、共鸣、用气、停连、重音、语气、节奏等方法。"播音员经过专业训练和长期播音实践，熟悉和掌握运用声音表情的方式，积累了丰富的经验图式（声音的、肌肉的），逐渐增强了对声音的敏感"[3]。在创作中，播音员正是凭借这种语感激活、搜寻、选择积累在大脑里的大量声音图式，从而展开运思、构形的。"我们的知性赖以与现象界打交道的先验图式……是一种技能，它如此深藏于人类心灵之后，使我们几乎无法推测自然在此玩的把戏"[4]。在审美投射活动中，由于语感的"知"性特点使主体具备了形成带有主观心理定向的预成声音图式的能力。"一旦艺术家掌握了操纵符号的本领，他所掌握的知识就大大超出了他全部个人经验的总和"[5]。所谓语感的"感"性，就是图式性、可感性。"有声语言的语感，同文字语言的语感不同，属于口耳之学，需要有具体的声音形态，需要有稳定的听觉认知，需要有明确的语料分辨，需要有典型的表达模式"[6]。语感的经验材料是以声音形式的状态储存在大脑中的，具有物性可感的特点。语感的"感"就是对可感物的感觉，例如听觉外感延伸出来对声音的形式感、韵律感；发声内感延伸出来的咬字器官松紧感、气息控制的深浅感等。正是语感的"感"性才能将审美投射中的心理定向化为一种听觉图式并感觉之，从而使审美投射过程中，声音形式的听觉期待、声音投射、声音修正、声音匹配等心理动作能够完成。

五、个性化的路径

在实际创作中，尽管播音主体建立了能动的审美投射心理机制，但是想要创造赋予个性化的新形式却并没有那么容易。从上文我们知道语感是审美投射的基础要

① 张晶．论审美投射与审美构形[J]. 社会科学辑刊，2016（3）：62.

② 苏珊·朗格．艺术问题[M]. 滕守尧，朱疆源，译，北京：中国社会科学出版社，1983：74.

③ 陈竹，基于艺术符号论的播音情感新探[J]. 现代传播，2018（2）：164.

④ E.H.Gombrich. Art and Illusion-A study in the psychology of pictorial representation[M].1977, 5th, Phaidon Press.

⑤ 苏珊·朗格，艺术问题[M]. 滕守尧，朱疆源，译，北京：中国社会科学出版社，1983：25.

⑥ 张颂，朗读美学[M]. 北京：北京广播学院出版社，2002：105.

素，而审美投射是审美构形的必要动作，由此我们可以认为语感是影响播音员声音构形的重要因素，个性化的构形关键在于主体创作时的语感状态和能力。

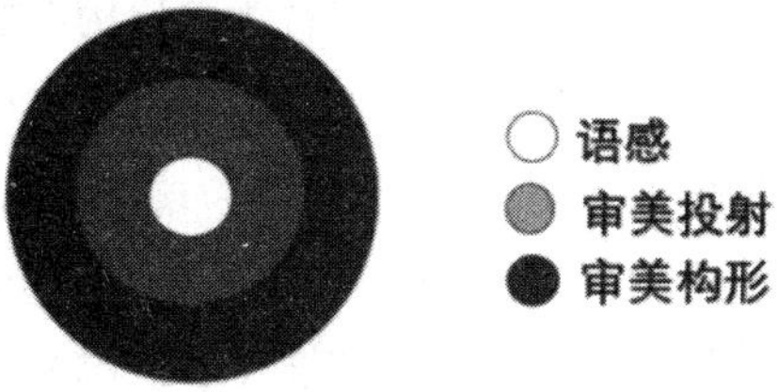

审美构形、审美投射与语感关系图

前文阐释了播音语感的“知”性和“感”性特征。所谓“知”就是主观性、经验性。在审美投射活动中，由于语感的“知”性特点使主体具备了形成带有主观心理定向的预成声音图式的能力。语感“知”的经验性使得主体在审美投射活动中产生的初始“预成图式”是经验性的，是主体将自己的已有的记忆、知识、期待所形成的心理定向化成的主观图式，它是主观的，个性化的，但对于主体自身而言也是传统的、旧的。因此，艺术家在寻求创新之路时遇到的首要困难恰恰就是如何认识和处理建立在经验基础上的初始图式。由播音经验形成的心理期待所化成的最初的“预成图式”是由主体自己储存的有声语言材料构形而成的。投射主体将其语感的“知”性作用下的图式视为初始的、模糊的、可变的，可以修改的，是通过接下来的反复投射修正创造新的图式的基础图式，就能为审美投射机制的创新性创造条件和空间。假使审美投射中的“预成图式”是不变的、固定的，即便反复投射、修正、匹配，投射主体也只是对自己已有经验（自己或他人的）的重复和模仿。例如，一位非常欣赏方明老师《静夜思》的播音员，他在创作时，脑海中有意无意地以方明老师的《静夜思》为理想的“预成图式”，如果接下来的审美感知和投射、修正、匹配都以这个既定的图式为不变的蓝本，咬字的方式、气息的运用、语句的停连、重音的处理、语势的高低、节奏的把握等等都就此反复修正匹配……无论他如何投射修正，都只是在竭力模仿方明老师，也就不可能创造出新鲜的、赋有生命活力的个性化作品了。冈布里奇的“图式—修正”模式，表面看是对可感的图式的修正，实则是主体对知觉期待和预觉的修正，在修正中寻求对自我已有观念和认识的突破和创新。我国著名配音演员李立宏在他刚刚出版的新书《世界是用来听的》中，讲述他解说《舌尖上的中国》的创作经历，接到这项配音任务时，导演陈晓卿第一句话就是“这次不能再像从前”。很显然，艺术家都是在实践探索中，不断突破自我已有的传统和经验，使作品不断成熟，逐渐形成风格的。

那么，如何才能突破语感的“知”的经验性，创造性地进行图式修正和匹配呢？

关键在于主体语感的“感”地能力和实际效果。语感的“感”将审美投射中的心理定向化为一种听觉图式并感觉之，具有图式性、可感性。在前文中我们分析过语感、情感和技术之间的关系，语感的构形能力表现为内化构形能力（心理图式）和外化构形能力（生理图式），这些正是语感“感”的图式性、可感性特征的结果。主体在审美投射机制下，“修正—匹配”地重复推进，其目的之一是为了修正预成图式，其目的之二是寻找匹配的声音图式，这些动作过程只有通过主体当下真实地去“感”才能得以较好的实现。例如，一位播音员朗诵《静夜思》，他凭借自己已有的经验形成了《静夜思》的声音图式，并把它投射到原作上，当他发声朗读《静夜思》时，他耳边响起这一版的《静夜思》的声音客体，他需要对听到的声音客体进行逐字逐句的感知，对每个字词、每段语句的语调、语势、语流、节奏、韵律，停连、重音等都要进行从整体到局部的感知分析，判断是否需要进一步修正内化图式？是否需要进一步修正外化图式？是否已经找到匹配的图式？凭借自己敏锐的“感”，通过不断修正匹配，在神领意造中创作出一首独特的、只属于这一次的《静夜思》。审美投射中的“感”是主体对投射的主观图式的一种再感知、再实践，它能创造出不同于已往经验的新鲜图式，是主体打通个性化路径的关键所在。播音员在不断修正预知图式的过程中，每一次具体的对字、词、句、段的具体而真实地“感”都成为了下一个鲜活的、有生命力的图式的构成源泉。“在艺术家的作品中，情感本身的力量已经成为一种构成力量（formative power）”①，而情感的触发依靠主体对刺激物的真切而敏锐的“感”。张晶教授以刘勰的《比兴》为例做过相关分析：“诗人比兴，触物圆览。物虽胡越，合则肝胆”。诗人触物起情而在内心中形成一个完整的内在构形。由此可见，“感”在个性化创作中的重要性。在审美投射活动中，如果主体不珍惜或不敏感自己创作当下最即时、最真切的感觉，就无法激发出创作活力，使图式得到矫正，从而获得完整而新鲜的表情形式。

在播音个性化创作中，一方面，“预成图式”不是一次完成的，主体需要突破以个人已有知识经验为基础的初始“预成图式”，创造新鲜的图式；另一方面，对图式的“修正—匹配”过程需要突破自我技术手段的陈规，从真实情感出发去发现和创造个性化的新鲜图式。创作主体要通过话筒前实践和专业训练，不断提高语感“知”性，丰富图式储存的质和量；在每一次具体的审美投射活动中，强化语感的“感”和提高语“感”能力。

（作者单位：湖南大学新闻与传播学院）

① 卡西尔.人论[M].甘阳，译，上海：上海译文出版社，1985：189.

用声音解析共产党人精神谱系
——《探寻中国共产党人精神谱系》播音创作感悟

曾　致　魏哲浩

一、国无精神则不强，人无精神则不立

在中国共产党100年的风雨征程中构筑起的中国共产党人的精神谱系，为我们立党、兴党提供了丰厚的营养。习近平同志在庆祝中国共产党成立100周年大会上的讲话，第一次提出“坚持真理、坚守理想，践行初心、担当使命，不怕牺牲、英勇斗争，对党忠诚、不负人民”的伟大建党精神，并指出伟大建党精神是中国共产党的精神之源①。为了深入贯彻落实习近平总书记“七一”重要讲话精神，大力做好“中国共产党人精神谱系”的解读宣传，2021年8月，红网、湖南电台芒果动听与湖南省播音主持研究会特别策划“红色光谱——探寻中国共产党人精神谱系”系列音频节目，由著名撰稿人陈晓丹执笔，精选12种红色精神，从小故事切入，以“评论+专家点评+听众互动”的形式，深入浅出地推动红色精神的大众化传播。

节目策划方案出来后，我们创作团队进行了分工，邀请了老中青三代播音员主持人共同参与播讲。其中，资深播音艺术家、金话筒奖获得者李兵老师播讲的《红船扬帆，彪炳史册的远航》，讲述的是“红船精神”，作为中国共产党革命精神之源，“红船精神”所承载与彰显的首创、奋斗、奉献精神，为我们乘风破浪、行稳致远提供了源动力。著名播音艺术家卢莎莎播讲的《拔除“莠草”，延安的“严”》，讲述的是“延安精神”。党在延安时期，完成学风、党风、文风整顿，尤其是党风整顿，稳住了党组织的四梁八柱。在建国10周年的前夕，敬爱的周恩来总理来到了中央人民广播电台，当时齐越和潘捷同志正在机房播出《全国新闻联播》节目，周总理在播音室的玻璃窗外听他们播音，播音结束后，周总理亲切地与他们握手，语重心长地说：“广播大楼建成了，比起延安窑洞来条件好多了，你们一定要用延安精神做好工作”。我想，在国家和民族的发展过程中，总会积淀出一些影响深远的精神力量，成为激励我们继续前行的一种强大精神动力。用延安精神做好播音主持工作，是我们必须时时铭记的。弘扬延安精神，就是要坚定理想和信念，坚守正确的舆论导向，牢固树立政治意识、大局意识、核心意识、看齐意识，在思想上、行动上与党中央保持高度一致。湖南人民广播电台播音指导刘明艳播讲的《“人民

公仆”该有的样子》，讲述的是焦裕禄精神，我们只有像焦裕禄同志一样，心中有党、心中有民，以“人民公仆”为根本的底色，才能永葆党的初心和使命。资深播音艺术家苑治平播讲的《铁人，从未弯曲的中国脊梁》，讲述的是“铁人精神”，共和国初期，“铁人”王进喜将自力更生、艰苦奋斗刻入骨髓，“铁人”王进喜，就是那个激情时代的标志。我们的热心听众常德市的公务员李文刚同志表示，“每次读到铁人王进喜‘宁肯少活20年，拼命也要拿下大油田’的誓言，我就会置身于那个激情燃烧的年代，令我满怀激情，热血沸腾”。湖南卫视新闻主播、金话筒奖获得者魏哲浩播讲的《“跟到走”，就能开创壮丽远征》，讲述的是“长征精神”。尽管岁月流逝，但长征精神不老，“红军不怕远征难，万水千山只等闲”。这是毛泽东同志在《七律·长征》中所写到的。在当今时代，“长征是宣言书，长征是宣传队，长征是播种机”依然是我们必须时刻铭记的。大学生听众周碧波在平台后留言：“我们要学习长征精神，不负时代使命，走好自己的长征路”。湖南经视主任播音员仇晓播讲的《“发电报”背后的胜利逻辑》，讲述的是“西柏坡精神”，以西柏坡为分水岭开启的社会主义道路，人民的选择，也是历史的选择，更是永不磨灭的真理之路。听众魏怀亮听了节目后感叹：“西柏坡精神，是党的优良传统和优良作风的具体体现，是中华民族自强精神的伟大升华”。湖南人民广播电台主任播音员、金话筒奖获得者何帅播讲的《井冈星火，“为主义而牺牲”》，讲述的是“井冈山精神”。井冈山精神的火种，在传承中创新新，将汇聚成战无不胜的、磅礴的时代力量。湖南人民广播电台新闻主播付易天播讲的《复盘雷锋，在时代“顶流”》，讲述的是“雷锋精神”，人的生命是有限的，可是，为人民服务是无限的。“全心全意为人民服务”的雷锋精神已经成为我们时代的顶流，湖南第一师范学院学生宋思淼表示：“永不生锈的螺丝钉，承载理想的力量；旗帜飘扬，雷锋精神永远闪光”。湖南卫视新闻主播刘佳颖播讲的是《“疫”见中国，与光同行》，讲述的是“抗疫精神”，热心听众、湖南大学景佳美同学表示：“新冠疫情可以说是我们“00后”第一次真正经历的“民族危难时刻”，第一次实现“为祖国作出贡献”，真正体会到国家的强大和中国共产党领导的正确性”。湖南卫视主任播音员舒高播讲的《我们的征程，是星辰大海》，讲述的是“航天精神”，中国航天，甘于寂寞，志存高远，克服重重困难，创造了一个又一个奇迹。湘潭大学青年教师杨真真博士表示，在将个人志向与民族振兴紧密结合的过程中，“干惊天动地的大事、做隐姓埋名的国人、将热血倾洒在祖国建设中”是我们义不容辞的职责和担当。湖南广播电视台播音指导曾致播讲的《血沃中华，爱国者的自证》，讲述的是抗战精神，抗战14年，是中华民族一部壮烈的史诗，是一记爱国主义绝响，传递着中国人民捍卫国家领土完整的坚强意志。同济大学的贺晴同学听了节目后感言“站在历史的新起点上，青年学生要用爱国主义滋润心灵，争做新时期的战士与标杆，将自我扎根在祖国大地上，始终不忘‘有国才有家才有我’。”湖南卫视新闻主播何娟播讲的《洪水猛兽“终不敌”的力量》，讲述的是“抗洪精神”，它根植于党领导人民的伟大实践，岳阳临湘听众卢默民认为：“洪水无情人有情，这种在危难时刻所迸发出的坚韧与勇气，自信与力量深深融入我们的血液里，并始终激励我们挑战困难，勇往直前。”

二、红色故事震撼人心，革命精神感天动地

在这次的播音创作中，12位播音员主持人有“50后”的卢莎莎、袁治平，有“60后”的李兵、刘明艳，有“70后”的仇晓、曾致、舒高、何娟、何帅、魏哲浩，有“80后”的付易天，有“90后”的刘佳颖，大家集体备稿，认真商议，确定了总体的播音语言表达基调：语气坚定、旗帜鲜明、情感饱满、态度亲和。大家严肃认真、一丝不苟，坚持正确的创作道路，圆满完成了任务。这12期节目陆续在学习强国、湖南电台音乐频道、红网、芒果动听、红星云等平台播出，反响热烈，好评如潮。

通过播讲，12位播音员主持人认真学习中国共产党人的精神谱系，大家深切地感受到，这些伟大的革命精神，具有鲜明的时代印记，也自始至终具有一脉相承的精神品格与共同特质，她好似光明的精神火炬，照耀着广大播音员主持人不忘初心，牢记使命，奋力开创美好的未来。今天，我们学习和重温中国共产党人的精神谱系，必须做到坚持正确的舆论导向，坚持以人民为中心，全心全意为受众服务，永远做好党和人民的喉舌。新中国广播事业的奠基人之一的老一辈播音艺术家齐越老师，他一生心系祖国，情牵话筒，他常常教导年轻一代的播音员主持人要用延安精神去学习和工作。正如齐越先生曾说的：“我是中国人民的播音员，中国共产党的播音员。我传达的是中国人民战胜艰难险阻走向胜利的声音，我传达的是中国共产党堂堂正正的真理之声，我以此引为自豪”①。

一段时间以来，“明星 + 流量 + 饭圈”广为热议，“黄赌毒”“偷逃税”“阴阳合同”“天价片酬”等违反法律法规、违背公序良俗、扰乱行业秩序、冲击社会公平正义底线的负面事件时有发生。流量明星德不配位，给整个文艺界和播音主持行业带来负面效应，影响恶劣。修身守正，立心铸魂。面对乱象，我们应当严肃的

① 杨沙林，姚喜双．把声音献给祖国——齐越的播音生涯[M]．北京：中国广播电视出版社，1998.

反思，在人生观、道德观、价值观、审美观和艺术观上，旗帜鲜明地提出符合社会主义核心价值观要求的各种主张。我们广大播音员主持人要极力倡导社会主义核心价值观，做有益于人民、有益于社会、有益于时代，传递真善美、传播正能量的新闻工作者；积极倡导朝气蓬勃、健康向上的具有中国特色的审美风尚，创作出有筋骨、有温度、有情怀的优秀播音主持作品；深入基层、深入生活、扎根人民，用丰厚的人文艺术底蕴涵养自己，努力成为有思想深度、有艺术修养、有语言素养、有传播技能的播音主持工作者。

岁月不居，时节如流。让我们从中国共产党的精神谱系中汲取信仰信念的力量，发扬光荣传统，赓续红色血脉，唱响时代旋律，牢固树立共产主义的远大理想，坚定信念，忠实践行马克思主义新闻观、文艺观，为实现“两个一百年”奋斗目标、实现中华民族伟大复兴的中国梦贡献自己毕生的力量。

（作者单位：湖南广播电视台）

中国女性记者型主持人的发展方向探究

曾 毅 仇 晓

美国是电视主持人的诞生地，其对电视主持人的称谓有Host、Anchor、Moderator之别①。现在我们要说到的就是：Anchor。

Anchor在体育术语中指接力赛跑最后一棒的运动员，借用到主持人这一职业称谓，特指新闻性节目主持人。这一名词来自于1952年美国总统大选期间CBS编导唐·休伊特的一个设想——由一个有经验的记者将全国各地关于总统竞选的报道组织成串，为观众提供更多的信息和较完整的印象。休伊特形容这个人好比接力赛跑中最后一棒的运动员，是四个队员中速度最快、最具有冲刺力并最终完成使命的。那一次，他选择了“二战”中最优秀的记者沃尔特·克朗凯特。最终，克朗凯特的成功也充分展示了新闻节目主持人的客观前景，Anchor主持也渐渐成为一种固定的节目形态。Anchor的相应属性是“记者型主持人”。它的核心属性是——记者。

如今的中国电视新闻主持人的发展，也在走同样的路线，随着《新闻调查》《焦点访谈》这些节目成长起来一大批以思辨见长的记者型主持人，特别是女性记者型主持。她们的出现几乎可以说是中国电视主持人队伍的一个转折点。她们尽量不张扬自己的美丽，让观众不去关注她们的外表，而去关注她们到底在说什么、想什么。以她们为代表的女性记者型主持人形成一个群体以后，就代表了中国传媒中女性的一个新的形象，也改变了观众对女主持人的思维定势和审美取向。但在如今的中国媒体，却有许多的因素局限了女性在传播活动中的主动性，本文就缘起于当前国内理论界有关女性记者型节目主持人的崛起和逐渐繁荣，分析中国女性记者型主持人在发展上遇到的困境，并探讨女性记者型主持人在中国要持续健康的发展下去应该注意的问题。

一、记者型女主持人的优势所在

“女人是天生的信息传播者”，这是美国普利策奖评委会前任主席、纽约时报

① 赵淑萍．电视节目主持[M]．北京：北京师范大学出版社，1999：280.

前主编西摩托平夫妇用富有幽默感的话语对当代女性记者在传媒业中的不俗反响作出的生动点评。在中国，女性记者已经占到了新闻从业人员的40%，越来越多的女性活跃在新闻传播领域，这对于中国新闻传播史上女性话语的缺失无疑是个突破，而且女性记者凭借着细腻的智慧和不亚于男性的能力构成了新闻采访领域一道独特的风景线。女性记者型主持人在采访中有以下四大明显优势：

1. 女性记者主持人有更敏锐的直觉和观察力

感性是女性的特质，在新闻事实、客观生活面前，当你还来不及做深入分析的时候，女性直觉的高度发达和敏感以及细腻的观察使女记者能马上对现场做出反应，同时她们能够发现男性经常注意不到的细微末节，往往有可能发掘出一些问题的闪光点。比如柴静在《新闻调查》中做的一期节目：《一只猫的非常死亡》，她就是注意到网络上一张图片，再逐步深入新闻背后，最终引发了一场对人性的讨论，也诞生了一期非常精彩的节目。这就是女性记者以高度敏感力和观察力捕捉到男人感觉不到的信息，甚至是下意识的信息。她们抓住了极细微的东西、极微妙的环节，从小中见大，抓住获得成功的契机。

2. 女性记者型主持人在语言表达上的优势

女性长于绘声绘色的描述，在传情达意时比较主动，在情感态度的流露上也更接近于真实和自然。她们的新闻代表作常常渗透出女人的敏锐和细腻。新闻调查主持人王丽芬曾说过："由于对某个新闻故事已经感同身受，已经或哭过或笑过或怒过或恨过，因此出来的作品才更加真实，感人和生动。"新闻调查主持人柴静同样也是一个很好的例子①。北京非典型性肺炎流行的时候，所有人都想逃离疫区，但柴静却主动请缨进入疫区，进行调查。那一期《新闻调查》里的柴静让大家记住的并不是新闻调查记者所惯有的对真相追问到底的气势，而是柴静略带虚弱，以平静低缓的语气报道她进入疫区后的种种心里感受和所见所想。

3. 女性记者及主持人更容易与人沟通

在采访活动中，女性记者及主持人有一套折衷、迂回、妥协、调解和听取别人意见的方法，这种"战术"在谈话中往往起着非常关键的作用。女性往往会利用特有的纤细情感和态度去打动被采访者，然后再深入探究被访者的心理，从而比男记者更容易得到更多、更详细的信息。我们统计发现：在采访中，采访对象，特别是男性采访对象在面对女记者的提问时，会体现出更多的真诚。典型事例表现在米卢蒂诺维奇在担任中国男足国家队教练时，能拿到一手资料以及最新球队动态的永远

① 张洁. 中国焦点问题调查[M]. 武汉：长江文艺出版社，2005：56.

是体坛周报的足球女记者李响。

4. 女性记者及主持人在采访中往往注重以情取胜

女性记者在采访往往注重以情取胜，这种特点在突出人与人之间团队协作精神和创造性的今天，无疑是一种财富。生活中处处需要情感，如果不理解感情，就会失去大多数人，失去成功的机会。《星期日泰晤士报》的女记者玛丽·科尔文驾车在波黑战场上行驶时，曾经看见一名男子黯然坐在路边，眼中充满了泪水，久久凝视旁边的一堆泥丘。出于一种本能，她感觉到这里面有段动人的故事，于是跳下汽车和他攀谈。玛丽用女性的温柔去感动和劝慰男子，该男子告诉玛丽，他身旁就是他妻子和孩子的坟墓，他们没能逃脱无情的战火，撒手人世。回想起一家相聚时的情景，与孩子一起嬉戏时的场景，男子禁不住失声痛哭。男儿有泪不轻弹，此时玛丽·科尔文深深感受到战争的无情，也感受到该男子失去亲人时的巨大悲痛，于是将他的故事写了出来，质问发起战争的刽子手。而一同前往波黑，并且整天忙于追逐将军，热衷采访打新闻的男记者看到报道后，也不由得佩服她独到的观察和真挚的情感表达，并对女性特有的细心观察力自愧不如。

二、记者型女主持人的劣势所在

1. 女性形象局限了女性在传播活动中的主动性

放眼国内，我们发现了一个非常显著且需要注意的现象：在如今的中国媒体，记者型主持人的世界仍然是一个“男性世界”。我们脑子中的记者型主持人都是白岩松、水均益这些有着丰富采访经验的男性。这或许是记者型主持人类型的新闻节目所应具备的权威性和成熟感让男性主持更容易获得电视观众的认同。

从报道题材上做一个对比就会发现，女性在传媒领域确实处于劣势地位，女性搞“热点新闻”的尚寥寥可数，她们一般不主管与战争、国际冲突或政治有关的题材，而大多从事环保、教育、医疗和文化方面的报道。这种以“软新闻”为主的报道范围局限了女性在传播活动中的主动性。近年来新闻界的百佳评选中，女性一般只占 1/5 左右，象征中国新闻从业人员最高成就的韬奋奖、范长江奖，更是难得颁给女性。战争和足球，都是男性社会男性秩序的完美体现，女性记者在这里作为一个异质符号出现，无疑是对传统报道习惯和职业秩序的严峻挑战。

2. 女性记者型主持人面临着事业与家庭的双重压力

与白岩松“渴望年老”正好相反的是：年岁的增长除了带给女性记者型主持人宝贵的新闻采访经验外，还带来了越来越多的来自家庭的压力。很典型的一个事例就是最先进行全美棒球赛报道的几位女记者之一，克莱尔·史密斯，她因为记者工作而婚姻破裂，但她的记者之路也没能坚持到最后，因为她要照顾她 17 岁的儿子，还要照料自己年迈的父母。她最终选择了更好地履行家庭角色而非记者。克莱尔·史密斯现在担任《费城探询者》的助理体育编辑。她说编辑的工作使她的时间表相对可预测，减少了那些未知因素和时间缺乏带来的压力。

3. 女性看待问题时理性思的深度考不够

女性向来被认为在理性思考方面不够全面。中央电视台原记者张泉灵在四川地震期间曾采访一位埋在地底几十个小时的伤员。当时，对方身体已经到了支撑极限，但为了争取宝贵的一手采访资料，张泉灵还是冲进废墟对伤者做了将近 3 分钟的采访①。事后，网络论坛上很多人都对此持反对意见，因为新闻报道的前提应该是尊重生命，为伤者保留最后的体力。如果张泉灵对生命的理性认识再深层次一点的话，哪怕只是在一旁静静的讲述救援的艰难，这期节目也不会成为遗憾。依此例看来，女性主持人如果只流连于表面的现象，而忘记了深层次的思考，那最终只会沦为荧幕上的一个符号，转瞬即逝，留不下让人继续思考的东西。

三、女性记者型主持人所需完善的地方

维特根斯坦曾说：“看也是一种思考”②，他所说的这个看其实就是思辨力的体现。作为一个成熟的记者，在现场一定要是心境平和、喜怒不形于色，并且要以一份更客观更理性的态度来看待新闻本身。新闻记者在采访时提问的方式也往往是“线性”的，一个接一个滚轴抛出，目的性很强，那就是尽快了解事实真相。这样的对话更像单方向的，话题的走向永远掌握在一个人手中，没有双方的交流和沟通，因此也不能将问题进行全方位的剖析。而当记者转换成主持人的角色后，就必须注重平等交流沟通，互相讨论，理解对方，尊重对方，在采访中依靠记者的理智来展示主题，并以其来换取采访对象的真实情感，最终回归到挖掘其理性的主题上来。因此要学会话语权的转让。这与女性的特点恰好契合，女性对世界本就有一份天然的人文关怀，对于普通人的生存状态她们会投以更多的关注，也更容易将个人感情投入其中。因此一个优秀的女性记者型主持人一定要善于倾听与观察，以细腻的思辨来引出事实真相，增加新闻的深度。

① 梅尔文·门彻．新闻报道与写作 [M]．北京：华夏出版社，2012：89.

② 许志强．维特根斯坦的笔记 [M]．上海：复旦大学出版社，2008：138.

其次，要时刻给自己充电，现代社会瞬息万变，知识更新频率非常快。有着7年记者生涯的董倩在回忆往常的经历时将这7年的记者生涯称为是“实习生的经历”，是“谨慎的学习过程”。怎么能够深入事情的本质、核心，挖掘到真实情况，这其中的学问太深了，不能固步自封。作为一名记者型主持人更加应该不断吸收知识，在采访过程中保持住新闻的厚度。

再者，记者型主持人最大的特点就是具有丰富的新闻工作经验，具有高超的采访技巧，都是第一流的名记者。因此，他们作为主持人也常常能在各种复杂的现场应付各种棘手的问题，所以，他们的判断力也直接影响了新闻的采访与报道的好坏。采访到独家新闻，一定要在当时综合考虑做出判断，接着才是在采访的对话交锋中显露深度，其个性化的评论也为观众提供一个参照体系，有助于观众对新闻事件的主动参与，增强媒体活力。下面要谈到的是《央视论坛》的节目主持人董倩。

2000年董倩主动要求调入《新闻调查》栏目，经过7年多记者生涯的磨练，董倩又回到了《央视论坛》主持人的位置上。7年的记者生涯使进入而立之年的董倩对采访产生了一份浓浓的眷恋。她总结出一句话：“要让你的采访对象觉得你配坐在他面前。所谓‘配’，就是让对方感到‘你懂我说的话’。不因为他是高官就仰视他，也不因他是普通人就俯视他，而是设身处地地站在对方的角度去考虑。这样对方才会更重视你，采访出来的东西就会更客观、更准确”[①]。

通过简要探讨不难发现，记者型女主持人的优势和劣势都比较明显。其优势在于丰富的一线采访经验，善于做现场报道评论和女性特有的亲和力；而劣势多来自社会和家庭，以及女性惯有思维中的不够全面和深层次的思考。

从本文列举的中外优秀记者型女主持人的成功事例我们发现：以理性思辨见长的女性记者型主持人多有丰富的采编实践和新闻工作经验，又有较强的口语表达能力，善于做现场报道评论。她们自信于自己的成绩，不轻易被外界舆论所扰，保持个人独特风格特色，才使节目的传播深刻而直接。

（作者单位：湖南女子学院、湖南广播电视台经视频道）

① 白谦诚．中国主持人二十年[M]．北京：中国国际广播出版社，2001：507.

电视节目主持人应急响应能力研究

徐 娟 李骁桓 李 兵

近年来突发公共事件频发，而电视节目相关报道是广大受众获取信息的重要渠道之一。如何应对不同等级的突发公共事件，展现专业的实践能力与技巧，做好突发公共事件报道，是主持人需要思考的问题，也是播音主持教学急需研究的课题。本文对突发公共事件中电视节目主持人应具备的应急响应能力予以分析研究。

一、相关概念解析

（一）突发公共事件

突发公共事件，一般指突然发生的，对全国或部分地区的国家安全和法律制度、社会安全和公共秩序、公民的生命和财产安全已经或可能构成重大威胁和损害，造成巨大的人员伤亡、财产损失和社会影响的，涉及公共安全的紧急公共事件。其一般具有突发性、紧急性、高度不确定性、影响社会性、非程序性决策等几个基本特征，包括自然灾害、灾难事故、突发公共卫生事件、突发社会性事件、经济危机等，按紧急程度、发展态势和可能危害程度，可分为Ⅰ级（特别严重）、Ⅱ级（严重）、Ⅲ级（较重）和Ⅴ级（一般），分别用红色、橙色、黄色和蓝色标示，Ⅰ级为最高级别。

（二）应急响应能力

“应急响应”通常是指一个组织为了应对各种意外事件的发生所做的准备，以及在事件发生后所采取的措施，包括预防、发现、处置和恢复，有其完整体系。其目的是减少突发事件造成的损失，包括人民群众的生命、财产损失，国家和企业的经济损失，以及相应的社会不良影响等。

电视节目主持人的应急响应能力是指在突发公共事件中，主持人根据突发公共事件的等级，对节目的关键部分（内容编排、节目录制、现场报道等）所采取的报道原则、策略、方式等。

二、电视节目主持人的应急响应能力

（一）及时发布信息，掌握融媒体技能

得益于气象灾害监测预测体系的完善，我国对台风、暴雪、大风、雷暴等气象灾害的监控预测能力大大提升，灾害报道逐渐从“结果型”报道变为“灾害预警型”报道。常见的电视节目灾害预警报道有插播式报道、直播式报道、滚动式报道、总结式报道。报道中，电视节目主持人应具备良好的应变能力，面对突发性插播新闻事件镇定自若、处变不惊；在直播式报道时，要提前迅速收集相关信息，掌握事态进展，形成报道思路，保证报道的客观性、真实性；在滚动式报道时，要及时跟进事态进展，保证报道不出差错；在总结式报道时，要大力宣传减灾经验，宣传典型案例，力求语言简明扼要、通俗易懂。

在各级媒体纷纷开展融媒体改革的形势下，主持人更要适应融媒体报道形式，掌握一定的融媒体技能，及时跟进事态进展，回应社会关切。第一，融媒体报道融合了网友拍摄的视频、图片和前方记者发回的报道等多种信息形式，所以主持人应提高信息整合、语言组织能力。第二，融媒体时代信息传播速度更快，观众不仅需要了解事实性的信息，还对解释性信息需求猛增，因此，主持人应从出镜主持人向记者型主持人转变，深入事件，及时为观众答疑解惑，利用各种新媒体手段及时跟进事情进展，回应社会关切。

（二）创新表达形式，做好情感把握

突发公共卫生事件影响大、波及广，影响社会的正常运转。如疫情中，媒体一方面要广泛宣传报道防疫信息，另一方面要根据防疫措施调整节目录制形式、创新节目策划，主持人也需要创新表达形式，做好情感把握。

2020 年初新冠疫情爆发，湖南卫视紧急调整节目编排，将一年一度的《元宵喜乐会》改名为《元宵一家亲》，并迅速调整节目定位。晚会实现了三项创新：第一，取消设置现场观众，首创弹幕式观众，观众可以向节目后台发送弹幕，通过观众席上的屏幕展现出来。第二，与湖北经视合作，近距离拍摄雷神山医院建设施工现场，介绍一线工作细节。第三，缩减明星艺人规模，集合湖南当地主持人主持并表演了多个歌舞、小品节目。

播音、主持是把视觉文字语言转化为有声语言的一次再创作，其感情色彩的表达非常必要。作为电视节目的直接驾驭者，主持人要在观众、事件参与者之间建立情感联结。《元宵一家亲》内容蕴含悲伤、同情、振奋、感动等多种情感，主持人

采用了“冷暖结合”的表达形式：作为信息发布者，严谨、克制地对全国抗疫中的客观事实进行准确描述；作为情感传递者，用富有温情的人性化表达，将感情融入节目，与节目同悲同喜，引起观众的情感共鸣。

（三）全面解读事件，提高控场能力

突发公共事件的影响具有社会性，媒体常常制作专题予以详细报道。因突发公共事件具有紧急性、不确定性、非程序决策性，主持人需要实时跟进现场情况，与记者、专家现场直播连线。然而，由于现场的不确定性，直播信号延迟、技术故障、现场突发事件时有发生。因此，主持人一方面要把握事件进程，全面解读事件；另一方面要提高控场能力，作出恰当反应。

现场连线节目大致可分纪实性和评论性。前方记者身处一线，提供客观、直接的纪实性信息。专家客观且权威，对事件进行专业化解读，提供评论性信息。主持人现场连线，化身为采访者，需要明确连线对象和他们所能提供的信息类型，有针对性地进行提问。连线结束后，主持人对连线事故作出恰当解读，把握事件的本质和关键。

（四）提高科学素养，及时辟谣、引导舆论

针对突发公共事件，主持人应代表党、政府及所在传媒机构及时发布官方信息，辟谣并引导社会舆论，回应社会关切。新冠疫情发生环境复杂、流行特征多变、产生因素广泛，因而城市应急响应主体、结构、手段多样化，媒体疫情相关报道也应多样化。

突发公共事件因其影响的社会性和不确定性，发生后极易引发谣言。根据谣言公式 R（谣言）=i（重要性）×a（模糊性）可知，谣言产生和事件的重要性和模糊性成正比。因此，在面临重大突发公共事件时，主持人需要及时发布准确信息，成为连接社会各方的纽带，增加信息透明度；击碎谣言，引导观众科学看待突发公共事件，不信谣，不传谣，引导舆论。科学知识、科学方法、科学技能、科学本质及科学技术与社会的关系是科学素养的基本因素。主持人平时要注意积累科学知识，掌握一定的科学分析能力，认识到科学技术的有限性，关注科学技术与社会之间的关系，提高个人科学素养。

做好突发公共事件报道事关国家命运、社会安定和人心向背，因此，作为沟通“桥梁”的电视节目主持人，应当具备上述应急响应能力。

（作者单位：湖南大众传媒职业技术学院、湖南广播电视台）

智能时代主持传播价值提升策略

杨　雁　曾　旺

中国人民大学高贵武教授指出："只有当广播电视媒介中的传播主体实际上是以个体身份出现进行平等传播时，在传播中真正起到组织驾驭传播作用，符合主持人的条件，体现主持人特征，反映主持人实质，这样的传播才称得上"主持传播"[①]。高贵武教授的主持传播理论不仅包含了传统媒体的播音主持活动，新媒体的网络直播也在主持传播研究范畴之列。

可以预见，随着智能时代的发展，网络直播鼎盛，主持传播的文化价值进一步得到凸显。人们运用技术开展播音主持工作，播音主持的时代内涵不断拓展，人机合作的关系更为密切，主持传播的形式越来越多元。主持传播现已处在时代的风口，由此，衍生出价值观、审美观、艺术观等问题不断，如何迎难而上，凸显传播价值，理应成为本文关注的焦点。本文将辩证分析当下主持传播现状，找到问题所在，并提出智能时代主持传播价值提升策略。

一、智能时代主持传播现状

俄国作家卡拉姆辛曾说："语言属于一个时代，思想属于许多时代"。诚然，深邃的思想贯穿于许多时代。在主持传播中，主持人在荧屏出声露相，相较于主持人的颜值风采，让时代和观众铭记的是主持人的思想内涵。著名主持人沃尔特·克朗凯特在面对一次次重大事件的时候，始终恪守新闻理想，他思想的光芒穿越时代的风云，使人铭记。智能时代我们仍需要通过主持传播展现思想的光芒，牢记马克思主义新闻观，恪守传播信仰，方能使得主持传播彰显时代价值。现如今，智能时代的到来，一个个技术壁垒被攻坚，机器操作愈发便捷，人机合作逐渐成为现实，随处可见 5G、AR、VR、云直播等技术，主持传播开始呈现出一些新的特点，可谓机遇与挑战并存。

---

① 高贵武．主持传播学概论[M]．北京：中国传媒大学出版社，2007：1-2.

（一）主持传播的机遇

在智能时代，技术的进步使得主持传播拥有更大的发展空间，主持传播不再囿于传统媒体，主持传播将依托于互联网平台，运用先进的技术，通过智能化操作，进行传播活动，其发展前景更为广阔。时至今日，主持传播创作时长缩短、地域空间不受限制，工作方式更为灵活、便捷，工作内容更为多元，工作效益显著提高，梳理发现，呈现如下特点。

1. 学霸式技能

技术的赋能使得主持传播越来越便捷化，主要体现为传播场景可切换、传播内容可生成、传播时空可打破，等等。不同于机器笨重的摄像机时代，一台手机便可以轻松开展播音主持业务，从事主持传播者一般拥有较多技能，多才多艺不在话下，还需具备商品营销、技术操作等多种能力。掌握学霸式样技能才能更好适应市场化生存。在智能时代，通过数据分析，人们可以监测传播效能的实施，进而优化最佳的方案。于是主持传播的要求不得不提高，一批批主播新人，他们往往身兼数职，不仅具备了采编播一体化操作，还能较好地参与品牌营销。总之由于技术的赋能，播音主持的竞争将更为激烈，越来越多的人投身到播音主持事业中，他们须具备过硬的专业本领，像学霸一样掌握传播技能、提升媒介素养是目前主持传播的发展趋势。

2. 劳模化工作

在智能时代，几乎所有的社交、购物类软件都有进入网络直播的通道，人们常说“有人的地方就有江湖”，现如今恐怕是“有人的地方就有网络主播”。研究发现，在他们的直播秀场一般都有着较为精细的划分，这些主播推销产品、贩卖情感犹如勤劳的小蚂蚁一样在辛勤的工作，他们似乎不知疲倦，24 小时在线；他们不分昼夜，推销门类众多的产品，从本质上打破了广播电视时代 12 小时制的直播样态，无论何时都可以在网络终端上看到这些主播们的直播身影。从某种程度上来说，智能时代的主持传播人才供不应求、内容需求空间巨大，急需一批专业的播音主持人才来进行内容创作，劳模化的工作模式将成为智能时代的一种常态。

3. 多形态共存

智能时代，网络平台众声喧哗，人人皆可参与内容生产，加上资本的推波助澜，主持传播的形态越发多变。现如今，主持传播的影响因素颇多，如政策的宣导、资本的裹挟、个人的兴趣。多种多样的传播形态使得主持传播更为灵活，有志之士理当思辨，主持传播究竟该以什么样的形态存在。在智能时代，人们大胆的尝试，多形态的节目样态层出不穷，例如 2021 年，湖南电台旅游广播就开始尝试精选网络播客节目在传统媒体播出，以往广播电台主持人依据节目调性进行歌曲匹配，然后介绍；现如今，原来的歌曲由播客节目替代，传统媒体与新媒体的结合尝试，让我们看到在智能时代，无论是传统媒体还是新媒体，多形态节目共存将成为可能。

（二）主持传播的挑战

英国文学家狄更斯说：“这是一个最好的时代，也是一个最坏的时代。”智能时代无疑为我们带来了先进的技术，极大的解放了生产力；同时，智能时代导致市场竞争变得自由无序、传播内容变得参差不齐、主持传播变得“不学而能”，主持传播面临传播功能弱化，商业化倾向严重的趋势，等等。总体而言，主持传播现如今存在如下挑战。

1. 从众化心态滋生

智能时代，由于商业资本的裹挟，拜金主义的诱惑、利己主义心态的作祟，主持传播开始沦为个人宣泄的秀场、资本贩卖的商场。主持人在进行主持传播时极易遭受诱惑，他们罔顾传播责任，从众化心态不断滋生，导致信息传播场沉渣泛起，毫无艺术美感，如泛娱乐化现象的盛行。无论是传统媒体，还是新媒体，人们似乎只看到巨大的商业利益，而忽视了那发人深省的社会利益。眼下的偶像综艺类节目就是显著的例子，从 2005 年《超级女声》至今，选秀综艺类养成节目年年不曾缺席，这种从众节目在技术操作上倒是更为智能，但实则社会效益差强人意，“饭圈文化”不断滋生，和社会主义价值观背道而驰，不得不加以重视。

2. 同质化传播困扰

如今，主持传播最普遍的形态恐怕是网络直播带货了，这类直播带货类似于广播电视时代的电视购物类节目，在形式上由于智能技术的赋能，操作更为便捷，互动性更强。然而实质上还是“新瓶装旧酒”，无论头部大 V 主播，还是 MCN 机构包装的后起之秀，他们的带货内容总体而言区别不大。网络主播们在智能时代，由于软件技术参数和规格的设置，他们很容易采取同样的技术操作，那么同质化、类型化模式将成为他们的掣肘。如吃播类直播，其主持形式、传播内容以及互动方式一般是两个人在直播间一边拉家常介绍产品，一边煮东西吃，然后各种夸耀，最后鼓动下单，这种反复循环的模式，节目毫无新意，难免有失水准。

3. 仪式化传播解构

有学者分析得出结论：“古老的巫术、祭祀仪式在主持角色、主持意识等方面孕育了今天的主持实践”①，广播电视时代，播音主持是一种仪式化的传播活动。一直以来，主持传播从业人员都有着较强“精英主义”的选人标准，他们的准入门槛较高，从事播音主持工作的心态必须端正，这样才能做好播音主持工作。然而智能时代，技术的更新换代使得主持传播操作更为便捷，操作空间拓展到网络直播场，从业者缺乏系统机制的约束力，媒介素养不强，最终使得主持传播仪式化解构，在如今，大量主持传播显得随意、低俗、颓废，艺术美感荡然无存。

二、智能时代主持传播困境

当下，智能时代的发展，播音主持人才队伍激增，其业务水平参差不齐。按理说，随着新技术的运用与普及，其业务水平理应精益求精。但近年来，播音主持事故频发，一些主持人文化修养不足、政治素养不高，在实践中屡次出错，造成了恶劣的社会影响。按照高贵武教授的主持传播理论，究其原因在于传播主体淡化了其职业化特征，通过分析发现，目前主持传播存在如下困境。

（一）语言粗俗

智能化操作，使得主持传播更为便捷，于是一批非专业者进行直播，语言粗俗现象层出不穷。我们应有共识：从事播音主持的人理应有着严格的准入门槛。但由于通信技术、字节跳动的普及，大屏与小屏交互直播成为主流，人们渴望在互联网找到精神的慰藉、情感的认同，彼时网络主播岗位缺口较大，随着市场政策放宽，自媒体平台的推波助澜，一批缺乏严格的专业训练、毫无丰富的生活阅历与艺术积淀从业人员混入主持传播队伍，他们没有上岗资质，语言表达过于随意，毫无艺术美感。在网络直播中，就存在大量的语言不规范、表达随意、语言粗俗的现象，大批网络主播没有精心备稿，口头禅、方言俚语脱口而出，长此以往，不仅破坏了汉语意境美的生成，也降低了主持传播的艺术美感。

（二）观念走偏

智能时代，“饭圈文化”盛行，主持传播出现了价值观念走偏的现象。主持人开展播音主持工作理应坚守共产主义的世界观、为人民服务的人生观、无私奉献的

---

① 王彪.论主持传播“四要素”在移动互联时代的适应性变革[J].中国主持传播研究，2019（02）：49-61.

价值观，但是一些人混入主持人队伍，他们为一己私利，借助资本哄抬身价，使得主持传播弥漫着较强的商业气息，拜金主义、享乐主义成为他们的信仰，最终导致其自身文化功能弱化，语言艺术丧失美感。如在吃播节目中，一些主播咬完就吐，公然浪费的现象着实令人咋舌；在游戏节目中，一些主播诱导未成年人疯狂充值，实属不该。

（三）行为失当

不同于过去追求“真善美”的审美标准，当下一些人崇尚“以瘦为美”，尖下巴、瓜子脸、蚂蚁腰等等成为多数主播们的追求，更有甚者“假恶丑”成为了他们人生的信条，随处可见主播行为失当的情况。他们不仅生活作风混乱，甚至政治身份摇摆、人文素养缺失，在传播过程中，忸怩作态、虚情假意降低了主持传播的审美形象。如2019年某主播在直播中推荐一口不粘锅，在演示煎鸡蛋的环节，鸡蛋粘牢在锅底，出现这种情况后，该主播还反复强调不粘锅，颇有愚弄观众之感，他的这种处理方式显然失当。

三、智能时代主持传播价值提升

中国播音学泰斗张颂先生曾说：“播音主持创作要刻苦练习，重在智能，切勿自我淹没”①。张老师所说的智能指的是要学会举一反三、触类旁通，放眼智能时代，我们更应提升专业技能，在智能时代做到“智能表达”。

在智能时代，外来文化纷纷涌入，本土文化遭遇侵蚀，主持传播任重道远。时代赋予播音主持以使命，要把中国特色、中国风韵、中国气派的文化传遍世界，每一个播音员主持人都应坚定信仰，强化身份标识，苦练专业技能，不断提升自我，锤炼智能时代的“智能水平”，切实提升主持传播的社会价值。

（一）重塑专业精神

播音主持专业发展至今，延安时期的革命精神始终伴随一代又一代的播音员主持人成长，“严肃认真、一丝不苟”成为了广播电视从业人员的职业准则，主持传播为社会的发展起到了不可估量的作用。不同于日常生活的随性，广播电视有着严格的播出要求，在过往，播音主持界的前辈们，通过主持传播，创作出一批审美高

---

① 张颂．播音创作基础[M].3版．北京：中国传媒大学出版社，2011：158.

尚、内涵丰富的文化作品，这是属于我们的精神财富。时至今日，智能时代催生了多元开放的媒体格局，竞争和无序变为常态，一批从业者心浮气躁，一批批质量不高的文艺作品充斥荧屏，播音主持的文化价值遭到解构，于是，我们呼吁重塑专业精神，发扬艰苦奋斗的作风，打开眼界汲取养分，勤于学习不断创新，用实际行动，锤炼精品，讲好中国故事，传承时代经典。

（二）重视传播身份

眼下，面对拜金主义、利己主义的诱惑，大众传播开始降维，流入人际传播发展的趋势，播音员主持人要爱惜羽毛，坚定立场，重视传播身份，树立着崇高理想，明确党的文艺工作者、社会主义先进文化的传播者这样的身份标识，自觉抵制拜金主义、享受主义的诱惑。张颂先生曾告诫我们，在理论研究和实践探索中，要“乐于在场，勇于出席，善于发言”，播音员主持人要掌握好娴熟的传播技能，有着积极的传播欲望，这是基本要求。在智能时代，播音员主持人仍需强化自身的身份属性，重视传播身份，积极参与社会主义和谐文化的构建，成为社会主义精神文明建设与物质文明建设的中坚力量，充分发挥其在社会文化价值中的作用。

（三）锤炼传播品质

在智能时代，自媒体平台众多，通过数据算法的分发，音视频网站的播音主持作品众多，优秀精品仍有不少，粗俗鄙陋作品亦有存在。诚然，那些格调不高、品质堪忧的作品通过传播，造成的社会文化的侵蚀是不言而喻的，所以智能时代，主持传播不可以等闲视之，每一次传播一定要精心准备，要多向精品学习，向优秀看齐，汲取文化精华，强化表达能力，不断创新，注重审美，方能锤炼传播品质，创作文化精品，响彻寰宇，光耀千秋。

（四）落实传播目的

张颂先生曾说：“明确了目的，心中有数了，才能在目的的统率下，继续完成下面的环节，而不致迷失方向，“偏离主旨”[①]。在播音主持创作之前，一定要明确传播目的，在传播的过程中，始终在目的的统率下，才能精骛八极，心游万仞，出色的完成播出目的。智能时代，播音主持工作要处理好“为谁发声”“缘何发声”这两个问题，始终坚持中国共产党领导，为广大人民群众发声，缘于老百姓的生产

① 张颂．播音创作基础[M].3版．北京：中国传媒大学出版社，2011：4.

生活发声。在播音主持过程中处理好这两个问题，坚持从群众中来到群众中去，为群众发声，为社会发声，为中国特色社会主义发声，才能使得主持传播不落窠臼，不入俗流。

（五）挖掘传播要义

浙江传媒学院金重建教授认为："传播主体的日常创作，最容易陷入具体的文字和字音处理、声音和技巧的处理中，也最容易弄丢传播背景和气氛的传递"①。所谓挖掘传播要义，指的是在播音主持传播过程中，不能浅尝辄止，要把时代精神与崇高的审美理想融为一体，深入体会和挖掘作者还未表露出来但却是应当表露出来的那部分内容，只有这样才能不弄丢传播背景和气氛的传递。如在网络直播带货时，一定要明确自身的职责和义务，并不简单的是商家的推销员，还应是老百姓的商业顾问、社会主义经济发展助推者、文化的先行者。

四、小结

智能时代，社会变幻莫测，众多文化使人目不暇接，新鲜科技让人手忙脚乱。播音员主持人在工作中要戒骄戒躁，愿众位筚路蓝缕的志士披荆斩棘，继往开来，在工作中要锤炼出有筋骨、有品性、有温度的视听文艺作品，通过主持传播，彰显时代风尚、崇德之美。用优秀的作品为时代画像、立传、明德，不断提升主持传播的文化价值、社会价值。

（作者单位：湖南艺术职业学院、江西服装学院）

① 金重建．播音创作主体论[M].北京：中国广播电视出版社，2008：133.

当下 VR 新闻的困局及路径突破

张 谦

VR 技术作为一种全新的媒介与新闻的结合将会是一种双赢效应，一方面 VR 新闻的业务需求可以促进 VR 技术的深度发展，如内容制作、软件开发等；另一方面，VR 对新闻传播业也会产生积极的作用。

一、当前 VR 新闻生产模式的局限

生产费用昂贵可能使 VR 只能为最富裕的媒体机构服务。为了防止这种情况，应该设计、开发和试验更有效、更廉价和更快速的工作过程。以前的 VR 研究和开发中，新闻业有重要的经验教训。为了提供用户真正想要的新鲜体验，并以另一种形式支付 VR 新闻的制作费用，应该“建立提供一个现实的感觉的地方和包容性周围供用户探索”[①]。同样重要的是，当设计新的应用程序和新闻作品时，需要考虑人为因素问题，特别是自然相互作用，易用性、使用舒适性以及用户安全。

（一）VR 内容的生产模式目前较为单一

就当前新闻发展模式来看，其对于全景视频的制作与发展还不能真正的代表 VR 技术的理想效果。《纽约时报》在其推出 *The Displaced*（《无家可归者》）中主要借助 360° 全景技术来实现对虚拟技术的构建，其虽然在口号上认为当前已经初步实现了 VR 新闻对现实的虚拟还原，但是观众在进行观看的过程中，只能根据既定的路线来实现对虚拟场景的观看，而并不能根据自身的需要来进行视角的转换，因而，倘若从标准的规定上来说，其并不能被称为 VR 新闻。VR 技术一直讲“3I”作为自身发展的核心，而“3I”主要指的是沉浸、交互和想象。但是就当前的 VR 新闻发展来看，其大都是通过全景技术来实现对虚拟视角的构建，其距离 VR 技术的理论效果还差之甚远。

① 李星瑶 .VR 技术在体育新闻报道中的适用性探析 [J]. 中国传媒科技，2017(11):68-69.

（二）VR 新闻制作周期长、成本高，难以满足新闻时效性

从 2015 年 VR 新闻在全球媒体的发展情况来看，其依然存在较大的局限性，而这些局限性则主要体现在对新闻内容的深层次挖掘以及调查报告等方面。其次，由于 VR 新闻的制作成本相对较高，这使得许多媒体承受不起 VR 制作的基础费用，最终导致 VR 新闻的发展处于一个较为缓慢的阶段。以《变化的收获》报道为例，短短一分多钟的新闻信息制作，其价格高达 5 万美元。而《无家可归者》的制作成本更是达到了每分钟 10 万美元，VR 技术设备 Oculus Rift 的购买价格高达 350 美元，这对于没有特殊要求的新闻观看者来说是一笔不菲的费用支出。由此观之，“高额的制造费用使得 VR 新闻只存在于——具有实力的媒体之中”①，要想实现 VR 新闻的全面化普及还需要一段漫长的时间。同时，据相关研究专家指出，并不是所有的 VR 新闻制作均需要如此高昂的成本，全息投影以及全景拍摄也将成为一种新型的 VR 新闻制作方式，而谷歌也推出了较为低端的 Cardboard 观影设备，其售价仅为 15 美元。

（三）VR 新闻人才缺乏

目前我国极度缺乏 VR 新闻人才，远远不能够满足 VR 新闻制作单位对人才的需求。依据创新扩散理论，我们知道对于新技术，在推广过程之中有一个逐步被接纳的过程。而目前的 VR 新闻还处于研发和推广的起步期，其从业人员也大都是转行来的，专门人才的培养应该提上议事日程。

二、VR 体验方式仍有局限性

（一）VR 设备易造成受众生理不适

目前市场上有 VR 眼镜、VR 头盔等体验设备。由于有视频组件，VR 头显设备体积比较大，用户在使用时有负重，长时间使用对眼眶、鼻梁、后脑勺甚至颈椎的压迫很严重。有部分使用者体验后会有恶心、头晕、出冷汗、呕吐、头痛等不适症状。研究表明，副作用可长达 2—7 天。

① 吴永春 .VR 技术研究及在电视新闻领域的应用 [J]. 电子技术与软件工程，2017(20)：74.

（二）VR沉浸式体验不足，设备智能化有待提高

由于整个VR产业链尚未发展成熟，VR生态圈目前还不够发达，“因而不论从设备还是受众的接受习惯，都需要进一步发展和培养”[①]。

1. 与传统新闻媒介相比的业务劣势

新闻关注点不易突出：VR新闻的主要优势是基于现实发展的基础上实现对虚拟空间的综合构造，但是其在对内容的制作上形成了多个选择角度，这使得新闻受众在进行新闻观看的过程中，其所关注的侧重点不同，继而导致同样的新闻热点在社会引发的叙述产生一定的偏差，最终导致新闻的叙事性特点发生改变，从而影响新闻节目的效果。VR借助对镜头的转换以及场景的转换来形成一种较为直观的视觉冲击，其在增加用户体验感与刺激感的同时也会引起用户的视觉疲劳，由于视角的固定性导致用户在观看一段时间的新闻之后便感到疲倦。综上来说，突出新闻关注点是解决当前VR新闻发展的首要问题。

2.VR新闻文化生态还未成熟

不同国家的新闻阅读者由于受到国家文化以及环境的影响，对新闻阅读过程中所呈现的习惯以及阅读形式也具有多样化的特点。以芬兰和日本为例，两国仅有20%和14%的受访者会选择关注早间新闻。而在爱尔兰，40%的受访者表示会通过广播的形式来获取早间新闻信息。由此可见，在不同国家文化信仰发展体系之中，其对于新闻的观看形式也呈现出不同的特点，而网络视频仅仅是诸多收看新闻方式的一种选择，因此，在对新闻行业发展进行研究的过程中，不可以对新闻视频方式发展进行过分的抬高，要综合分析其在未来发展中的潜力，以便于对新闻发展作出一个公正的判定。在调查报告中指出，观看视频新闻的受众比例仅占据总调查比例的5%，而其发展也仅呈现出缓慢增长，因此，我们可以判断，视频消费行为尚未形成，VR新闻当前的受众依然较少。

三、VR新闻的发展建议

VR新闻的重大突破仍然存在很多障碍。第一，VR新闻的技术发展还处于起步阶段，存在一些挑战。例如，具有交互特征的高端实时互动虚拟现实生产成本昂贵，并且生产周期较慢。第二，生产过程和工具不够有效，不能整合到新闻工作中，

① 吴清亮．虚拟现实新闻的类型及特性[J]. 新媒体研究，2017，3(11)：28-29，32.

需要广泛的新的专业技能。第三，VR 新闻的叙事发展处于非常早期的阶段。新闻工作者和研究人员应积极探索和尝试各种各样的 VR，不只是纪录片，还可以在游戏行业中大胆尝试，新闻应当利用其他使用 VR 的领域中的策略创造新的叙事规范和生产方法。

（一）政策支持建立新媒体产业化 VR 公共服务平台

建议国家有关部门制定政策，支持建立新媒体 VR 公共服务平台，能够让新闻用户具备体验 VR 新闻的客观基础条件。国家正在推进信息化建设，这对于 VR 新闻来说是一个利好消息，能够充分借助信息化的东风，搭建 VR 公共服务平台，使得 VR 新闻具备基础条件，加快信息化建设的步伐。

用户在使用 VR 的过程中，“其能够在信息发布和获取方面感受到与现实生活相似的服务，这便是 VR 技术的人机交互机制发展所带来的效果”①。在 VR 技术人机交互发展的过程中，其始终将智能化以及自然化作为发展的目标，并通过对相关技术设备的不断更新换代以便于对设备的精确性以及实施性作出更好的布置。此外，在人机交互界面的设置问题上，要更好地提升用户的体验效果以及舒适度。从理论角度来说，穿戴式计算机或者头盔可以在给用户提供放松按摩活动的同时让用户对相关的新闻信息进行有效的浏览，并基于虚拟环境中对信息的真实性进行分析。因而，VR 技术的人机交互发展综合来说便是对时间和空间的综合利用，在以人的感官为主要发展基础的过程中，通过对相关公式以及模型的开发利用，从而实现交互界面都稳定运行，并为用户带来前所未有的体验感和新鲜感。

（二）培养新型新闻专业人才

正如互联网对人们生活的影响一般， VR 技术的出现对新闻媒体行业的发展来说无疑是一个巨大的冲击。在 VR 新闻发展的浪潮下，传统媒体要积极地抓住机遇，通过自身技术革新，使新闻媒体行业呈现出良好的发展态势。在发展 VR 新闻的过程中，新闻专业人才的培养是不可或缺的一环。

1. 高校相关专业启用产业内人士作为教师

从人才培养方面来说，美国诸多高校开始逐步开设虚拟现实课程，为虚拟现实技术的实际运用储备了相当的人才：塞浦路斯大学于 2015 年秋季学期为本科生及研究生开设了名为“Virtual Reality Storytelling”的沉浸式新闻课程，授课教授为丹

---

① 代小佩，浅析 VR 技术对新闻业务流程的影响 [J]. 新闻研究导刊，2017，8(12):282，293.

帕切科（Dan Pacheco）。丹·帕切科教授自身便参与过 VR 新闻的报道与制作，因此课程主要是使学生理解虚拟现实技术制作的内容和特点。由此可以看出，在教育路径上“高校依旧承担着科研与教学的两大任务体系，并且始终以前沿化的视野采取着实际行动”[①]。在西方的语境之下，高校扮演的往往是新闻整体行业如何发展的“把关人”角色，其某种意义上决定了未来从业人员的基础性思维与初级行业认知。

因此，虚拟现实技术如何变革新闻业，关键就在于懂得该技术的人如何使用与实践。从这个维度讲，高校是 VR 技术产—学—研体系中重要的两个环节。

2. 传统新闻人向“专业 + 技术”转型

就我国当前 VR 新闻的发展情况来看，专业技术人员的缺乏以及创新性编辑意识能力的缺乏使得我国的 VR 新闻发展依然处于一个较为艰难的阶段。以《丰收的变化》报道为例，其系统地对 VR 新闻的发展过程进行论述，融合策划以及采访和后期制作等多个环节为研究发展的主要体系，并提出了在 VR 新闻的发展过程中，“新闻人才是推动媒体机构核心竞争力发展最为重要的因素”[②]，而在未来 VR 新闻行业的市场竞争中，其归根到底是人才的竞争。所以，为了更好地应对新媒体技术时代对传统媒体的冲击，我国主流媒不仅仅要使用新媒体的概念、理论去发展自身，还需要对新闻人才的招聘以及培训系统进行合理的优化，并为新闻行业人才的发展建立起有效的激励机制，站在全媒体的发展视角下不断地提升新闻媒体的综合实力，并促进其内容形式有机转变。

（作者单位：株洲广播电视台）

① 何智文 .VR 技术在新闻报道中的应用价值和适用范围探究 [J]. 新闻爱好者，2017(06):74-76.

② 葛寻 .VR 技术的发展现状及其在新闻报道中的应用 [J]. 新闻传播，2017(11):11-12.

常德县级媒体融合发展的实践与思考

周敬峰　傅品红　曾瑾然　吉　喆

当前，在新兴媒体的强势冲击下，县级传统广电媒体面临新的舆论生态和传媒格局，其思想理念、新闻生产、内容传播、管理体制和运行机制经受着严峻挑战，舆论传播、引导能力被大幅消解，新闻传播主平台和话语主渠道作用日益被侵蚀。着力推动县级广电媒体和新兴媒体深度融合，积极构建融媒体中心，切实增强新闻舆论的传播力、引导力、影响力、公信力，是摆在我们面前一项重要而紧迫的课题。“媒体融合”（media convergence)，最早由尼古拉斯·尼葛洛庞蒂提出，美国马萨诸塞州理工大学教授浦尔在其著作《自由的技术》中提到媒介融合是指各种媒介呈现多功能一体化的趋势。

一、当前县级传统广电媒体生存发展困局

1. 传播范式落后，舆论引导力、影响力日益减弱

新媒体的出现和受众阅读习惯的改变，导致广播电视受众规模逐年下降。首先是传播速度落后于新媒体。传统广电媒体通常需要经过采、编、播、制、审等一系列环节才能把新闻发布出去，而新媒体几乎在第一时间就能使受众获得第一手信息。其次是单向传播、互动性不强。广电媒体常常是“我拍你看”“拍谁谁看”“谁采谁看”。而新媒体“人人都有麦克风，个个都是通讯社”，受众可以充分互动，第一时间表达观点，随时发布信息，快捷、海量、互动的优势让传统媒体望尘莫及。再次阅读习惯的改变分化了受众。新媒体的信息传播方式更适合年轻人胃口。反观传统媒体，习惯收听收看广播电视的常以中老年人居多。最后是成本劣势明显。根据美国学者布雷德利测算：同一新闻选题，报纸、广播、电视的前期采访成本比例大约是 1 ∶ 1.8 ∶ 3.5，电视采访成本高于报纸 3 倍还要多，电视采访的高成本使其在信息传播过程中绝对性价比劣势明显。与此相反，新媒体因为借助网络新技术的运用，不仅大大降低了传播成本，还迅速提升了新闻传播的效率和效果。

2. 盈利模式单一，经营大幅萎缩生存举步维艰

新媒体交互性与开放性以及舆论影响力日渐增强，新兴媒体如网站、微信等社

交媒体、LED 显示屏、户外广告屏、流动广告车等广告投放平台越来越多，导致依赖“眼球经济”的广电媒体市场份额逐渐下降，广告收入断崖式负增长。在经营收入锐减的同时，财政保障投入长期低位徘徊和工资福利刚性增支矛盾突出，一边跑新闻一边搞创收是当前存在的普遍现象。

3. 体制机制掣肘，传统媒体的竞进意识匮乏

长期以来，传统媒体的改革雷声大、雨点小，事业体制、企业体制纠缠不清，呈现出既想固守财政有限保障的既得利益、又想开拓市场获取超额利益的纠结心态，其组织架构、用人机制、管理体制、分配制度在一定程度上束缚和扼杀了内部生产要素活力和能量的发挥，竞争意识、创新意识、用户意识严重不足，一线缺口大、二线冗员多、能干事的人引进不易留住也难成为常态，没有完全形成“能者上、庸者下”的机制，体制内长期存在吃“大锅饭”现象，体制障碍成为媒体转型升级的最大束缚。

4. 缺乏人才支撑，媒体融合发展后劲不足

当前，县级广播电视台兴办新媒体均处于初创期，“两微一端”几乎已成为传统媒体转型的标配，有的只简单地开个微信号或客户端，推送更新信息不及时，成为急功近利迎合潮流最终又食之无味的“鸡肋”。加之新媒体盈利模式尚不清晰，还需要持续加大投入，软硬件建设都面临人才支撑等问题，既缺技术人才也缺新媒体人才全媒人才，媒体融合发展陷入了等等看看、走走停停的局面，还没有真正“合二为一、融为一体”。人员年龄结构老化，专业人才青黄不接，新媒体人才严重匮乏，传统业务骨干频频流失，新招的人才由于各种原因基本处于留不住的状态，已成为阻碍媒体融合发展的最大瓶颈。

二、打造“常德样本”推进县级媒体融合发展的实践探索

推动传统媒体和新兴媒体融合发展，是党中央着眼巩固宣传思想文化阵地、壮大主流思想舆论作出的重大战略部署。2016 年以来，常德市积极适应舆论生态和媒体格局的深刻变革，在县级媒体融合发展上积极探索，创新县域媒体体制机制，按照“中央厨房”式媒体融合方向，强力推动县级新闻与文化传播中心建设。主要做法是：

1. 抓住顶层设计这个“制高点”

主要是打破行政壁垒，整合县域内所有媒体资源，明确设立县级新闻与文化传播中心机构，作为县级党委宣传部门直属的参公管理单位或全额拨款事业单位，依

托县广播电视台整合新闻采编力量和全县所有网络新媒体资源打造融媒体中心，负责统筹协调全县新闻舆论与文化传播选题策划、采编调度、媒体接待、信息发布等工作。为强力推进工作，市级层面成立了媒体融合发展领导小组，由市委常委、宣传部长亲自部署、亲自调度，抓好顶层设计，强化统筹协调，解决后顾之忧，提升各单位推动媒体融合发展的积极性。县级层面明确各区县（市）委书记任组长，区县（市）长、副书记、宣传部长任副组长的媒体融合推进领导小组，从人员、机构、编制、资金等方面统筹协调媒体融合发展事宜。宣传部门牵头抓总，网信部门负责推动网站和新媒体建设、规范网络传播秩序，其他部门在机构组建、用人用编、经费保障等方面给与支持，形成了齐抓共管、联通联动工作格局，并实现了总体范围内不增编制、不增费用、不增负担，大大减轻了整合的难度和阻力。

2. 突出“样本力量”这个“牛鼻子”

以“中央厨房”式的融合路径为重点，在鼎城区、桃源县两个具有代表性的地点开展先行先试，重点培育媒体融合发展的“县级样本”，形成示范带动效应，带动全市 9 个区县（市）全面跟进。重点抓住了两个核心，即在机制上构建“中央厨房”模式。整合县域内所有政务广播、电视、网站、微信公众号和客户端等媒体资源，所有采编人员集中办公，探索实施新媒体头条统一发布机制。如桃源县明确新闻与文化传播中心为县委宣传部管理的全额拨款事业单位，定编 8 人，设在县广播电视台并整合县台的新闻采、编、播、技力量集中办公，负责电视、电台、“视外桃源”微信公众号、“视外桃源”手机台、桃源新闻网、新湖南客户端桃源频道和红网桃源频道等平台的新闻采编和运营管理。鼎城区添置信息平台、新媒体采编、融媒体设备共计 150 多台套。桃源、鼎城两地新闻与文化传播中心由县财政全额保障工作经费，让工作人员能够一心一意抓业务。同时，在软件上再造“采编发”流程。主要是促进各种新闻要素深度融合、各种报道资源充分共享、各种媒介互联互通，初步形成媒体融合发展“一体策划、一次采集、多次生产、多元传播”的运作模式[①]。如鼎城区重新组建全新的融媒体软件平台，开发了鼎城广电“中央厨房”全媒体系统，所有采编人员集中办公。外采记者将新闻素材第一时间通过软件系统上传后，采编人员根据采编发流程和媒体特点分发，第一时间由新媒体发布，传统媒体跟进播发，实现传统媒体和新兴媒体同频共振、良性互动，实现了传播效益最大化。如 2019 年鼎城区“两会”期间，区新闻与文化传播中心采编信息 56 条次，平均每条从现场采编到媒体刊发用时 8 分钟，仅新媒体累计阅读量超过 120 万次。

① 陈晓东，高永飞．广电融媒体中心“中央厨房”的设计与实施 [J]. 广播与电视技术，2018.

在 2019 年常德市柳叶湖国际马拉松赛的直播活动中，我们就由市广播电视台提供公共信号，全市各县区市融媒体中心同步直播，就取得了很好的宣传效果。2020 年，常德市广播电视台成立融媒体中心，整合全市各区县市融媒体中心，形成全市一张通联网、共用一个 APP 推广的格局，常德市县级媒体融合发展初显成效，全市媒体融合发展形成比学赶超良好氛围，9 个区县（市）融媒体中心全部挂牌成立，并进入实质性运作。

三、推动媒体融合发展的理性思考

媒体融合发展是大势所趋。在积极构建县级融媒体中心，打造新型主流媒体，占领新兴舆论阵地，构建融合发展的现代传播体系的实践探索中，我们深刻感受到只有坚定融合发展理念，切实破除惯性思维定式，从顶层设计、机构组建、关键环节、体制机制上采取超常举措强力推进，媒体融合发展才能取得实质性进展。

1. 要有推动媒体融合发展的危机感

当前，互联网和数字技术裂变式发展，信息传播迈进了“数与网”的时代，带来媒体格局的深刻调整和舆论生态的重大变化，新兴媒体发展之快、覆盖之广、影响之大超乎想象，正以新时代信息革命领军者的姿态渗透到人类社会的方方面面，深刻影响着人们的思维方式、生活方式和行为方式，主流媒体因此面临的竞争更为激烈，融合发展的任务更为紧迫。就国内来看，信息载体、传播渠道更新迭代越来越快，移动应用、社交媒体已成为主要信息入口，聚合类平台、自媒体公号不断涌现，网络直播、问答社区等成为舆论生成传播重要源头。有的地方探索组建了新闻媒体集团，将广播电视、报纸、网站、新媒体整合起来，以期形成传播合力。就国际而言，国外主流媒体都在探索数字化转型，有的把原来的广播、电视和网络新闻中心“合三为一”，打造统一的多媒体新闻编辑部，还有的建成了“蜘蛛网”式的融媒体中心，以实现深度融合发展。形势倒逼，不进则退。在世界范围内融合发展的大趋势下，只有推进媒体深度融合，才能巩固壮大主流舆论阵地，抢占舆论制高点，牢牢掌握舆论主导权。

媒体融合进入下半场，县级融媒体中心全部挂牌运行后，市级融媒体建设也在不断探索中，浙江嘉兴、江苏泰州和湖北恩施模式，都有值得借鉴的地方，要成立大的融媒体中心，整合现有广播电视新媒体采编力量，进行及时采集多平台分发，泰州和恩施模式可以避免扯皮，整合效益明显。在推送内容方面，建议发挥广电特色，多推送音视频作品，少推送文字。发挥直播作用，贴近群众和基层，增加产品的鲜活度和贴近性。

2. 要抓住融合发展的关键节点取得突破

牵牛要牵牛鼻子。媒体融合发展涉及面广、技术性强、影响力大，需要统筹谋划、多方联动、协作配合、全员参与，必须“软”“硬”兼施在关键点上取得突破。为此，常德市紧密结合县域实际，在顶层设计和工作抓手上抓住新闻与文化传播中心机构组建、“中央厨房”建设这个龙头工程和“采编发”流程再造这 3 个关键环节，特别是把“中央厨房”作为媒体融合的标配和龙头工程强力推进。我们要求各地各媒体要从自身实际出发，先把“中央厨房”平台建起来用起来，再逐步摸索、充实和完善内容。同时，建好“中央厨房”只是第一步，更重要的是形成一套新的运行机制，重构采编发网络、再造采编发流程，以促进各种要素融合、资源共享、媒介互通，真正实现新闻信息的“一次采集、多种生成、多元传播、全面覆盖”，根本上改变传统媒体和新兴媒体“两张皮”、井水不犯河水现状。

综观全国各地市县两级融媒体平台，其名称不外乎几个系列特征。如“我的系列”——我的泰州、我的怀化等，“智慧系列”——智慧益阳、智慧昆山等，“看”系列——看苏州、看衡阳、看大同等，“云”系列——湖北长江云系列，嘉兴的“禾点点”和“读嘉”，绍兴的“越牛”，泰安的“快上云”，还有“融媒”系列等。好的平台名字，也是融媒体平台推广宣传的重要方面。与此同时，融媒体平台推广运维和内容设置也是值得重视的方面，需要提前制定系列预案，按照预设的方案来推广扩容。在媒体融合过程中，还可以采取借船出海，靠大靠强的方式来稳步推进。如 “学习强国”是由中宣部打造的融媒体平台，目前全国每个省都有专门的学习平台，同时不少知名媒体都已经进驻学习强国。常德市域内县级融媒体中心可以借鉴这一模式，入驻学习强国平台，占领宣传舆论高地。另外，还可以和新华社现场云、央视新闻 +、人民直播、芒果 TV、我们、北京时间、头条号等平台建立合作关系，在继续运营好微信公众号、微博的同时，入驻快手、抖音、B 站等，进一步扩大县级融媒体产品再次传播范围和影响。

3. 要切实强化媒体融合发展的保障措施

从常德市的实践探索来看，推动县级媒体融合发展主要是依托广播电视台新闻采编人才、技术设备、媒体平台等优势基础资源来组建中央厨房或融媒体中心，再造采编发流程。这样做比较符合常德的实际，应当也符合全省的实际。如果另起炉灶另搞一套无疑会加大媒体融合成本。但县级媒体融合面临财政保障严重不足、人才资源配备和储备严重不足、体制机制不顺等一系列困难和问题。因此，以县级广播电视台为主体推进媒体融合发展，必须切实加大政策扶持、深化改革、财政保障力度。要加大扶持力度，加大“中央厨房”软硬件建设的投入。而对经营职能如广告经营、活动经营、非新闻类节目制作等剥离、资产过户，完全按国企性质实行市场化、企业化运作。同时，深化体制机制改革，积极探索建立灵活高效的用人用编机制，实施有利于调动体制内外从业人员积极性的用人机制和跨界、跨所有制、跨部门的合作机制，不求所有但为我用。适应媒体融合发展需要，加强业务培训和练兵，建设一支高素质的全媒体人才队伍。

（作者单位：常德市广播电视台）

加强广播电视行业党的政治建设路径研究

黄　勉　全建业　宛玉花

“十四五”时期是我们向第二个百年奋斗目标迈步的头一个五年，也是广播电视行业的新机遇，但当今世界正经历百年未有之大变局，国际国内环境发生深刻复杂变化，我们也面临着多重风险挑战和诱惑，人的思想也在发生变化，如何以文化人，培育时代新人，开好局起好步，行稳致远，广播电视作为党和政府的“喉舌”，承担着重大责任，必须把党的政治建设贯穿广播电视行业全过程。

一、“全过程”落实：把党的政治建设的统领作用落到实处

（一）要加强对党的政治建设的丰富内涵的深刻认识

党的政治建设是党的根本性建设，是统领其他建设的灵魂，同时决定着党的建设方向和实际成效。党的政治建设内涵丰富，包含政治方向、政治领导、政治根基等 10 个方面，这 10 个方面跟广播电视行业的业务工作紧密相关，在摄、录、监、采、编、播、管、存等各环节都必须将党的政治建设摆在首位。要加强对《党章》《中国共产党纪律处分条例》《中共中央关于加强党的政治建设的意见》等党内法规的学习，尤其是要结合行业实际抓党的十九届六中全会精神的贯彻落实，坚持唯物史观和正确党史观，在坚决捍卫“两个确立”和做到“两个维护”上走在前，唱响主旋律，传播正能量。

（二）要提升广播电视行业“围绕中心、服务大局”的服务功能

要坚持党对广播电视行业的领导，坚决贯彻旗帜鲜明讲政治的要求，坚决贯彻党中央的会议精神和各项决策部署，对社会负责，对人民负责，牢固树立正确的言论导向。2022 年 2 月 24 日，央视总台发布《2021 中国电视剧发展报告》，其中《觉醒年代》成为青年观众最喜欢的 10 部电视剧之一。在 “两个一百年”奋斗目标的历史交汇点，在中国共产党成立一百周年的重要历史时刻，《觉醒年代》通过“故事真实、情节生动、情感真挚”的创作手法和原则为全社会上了一堂鲜活生动的党

史教育课，深刻地揭示了马克思主义与中国实际相结合和中国共产党建立的历史必然性，具有较强的引导性、教育性、启发性，为党史学习教育提供有力参考。

（三）要注重广播电视行业的长远规划

广播电视从发展到壮大，离不开党的支持和关注。1940 年 4 月 30 日，中国共产党领导的人民广播事业诞生于延安，中国共产党建立了第一座人民广播电台延安新华广播电台。1958 年 5 月 1 日，我国第一座电视台——北京电视台（中央电视台前身）播送，标志中国电视事业的正式诞生。广播电视在党的领导下，随着祖国强大、经济发展走入大众，深入人心。要推进《广播电视和网络视听“十四五”发展规划》的落实，加强对行业的规范，确保广播电视在党的正确领导下发挥鼓舞人心、凝聚人心、传播正能量的作用。

二、“全周期”管理：加强对从业人员的思想政治建设。

（一）加强从业人员的职业道德建设

虽然 2019 年对《中国新闻工作者职业道德准则》进行了修订，但随着时代的发展，特别是信息化的快速推进，对广播电视从业人员提出了更高的要求。因此，当前需要出台更刚性具体的法律法规，对广播电视事业的主体资格做出更细致的确定，加强对广播从业人员的约束，其中还要包括对游离在体制外的媒体从业人员的具体管理办法。在现代媒介大环境的影响下，有着“无冕之王”之称的广播电视记者更要注重提升自身素质与道德建设，从严律己，理性思考，正确发声，从严从实从业。

（二）注重核心价值观的纵横向延伸

随着互联网的飞速发展、智能手机的广泛普及和自媒体的发展，人人都有麦克风，个个都是通讯社，让消息真假难辨。在此背景下，需要建立《信息公开制度》，确保权威渠道的及时发声和正确的舆情引导。同时，可通过公益广告投放等方式，弘扬社会主义核心价值观，共同维护良好的政治生态环境。

（三）进行从业人员的全周期管理

要做到全周期管理，必须对所从事行业的上游至下游贯通运营管理。定期进行业务培训，提高从业门槛要求。比如原来在广播电视行业从业的人，离开这一行业后仍要坚守职业操守，成立自律机构，制定自律规则，出台惩戒机制，建立违反职业道德人员黑名单，让职业道德建设不流于形式。

三、“全融合”发展，通过经典影视节目传文化育新人

（一）冒热气，通过经典案例将党的政治建设融于作品

比如，反映脱贫攻坚主题的大型史诗歌舞剧《大地颂歌》登上北京国家大剧院，4K高清录制，在湖南卫视热播。对火热生动的脱贫伟业进行艺术加工，厚重朴实，达到“润物细无声”的效果。经典总是让人印象深刻。因此，要将网络上的正能量加以整合，形成合力。比如李子柒结合当下乡村振兴的政策，深度挖掘乡村振兴典型案例，通过现代表现方式呈现最新的精品力作。大力实施惠民工程，推进广播电视节目无线数字化覆盖，加快有线电视数字高清化改造，推进直播卫星公共服务建设，让党的声音传到千家万户。

（二）接地气，坚持以“人民为中心”的舆论导向

电视广播作品要上接天线，下接地气，坚持为人民服务。记录新时代、书写新时代、讴歌新时代，以喜闻乐见、通俗易懂的方式呈现给观众，体现思想精深、艺术精湛、制作精良，进一步提升视听内容品质。加强媒体融合，互通有无，让利给观众，让好的影视作品能在电视台及时播放，达到教育人、感染人的效果。构建全媒体传播阵容，推出更多贴近群众和服务群众的创新融合产品。

（三）有内涵，更好地发挥广播电视的社会功能

人无精神不立，国无精神不强。要注重对中国系列精神进行总结和呈现，创造出有内涵的作品。要培养世界眼光和大局视野，坚持“百花齐放、百家争鸣”的创作导向，丰富优质精神文化供给，发挥广播电视的新闻传播、社会教育、文化娱乐和服务功能，形成覆盖城乡、便捷高效、功能完备、服务到户的新型广播电视覆盖服务体系。比如在公共区域投放广播设备、电子屏、电视，推送好的作品，让广播电视始终融入人民群众生活和工作。

四、“全领域”监督，加强对广播电视行业的全程监管

（一）营造风清气正的良好氛围

提高政治站位，严格落实意识形态工作责任。广播电视行业的意识形态工作的核心是内容生产。其所生产的内容必须在导向上发挥出舆论引导作用，必须强调牢牢把握意识形态的领导权、管理权和话语权。加大宣传和普法力度，让广播电视从业人员和公众对信息公开制度和国家安全边界能有明确清晰的认识，加强权威信息发布，达成认知和信任共识。下重拳持续深入整顿泛娱乐化、追星炒星、天价片酬、唯收视率点击率、违规播出广告、节目非法剪拼改编等突出问题。

（二）加强对广播电视工作的指导和监管

1997年9月1日起施行的《广播电视管理条例》，确立了广播电视宣传工作、事业建设和行业管理于一体的广播电视管理体制。针对当前一些行业乱象，要加强专业指导，开展专项整顿。控制节目内容海量增长，把握新业态融合，把握真实性原则，保障公民知情权的同时，注重保障公民的隐私权。特别注意的是，系统之外的任何单位和个人不得设立和干扰广播电台、电视台，禁止外资以任何形式参与设立广播电台、电视台，制止有偿新闻和虚假报道现象。要严惩张冠李戴、移花接木的操作，尊重原创，从法律层面约束侵权行为。

（三）形成常态化监督机制

建立健全监督管理机制，成立行业管理协会，鼓励公众监督。在宣传部门驻派纪检监察组，加强对从业人员的动态管理和常态化管理。完善信息公开透明，提高监督效能，发挥舆论监督和行业自律作用，加强对公权力的全方位监督，用好人民赋予的监督权力，让权力在阳光下运行。广播电视媒体在经营和追求效益的同时，一定要兼顾社会效益，扛起媒体的社会责任和担当。同时，要扎紧制度的笼子，让广播电视行业行得正、走得直、靠得住。党的十九届六中全会通过的《中共中央关于党的百年奋斗重大成就和历史经验的决议》指出：“以党的政治建设为统领，以坚定理想信念宗旨为根基，以调动全党积极性、主动性、创造性为着力点，不断提高党的建设质量，把党建设成为始终走在时代前列、人民衷心拥护、勇于自我革命、经得起各种风浪考验、朝气蓬勃的马克思主义执政党”。加强广播电视行业的政治建设任重而道远，其实现路径需要行业内外的齐心探索，坚持政治引领、思想把关，

全面加强广播电视行业和从业人员的政治建设，将新时代新征程更加伟大的胜利和荣光更鲜活地呈现出来。

（作者单位：中共长沙县委党校、中共长沙市委党校）